U0514453

本书得到以下资助：

江汉大学"城市圈经济与产业集成管理"学科群

江汉大学 2021 年度学术著作出版

2021 年江汉大学高层次人才科研启动费 2021003 号

江汉大学校级科研项目（2021yb089）

中国风险投资企业投资绩效的作用机制研究

Research on the Investment Mechanism Performance of

CHINA'S VENTURE CAPITAL FIRMS

倪艳霞 ——— 著

中国财经出版传媒集团

经济科学出版社
Economic Science Press

前言

近年来，虽然中国经济已得到迅猛发展，但中国市场经济基础薄弱、自主创新能力不足、历史遗留问题多、路径依赖强等问题仍旧十分突出。因此，发展高新技术产业和提高技术创新能力成为带动中国经济发展和推动经济结构优化调整的重要战略突破口。如何实现以创新和创业为主要特征的经济增长模式是学术界与实践界共同探索的重要问题。其中，新型金融体制下的风险投资企业是促进新创企业发展的重要支撑，是推动我国"双创战略"实施的巨能引擎，并引起人们的广泛关注。但中国风险投资企业投资绩效与发达国家相比还存在很大差距。在这种背景下，结合风险投资企业的特点，系统、全面地研究企业投资绩效的影响因素及其作用机制就颇为必要和迫切。

由以往研究可知，跨越组织边界，与其他企业进行合作，通过联盟网络获取外部知识，利用外部知识与内部知识整合重构是企业获取竞争优势的重要途径。风险投资企业可利用三个渠道的知识、信息和资源作用于投资绩效：第一，基于投资经验，奠定内部知识基础，提高决策质量和学习能力；第二，基于关系嵌入，从联盟伙伴处获得关键资源，增强信息优势；第三，基于结构嵌入，从联盟网络中扩大对外部知识的搜索范围，有效弥补信息缺口，获得竞争优势。因此，结合中国情境，从知识来源视角对风险投资企业投资绩效进行分析，不仅有利于深入、全面、系统地厘清投资绩效差异的来源和作用机理，也为投资绩效的研究提供了新的研究视角和研究方向。

　　基于上述分析，本书主要回答以下四个问题：（1）中国风险投资企业绩效研究的文献特征是什么？知识基础与研究前沿有哪些？研究热点与衍化趋势如何？有哪些相应的研究缺口？（2）风险投资企业因其独特的"筛选—投资—指导—退出"的循环运营流程，具有单独投资模式和联合投资模式两种投资形式。投资经验作为风险投资企业重要的内部知识来源，是否会因风险投资企业投资模式的不同而对投资绩效的影响产生变化？如果有，作用机制是什么？（3）关系嵌入作为风险投资企业重要的外部知识来源之一，对投资绩效的作用机制如何？是否会受到内部知识来源、网络结构特征的影响？在投资经验与网络密度的交互作用下，关系嵌入对投资绩效的影响会发生什么变化？（4）结构嵌入作为风险投资企业重要的外部知识来源之二，对投资绩效的作用机制如何？是否会受到其他两个知识来源——投资经验和关系嵌入的影响？

　　本书综合采用文献研究法、定量实证分析方法，对上述问题进行了逐一解答。本书的基本结构和主要内容如下：第一章是导论，主要介绍本书的研究背景、问题提出、研究意义、基本概念、研究内容、研究方法和可能的创新点等。第二章是中国风险投资企业绩效研究的文献计量分析，主要探讨中国风险投资企业绩效研究的研究热点、研究主题和演化路径，为本书研究缺口的寻找奠定基础。第三章是相关理论基础与文献综述，首先对组织学习理论和社会网络理论进行了回顾，接着对风险投资企业投资绩效影响因素的相关研究、基于组织学习理论的组织绩效研究、基于关系嵌入的组织绩效研究、基于结构嵌入的组织绩效研究等议题进行了归纳总结。第四章是中国风险投资企业投资经验与投资绩效的研究。第五章是中国风险投资企业关系嵌入与投资绩效的研究。第六章是中国风险投资企业结构嵌入与投资绩效的研究。第七章是本书的主要研究结论、理论贡献、不足与展望。

基于上述理论分析与实证检验，本书得到以下主要研究结论。

（1）不同投资模式下积累的投资经验对绩效有不同的影响。第一，联合投资经验对企业的联合投资活动有边际效应递增的负向影响。由于联合投资活动的高度复杂性，各联合投资活动表面的相似性会掩盖各联合投资活动本质上的差异性，从而对联合投资产生经验误用。但随着经验的积累及联合投资活动的学习反馈，联合投资经验会给企业的联合投资活动带来经验反思效应，导致联合投资绩效的边际效应上升。第二，单独投资经验对联合投资活动有正向影响。单独投资活动由于更低的复杂性、更全面更丰富的因果关系推断信息，会为联合投资活动提供有价值的信息，促进联合投资活动绩效的提升。

（2）关系嵌入对投资绩效有显著的正向影响，投资经验、网络密度及其交互发挥着重要的调节作用。关系嵌入对投资绩效有稳健的促进作用，投资经验加强了关系嵌入对投资绩效的正向影响；网络密度削弱了关系嵌入对投资绩效的正向影响；与密集网络相比，稀疏网络中投资经验对关系嵌入与投资绩效关系的正向调节效应变强。

（3）中心性、结构洞均对投资绩效有显著的影响，投资经验和关系嵌入发挥着重要的调节作用。风险投资企业的中心性越高，越占据投资网络的核心位置，能够获得更多信息，具有信息优势，也具有更高的声誉，吸引更多合作伙伴及更有潜力的融资企业，从而促进投资绩效的提高；风险投资企业拥有的结构洞越多，合作伙伴的分享意愿越低，更容易产生机会主义行为；投资经验越丰富，结构洞对投资绩效的负向影响越弱；与联盟伙伴的关系质量越高，中心性对投资绩效的正向影响越显著，结构洞对投资绩效的负向影响越弱。

本书的研究贡献在于：第一，结合风险投资企业运作特点及投资经验的作用，对投资经验的属性进行了划分，揭示了投资经验对企业投资绩效的影响机理，从企业属性角度解释了因企业能力的不同造成的绩效差异，扩展了组织经验的研究领域。第二，将关系嵌入与投资经验、网络密度及其交互属性置于同一研究框架下，系统分析了关系嵌入对投资绩效的主效应，以及企业属性、网络属性及其交互的调节效应，厘清了投资企业关系嵌入与投资绩效的关系因企业属性和网络属性的不同而产生绩效差异的作用机理，为"关系嵌入性悖论"提供了经验证据。第三，将结构嵌入、关系嵌入、投资经验等三个维度属性置于同一研究框架中，全面分析了结构嵌入对投资绩效的主效应，以及关系嵌入、投资经验的调节效应，证实了结构洞位置对投资绩效的负向影响，补充了投资网络的负向经验证据，深化了对投资企业各类属性与投资绩效关系的理解，丰富了联合投资网络的研究成果。

在本书的撰写过程中，昔日同窗好友和江汉大学商学院的同事们提出了宝贵的建议，在此表示衷心感谢！

在本研究成书过程中，参阅了国内外大量的参考资料，在此谨向文献的编著者表示诚挚的谢意。由于水平有限，书中难免有错误和不足之处，恳请不吝指正，以便在后续的研究工作中改进与提高。

倪艳霞

2022 年春于武汉三角湖畔

目录

第一章

导　论

第一节　研究背景

一、现实背景

随着改革开放的进一步实施，中国经济发展突飞猛进，取得了举世瞩目的巨大成就，在全球经济总量排名中仅次于美国，已突破 10 万亿美元大关，成为世界"制造大国"。然而，我国市场经济发展时间短、经济基础薄弱、自主创新能力不强、历史遗留问题多、路径依赖强、产业转型与升级困难等问题仍然十分突出。在当前经济转型与产业结构升级困难的形势下，发展高新技术产业和提高技术创新能力就成为带动我国经济发展和推动经济结构优化调整的重要战略性突破口。党的第十八次全国代表大会明确了创新对于区域经济乃至全国经济发展的重要作用，提出将创新驱动发展战略作为我国新常态经济转型的重要战略，明确了构建我国战略创新和技术发展体系的核心内容和发展方向。李克强更是提出了"大众创业、万众创新"的号召，指出创新创业是实现经济发展的重要改革举措，要让创新创业成为时代潮流。2018 年国务院印发的《关于推动创新创业高质量发展打造"双创"升级版的意见》将"双创"作为我国经济发展的内生动力，并出台了相应政策来确保"双创"战略的顺利实施。整体来讲，随着中国经济发展步入新常态以及"大众创业、万众创新"战略的实施，我国经济发展模式已逐步由模仿创新向自主创新和创业的模式进行转变，创新创业逐步成为推动我国产业结构升级和经济快速发展的重要战略引擎，创新创业企业的快速稳定发展成为我国经济发展的重要推动力量。

新创企业具有风险高、抵押物少、投资规模大、无形资产比重高、资金回收周期长等特点，资金短缺是制约其快速发展的主要瓶颈，因此在自由竞争市场中面临融资困难的重大难题（Arrow，1962），而传统信贷资金来源机构由于重实物资产的特点，导致新创企业发展及我国"双创"战略实施动力不足。因此，风险投资企业（venture capital firms，VCFs）的投资就成为创新性初创企业融资的唯一有效途径（Sahlman，1990）。风险投资指的是通过对有巨大发展潜力的初创企业尤其是高新技术风险企业提供资本支持，并对所投资企业提供监督、指导、管理等"增值服务"（value-added services），在被投资企业成熟后退出投资，从而实现自身资本增值的一种特定形态的金融资本（Hellmann & Puri，2002）。风险投资是新创企业与金融支持顺利对接的"润滑剂"，同时也是促进新创企业发展、实现产业结构升级、技术变革和经济转型的"发动机"，已引起了我国政府的广大关注。中央政府和地方各级政府先后出台了一系列促进和稳定新创企业投资发展的配套政策、法规和管理办法等，如1985年国务院正式批准第一家专营风险投资的金融机构成立，国家发展和改革委员会2005年发布的《创业投资企业管理暂行办法》、2008年发布的《关于创业投资引导基金规范设立与运作指导意见》、中国证监会2009年发布的《首次公开发行股票并在创业板上市管理办法》等，均为中国创新创业和风险投资企业的迅速发展提供了政策支持，使我国风险投资企业展现出迅速发展的态势。国务院印发的《关于深化体制机制改革加快实施创新驱动发展战略的若干意见》中指出，高科技创新活动作为我国创新驱动发展战略的核心，应受到资本市场的大力支持，国家、地方政府、金融资本市场应鼓励新创企业的发展，扩大对新创企业的投资规模。所以，风险投资作为促进创新及高科技产业发展的重要金融制度安排和重要载体，在培育孵化创新企业、推动战略性新兴产业的发展、汇聚经济发展的内生动力等方面起到了关键作用。

虽然在宏观政策方面，中国风险投资企业得到了规范和支持性的政策，但在具体操作层面，即使在制度相对完善的发达国家和地区，法律的制定都会有一定的倾斜。而中国尚处于经济转型阶段，与发达国家相比，正式制度体系的建立仍不完善，因此我国风险投资企业的运营对非正式网络的依赖性更强。此外，风险投资的对象通常为处在早期发展阶段的高科技类中小企业，这类企业发展历史短，没有公开的信息披露渠道和资料收集途径，因此风险投资企业与被投资企业之间存在严重的信息不对称现象。这两方面原因导致风险投资企业组成战略联盟（Syndicate，也称辛迪加或联合投资）的现象日益增多。联合投资指的是在不确定投资条件下，由两个或更多的风险投资企业共同分享投资周期，或指不同的风险投资企业于不同的时间投资于既定的风险项目（Brander et al.，2002）。通过联合投资，风险投资企业可以共担出资、多方评估、优劣互补，形成紧密连接、互相依存的群体，共担风险，共享收益。由清科私募通数据库可知，迄今40%的创业企业的融资是由两个或两个以上的风险投资企业联合进行投资的，平均每年有70%以上的风险投资项目为联合投资项目。由 Wind 数据库可知，在我国风险投资企业中，单独投资项目占比呈现逐年下降的趋势，而由多个风险投资企业联合投资形成的风险投资辛迪加正日益增多。已有学者指出，由于风险投资企业的高风险性和高不确定性（Goldfarb et al.，2007），单个投资企业难以获得项目筛选、评估、监督、指导等增值服务过程的全部专业知识和技能（Baker & Gompers，2003），因此风险投资企业会采取联合投资的形式有效地获取高质量的投资机会和创业企业的信息，并有效规避因风险投资企业和创业企业间信息不对称所带来的风险（Sorenson & Stuart，2001）。这意味着风险投资企业普遍嵌入在由以往合作关系和现有合作关系相交织的社会网络中（Hochberg et al.，2010），因此风险资本的联合投资行为是非常普遍的现象。

随着风险投资企业在推动战略性新兴产业发展中的作用日益突出，以及风险投资企业联合投资、网络化投资等特征日益明显，大量学者开始对风险投资企业网络特征、投资绩效等方面展开了理论分析与实证研究。研究结论表明，虽然中国的风险投资企业对高新技术产业和战略性新兴产业的发展有很大的促进作用，但风险投资企业投资绩效还存在很大差距，普遍的问题主要集中在退出项目有限、IPO 方式退出比率低、项目内部收益率低、收入低等。

与欧美等发达国家相比，虽然中国的风险投资市场起步较晚，却出现了"井喷式"的增长态势（倪艳霞等，2019）。但我国的风险投资市场具有特殊性，中国风险投资市场的发展经历了由政府主导逐步过渡到现在的市场化发展，资本背景多层次化、证券市场不完善，具有复杂性和独特性（Guo & Jiang，2013），且形成了具有"以官办资本为核心、成熟外资和大型国资为主体兼顾民营的阶层网络"（周伶等，2014）。此外，我国的社会文化价值观念、知识产权保护水平以及公司治理等方面均与发达国家有很大区别。因此，中国风险投资企业发展背景和发展路径与欧美等发达国家大相径庭。

二、理论背景

我国经济发展的现实需求以及风险投资环境的复杂性，对风险投资绩效的相关研究提出了新要求。如何更好地立足于风险投资企业的实际需要，多元、分时、动态地揭示我国风险投资企业投资绩效研究的演进历程涉及研究方法的选择。为实践层面的风险投资企业绩效提升提供更为有效的指导是自主创新水平提高和风险投资环境下必须思考的问题，离不开对风险投资绩效研究脉络和发展趋势的研究。

随着全球化竞争的日益加剧、技术更新速度的加快和市场需求的日益多样化，企业仅依靠内部知识、信息和资源不仅效率低下，且无法在市场中获得竞争优势（Levinthal & March，1993），因此企业内部的知识、信息和资源已无法满足企业的发展运营。跨越组织边界，与其他企业进行合作，通过联盟网络获取外部知识、信息和资源就成为企业用于弥补内部知识、信息和资源缺口、提高竞争优势、获取核心竞争地位的重要战略选择。具体到风险投资行业，风险投资企业作为异于传统企业的金融机构，具有重要的特征：独特的"筛选—投资—指导—退出"的循环运营流程。风险投资企业对具有发展潜力的创业企业进行筛选后，注入创业企业发展所需的资金，之后风险投资企业会参与创业企业的运营管理，为其提供价值增值服务。各运营环节中所需的知识、信息和资源不尽相同。此外，风险投资的对象通常为处在早期发展阶段的高科技类中小企业，这类企业由于发展历史短，没有公开的信息披露渠道和资料收集途径，因此风险投资企业与被投资的创业企业之间存在严重的信息不对称现象。通过与其他风险投资企业合作，可以共担出资、多方评估、优劣互补，形成紧密连接、互相依存的群体，共担风险，共享收益。因此，风险投资企业受资源禀赋和信息成本的约束以及分散风险的需求，通过嵌入联合投资网络获得关键外部资源，实现内外部知识的匹配、聚合和重组就成为风险投资企业的极佳选择（Violetta & Jonathan et al.，2020）。由以往研究可知，网络嵌入性可以分为关系嵌入性和结构嵌入性（Granovetter，1992）。因此，通过关系嵌入和结构嵌入获取丰富外部知识、信息和资源可使得风险投资企业弥补内部知识缺口、突破信息壁垒、增强信息优势。

由组织学习理论可知，组织经验的积累是组织增强内部知识储备、提高资源配置能力和组织学习能力的重要过程（Katila & Ahuja，2002）。也有学者提出，企业甄别、整合内外部知识并进行重构的前提是拥有足够的知识（Teece，1992），在拥有足够内部知识的基础上，企业的学习能力、配置资源能力才能得到提升，有利于获取核心竞争力。对风险投资企业来说，通过投资经验的积累，企业更有能力筛选具有发展潜力的项目、为投资项目提供优质的增值服务，也更有可能获得较高的投资回报。因此，投资经验就成为风险投资企业获取内部知识、信息和资源优势的重要渠道。

由关系嵌入理论可知，关系嵌入关注的是以直接联结为纽带的二元交易问题（Granovetter，1973；Uzzi，1997）。大多学者均认同企业的关系嵌入对外部知识的获取、学习能力提高及企业绩效的重要影响，但学者们对其影响机制没有统一定论：部分学者认为弱关系使得组织拥有的信息范围更广，与强关系相比，拥有弱关系的企业能够以更低的交易成本接触异质化信息和多样化知识（Granovetter，1973），从而增加了组织整合新知识的可能性，有利于提高投资绩效；部分学者认为强关系更有利于企业获取外部知识，主要得益于合作伙伴间的信任机制、信息共享机制和共同解决问题机制（Uzzi，1997）。因此，无论是弱关系或强关系，关系嵌入对于企业从联盟伙伴处获取外部知识的重要性不言而喻。对风险投资企业来说，联合投资是风险投资企业的重要策略选择。中国风险投资市场起步晚，相应制度不完善、信息透明度低、监管体制不健全等问题仍然存在，通过联合投资关系的形成，利用非正式制度弥补正式制度的失灵，填充投资企业的内部知识缺口，提高投资决策质量，对中国风险投资企业尤为重要（Xiao & Tsui，2007；彭涛等，2020）。因此，通过关系嵌入获得外部知识、信息和资源就成为风险投资企业的极佳选择（倪艳霞，2022）。

结构嵌入关注的是组织所处的网络位置属性——中心性和结构洞（Adler & Kwon，2002；Zaheer & Bell，2005）。现有研究普遍认为，占据中心位置的企业与网络内其他企业有更多的直接联系，具有更多的信息流通渠道，外部知识搜索的范围也更大（Freeman，1979）；占据结构洞位置的企业拥有更多的非冗余联系，可以更加及时、高效获取非冗余的外部资源，也能够控制"桥"两端信息流动，取得先发优势（Burt，1992）。对风险投资企业来说，通过结构嵌入，在联合投资网络扩大对外部知识的搜索范围，进一步缩小内部知识的缺口，增加投资优势，对风险投资企业来说至关重要。因此，通过结构嵌入获取外部知识、资源和信息就成为风险投资企业获取竞争优势、占据市场地位的重要策略。

由以上分析可知，风险投资企业可利用三个维度的知识、信息和资源作用于投资绩效：第一，基于投资经验，奠定内部知识基础，提高决策质量和学习能力；第二，基于关系嵌入，从联盟伙伴处获得关键资源，增强信息优势；第三，基于结构嵌入，从联盟网络中扩大对外部知识的搜索范围，有效弥补信息缺口，获得竞争优势。

目前，国内外有很多学者从不同的理论视角对风险投资企业各种来源的知识、资源与信息对投资绩效的影响作出了大量研究，已取得丰硕的成果。但现有研究还不足以解释风险投资企业内外部知识来源渠道与投资绩效的复杂关系，也不利于我们对各渠道知识来源对投资绩效影响机理的理论认识。此外，已有研究的对象多是欧美等发达国家的风险投资企业，而投资企业的行为会受其所处社会情境的影响，由于社会文化价值观念、风险投资的发展路径、金融体系、公司治理、组织结构等方面的差异，使得我国社会网络结构要素与西方发达国家的作用机制不同（罗家德等，2014），因此针对发达国家已有的风险资本市场及投资网络的研究结论未必适用于我国风险资本市场（Cumming et al.，2010；Aizenman & Kendall，2012）。因此，对于中国风险投资企业的内外部知识、信息和资源来源渠道对投资绩效作用机理的系统量化研究就显得尤为重要。

第二节 问题提出

基于上述分析，本书首先基于文献计量学相关理论，对中国风险投资企业绩效研究的知识基础、研究热点、研究主题和演化路径进行梳理，探究相应的研究缺口；接着基于组织学习理论和社会网络理论，探讨风险投资企业的三个通道的知识、信息和资源——投资经验、关系嵌入和结构嵌入，对投资绩效的影响和作用机制，主要回答以下四个问题。

（1）中国风险投资企业绩效研究的文献特征是什么？知识基础与研究前沿有哪些？研究热点与衍化趋势如何？有哪些相应的研究缺口？

随着中国风险投资市场的发展以及我国创新发展战略的实施，风险投资企业绩效研究成为学术界的研究热点。通过研究发现，风险投资企业的投资绩效参差不齐，与发达国家相比，存在退出率低下、IPO 率低、内部收益率低等问题。我国经济发展的现实需求以及风险投资环境的复杂性，对风险投资绩效的相关研究提出了新要求。如何更好地立足于风险投资企业的实际需要，多元、分时、动态地揭示我国风险投资企业投资绩效研究的演进历程涉及研究方法的选择。为实践层面的风险投资企业绩效提升提供更为有效的指导是自主创新水平提高和风险投资环境下必须思考的问题，离不开对风险投资绩效研究脉络和发展趋势的研究。对风险投资绩效研究脉络和发展趋势的研究可以揭示投资绩效研究的变化规律，构筑投资提升的演化框架。因此，本书基于文献计量学相关理论，全面系统地梳理2000年以来中国风险投资企业投资绩效研究的研究热点、研究主题和演化路径，归纳分析投资绩效研究不足，提出未来研究的重点。

（2）风险投资企业因其独特的"筛选—投资—指导—退出"的循环运营流程，具有单独投资模式和联合投资模式两种组织形式。投资经验作为风险投资企业重要的内部知识来源，是否会因风险投资企业投资模式的不同而对投资绩效的影响产生变化？如果有，作用机制是什么？

众多学者强调了组织经验对组织绩效的关键作用，实证研究关于组织经验与绩效之间的关系已经得出了多种不同的结论：正向（Barkema et al.，1996）；不显著（Zollo & Singh，2004）；U型（Haleblian & Finkelstein，1999）；倒U型（Hayward，2002）；负向（Uhlenbruck et al.，2006）。为了回应经验—绩效之间不一致的结论，有些学者从不同角度对组织经验属性进行划分，研究经验与绩效的关系，如结果属性（Hayward，2002；Madsen & Desai，2010；Muehlfeld et al.，2012）、同质化属性（差异化与同质化）（Hayward，2002）、时间属性（近期与远期）（Meschi & Métais，2011）、区域属性（国际经验与特定国际经验）（Nadolska & Barkema，2014）、规模属性（大型与小型）（Ellis et al.，2011）。但是他们往往忽视了一个非常重要的属性，即组织形式。由前人研究可知，组织形式主要有联合模式和单干模式。鉴于这两种模式下，企业惯例形成、沟通协调、权力关系、参与环节等均表现出极大的差异性，那么，不同组织形式的经验对后续组织绩效的影响如何？风险投资企业的运作机制为募资、投资、指导和退出等四个环节，退出后风险投资企业可以利用变现的投资收益进行下一轮的投资，因此其组织形式具有多变性，可以在联合投资模式与单独投资模式之间自由选择与转换，这就为该问题的解答提供了独特的研究背景。但现有研究尚未对风险投资企业独特的组织形式予以重点关注。本书将对风险投资企业不同组织形式下的经验—绩效问题进行研究。

（3）关系嵌入作为风险投资企业重要的外部知识、信息和资源来源之一，对投资绩效的作用机制如何？是否会受到内部知识、信息和资源来源、网络结构特征的影响？在投资经验与网络密度的交互作用下，关系嵌入对投资绩效的影响会发生什么变化？

随着投资企业的发展以及联合投资网络的形成，联合投资因能够降低创新成本、提高获取信息和资源的效率、分散投资风险等优势受到了投资企业的青睐。中国风险投资企业主要的投资模式也由单独投资向联合投资和网络投资进行了转变，不同模式下影响投资绩效的因素也会发生变化。那么，关系嵌入对投资绩效的影响机制是什么？这是基本且重要的问题。对该问题的研究有很多，但由于中国的融资机制不健全、管理机制不完善、经济尚处于转型时期以及文化权变因素的影响，需重新对该问题进行全面深入的实证分析。

有研究表明，企业对内外部知识进行匹配、重组并进行重构的前提是拥有足够的内部知识（Teece，1992）。此外，嵌入于联合投资网络的风险投资企业间的知识流通和交换还会受到网络结构的影响，网络密度是反映投资网络特征的重要变量。因此，本书不仅考虑关系嵌入作为重要外部知识来源对投资绩效的作用，还从投资经验、网络密度及其关系切入，对其在关系嵌入与投资绩效之间的调节效应进行深入研究。

（4）结构嵌入作为风险投资企业重要的外部知识、信息和资源来源之二，对投资绩效的作用机制如何？是否会受到其他两个知识、信息和资源来源——投资经验和关系嵌入的影响？

现有研究普遍认为占据良好网络位置的企业，如中心性位置和结构洞位置，具有信息优势和控制优势，从而能够极大提高投资绩效，却忽视了中国文化情境的影响。此外，现有关于网络嵌入与绩效关系的研究中，大多从中心性、结构洞或关系嵌入的单一维度进行研究，对风险投资企业的各个维度信息来源及其相互作用的研究尚显薄弱。本书则将风险投资企业的三个维度的信息来源渠道——结构嵌入、关系嵌入、投资经验整合到同一研究框架中，系统分析联合投资网络中风险投资企业的各种属性及其交互特征对投资绩效影响的内在机理，全面量化分析风险投资企业知识资源的作用。

第三节　研究意义

一、现实意义

在我国经济步入新常态的关键时期，"双创"战略的实施是我国实现产业结构升级和带动经济社会可持续发展的可行之路，新创企业与金融支持的顺利对接则成为"双创"战略实施的关键。由于新创企业具有战略性、高风险、高不确定性等特征，风险投资企业作为一种与传统金融机构不同的重要融资企业，在伴随新创企业的长期投资性质、承担高风险能力、战略的指导、资源的收集、参与分享剩余等特性方面，均与新创企业的需求相匹配。欧美等国的实践表明，风险投资企业能够促进国家技术创新能力的提升，扶持高新技术产业的发展，夯实产业结构优化的经济基础。但近年来，风险投资企业的利润率持续走低，行业管理机制不完善，证券市场不健全，融资体系僵化等问题依旧是阻碍风险投资企业发展的重要因素。因此，对中国风险投资企业的系统量化研究具有重要的现实意义和指导作用。

通过对中国风险投资企业投资经验、关系嵌入、结构嵌入与投资绩效的研究，可以对我国政府政策的指导提供建议，有利于政府对风险投资的正确引导，从而更好地推动"双创"战略的实施，扶持高新技术产业的发展以及自主创新能力的提高；通过采用更完善的样本数量及更合理的时间区间，可以得出更适用于我国情境的研究结论，并能更好地推动风险投资企业的健全发展，为风险投资企业的发展提供更良好和优质的资本市场环境；通过对风险投资企业投资绩效不同维度影响因素的全面、科学和系统分析，可以增加风险投资企业的主观能动性，从而有利于投资绩效的提高，可以更好地发挥风险投资价值发现、价值创造、价值回收的功能，规范风险投资的管理和运作，促进新创企业的科技创新。

二、理论意义

迄今为止，关于中国风险投资企业投资绩效的研究，国外的相关研究多以发达国家的风险投资企业为研究背景，但由于中国风险投资企业的发展路径、所处社会情境与西方大相径庭，其研究结论不一定适合中国风险投资企业的具体实践；国内的相关研究则起步较晚，数据可得性具有一定的缺陷，收集成本高，致使现有研究成果有限。随着近十年风险投资企业的增长，相关数据得到很大的更新和完善，这为风险投资企业相关理论和研究结论的本土化研究和运用提供了可能。本书具有以下理论价值。

（1）已有关于风险投资企业的研究大多基于欧美等发达国家情境，对新兴国家的风险投资的研究相对缺乏（Aizenman & Kendall，2012）。考虑到风险投资企业的研究会受到文化权变因素的影响，尤其是我国风险投资企业是以政府为主导逐步向市场化过渡的发展路径，与发达国家风险投资企业的发展存在很大区别，因此以中国风险投资企业为研究对象，不仅可以为我国风险投资企业的发展提供理论指导，也丰富了新兴市场情景的研究。

（2）联合风险投资网络的形成因可提高风险投资企业的战略柔性、提高信息收集和利用的效率、共担风险、降低成本等优点，已引起理论界和实务界的重点关注，但关于联合风险投资的研究仍有很大的拓展空间。本书选取中国风险投资企业为样本，不仅可以丰富和发展"中国特色"的联合风险投资相关研究的理论需要，还可以对我国风险投资企业的发展起到指导作用。

（3）从三个维度知识来源出发，基于组织学习理论和社会网络理论，研究不同维度的知识、资源和信息来源对中国风险投资企业投资绩效的影响和作用机制，能够为联合风险投资的相关研究提供新的思路，有利于更加深入地探究风险投资企业投资绩效的影响因素和作用机制。

第四节 概念界定及风险投资企业的功能介绍

一、基本概念

（一）风险投资

风险投资（venture capital，VC）是一种高风险、高潜在收益的投资方式（Gebhardt，2009）。与其他融资方式不同，风险投资是借助资本市场募集资金和投资，并以多种方式退出融资企业的一种股权投资。风险投资的对象主要是具有高风险性、高成长性的新创企业和项目，因此风险投资具有高风险、高收益、权益性等特征。

（二）风险投资企业、创业企业和投资事件

风险投资企业（venture capital firms，VCFs），也称风投企业，是对创业企业进行投资及投资管理的主体，主要运作环节包括对创业企业进行筛选、资金募集、项目投资、投后管理、变现退出等（Hochberg et al.，2010）。

创业企业，也称融资企业，是风险投资企业的投资对象，一般具有创新、高科技、高风险的特征，但由于运营历史较短，专业化知识和经验积累不足，具有盲目性的特点。因此，创业企业除了希望获得风险投资企业资金方面的支持，也希望能够获得非资金方面的增值服务等。

投资事件，是风险投资完成后的一个结果。一次投资事件，指的是一家或多家风险投资企业对某一融资企业完成的一次投资。依据一次投资事件中，融资企业获得投资时对应风险投资企业的数量，可将投资事件划分为联合投资事件和单独投资事件。

（三）联合投资

联合风险投资是指由两个或多个风险投资企业同时或先后对同一新创

企业提供股权资本，并为其提供管理咨询等增值服务（Hochberg et al.，2010）。联合风险投资模式是风险投资企业之间的战略联盟形态。联合投资有广义和狭义之分。狭义的联合投资指的是多个风险投资企业在同一轮次中投资于同一创业企业；广义的联合投资指的是多个风险投资企业投资于同一企业，不仅限定于同一投资轮次。

（四）投资绩效

通过对数据库的考察和相关文献的阅读可知，风险投资企业的详细现金流数据很难获取，仅有小部分样本对自身财务状况进行了公开。因此，学者们分别采用了间接和直接的方法对风险投资绩效进行了度量，并在应用时取得了瞩目的成就。主要代理变量分为两类，共5种测量方式。第一类是与收益有关的变量，第二类是与退出方式有关的变量（见表1-1）。

表1-1 风险投资企业投资绩效的代理变量

类别	代理变量	说明	代表文献
与收益有关的变量	投资收益	用账面回报倍数（BR）作为代理变量。账面回报倍数 =（该项目的累计账面退出回报 - 累计投资金额）/累计投资金额	叶小杰（2014）；罗吉和党兴华（2017）
		用账面内部收益率（IRR）作为代理变量。$IRR = (1 + BR)^{(1/t)} - 1$，其中 t 是年化的投资期（精确到月）	沈维涛等（2014）；罗吉和党兴华（2017）；谈毅和唐霖露（2016）
		异常报酬（Abnormal Return）	Piaskowska & Nadolska（2017）
与退出方式有关的变量	是否退出	若 VC 在时间窗内 IPO、并购、转让及存在后一轮的续投，则为成功退出，定义为1，其余为0	Hochberg et al.（2010）
		若 IPO 或并购，取值为1，其余为0	Gompers & Lerner（2004）；Nahata（2008）；Ozmel & Guler（2015）；De Clercq & Dimov（2007）
		将风险投资企业通过 IPO 退出定义为成功退出，取值为1，其余为0	Gompers & Lerner（1999）；Brander et al.（2002）

续表

类别	代理变量	说明	代表文献
与退出方式有关的变量	与IPO或并购的退出次数相关	用时间窗内IPO或并购成功退出的次数，除以前一个时间窗内总投资轮次	罗吉等（2016）
		考察期IPO或并购的总次数	Hochberg et al.（2010）
		用时间窗内IPO或并购成功退出的次数，除以总投资轮次	Yuhong（2013）；党兴华等（2014）
	对退出方式进行区分	将退出方式IPO、并购、未退出、清算，依次取值为3、2、1、0	De Clercq & Dimov（2007）
		将退出方式IPO、并购、其他，依次取值为2、1、0	叶小杰（2014）
	退出速度/期限	若投资企业在观察期内成功退出，退出速度=（成功退出日期－首次投资日期）/365；若投资企业在观察期内未退出，退出速度=（样本观察期截止时间－首次投资日期）/365	叶小杰（2014）
		在样本观察期内成功退出的投资轮次，退出速度定义为从投资时起至IPO退出时止的总天/月数；在观察期内没有成功退出的投资轮次，退出速度作右截取处理	王曦等（2014）；罗吉和党兴华（2017）

（五）成功退出

由前人研究可知，风险投资企业通过 IPO 成功退出创业企业是获取收益的最好的退出方式，其次为并购（M&A）和股权转让。这三种退出方式均能使风险投资企业获得相应的收益。其中，IPO 和并购（M&A）这两种退出方式则备受投资企业的青睐。而通过仅有部分已公开财务收益的样本也可发现，通过 IPO 和并购（M&A）退出创业企业的投资企业普遍的财务收益也较高。因此，本书沿用前人的做法，将投资企业通过 IPO 和并购退出定义为成功退出，其余退出方式则定义为不成功退出。

二、风险投资企业的功能

风险投资作为支持"双创战略"实施的重要金融措施，主要特点为风险投资是一种权益投资，即风险投资在企业发展过程中，除了为创业企业提供发展的资金支持外，还会为创业企业提供多种形式的非资金增值服务（Hsu & Ziedonis，2013），从而提升创业企业的价值，并以高收益退出创业企业（Hsu，2006）。通过对风险投资企业在创业企业发展过程中的作用进行研究可知，风险投资的运作流程可概括为：筛选—投资—指导—退出。因此，本书将风险投资企业的功能概括为：价值发现—价值创造—价值回收。

（一）价值发现

风险投资企业作为特殊的金融中介机构，会运用自身的资源及能力收集有关创业企业的信息，对高度不确定性和信息不对称的创业企业进行筛选（Kortum & Lerner，2001），从而选择有潜力的创业企业进行投资。中国新创企业的融资方式主要有三种：银行贷款、上市融资和政府补贴（齐绍洲等，2017）。其中，传统融资机构，如银行等，由于受到保障资金安全的首要原则影响，更加注重投资过程中资金的稳健性和流动性，且对融资企业的实物抵押更加重视，对创业企业有明显的"所有制歧视"和"规模歧视"；而企业上市的门槛设定逐年增高，所需的手续比较繁琐，成为具有巨大发展潜力、发展前景但缺乏资金的融资企业发展运营的重大障碍；政府补贴的融资方式因财政预算的限制，不能很好地满足创业企业高风险、资金需求大的要求。因此，新型融资方式——风险投资，因股权类融资方式、风险承担能力强、后续融资渠道广等特点就备受创业企业的青睐。但由于创业企业的发展历史较短，信息较少，且具有高风险和高不确定性，因此风险投资企业对创业企业的考察和筛选就成为首要的关键步骤。有学者指出，风险投资企业由于与创业企业存在高度的信息不对称性（Busenitz et al.，1997），因此风险投资企业会采用严格的标准审查创业企业的质量。与传统融资机构相比，风险投资企业拥有更加专业的知识背景和专业化的管理经验（Sahlman，1990），可以对创业企业的潜在价值做出更精准的判断，从而更好地解决风险投资企业和创业企业之间信息不对称问题，也为后续价值创造和价值回收环节奠定基础。

（二）价值创造

与传统融资机构不同，风险投资企业对创业企业有增值服务（value-added）（Juliane，2020）。风险投资企业在对创业企业进行筛选后，会通过一系列的方式参与创业企业的运营管理，如派出董事、现场巡查等（Gompers & Lerner，2000），并介入创业企业的经营管理，运用专业能力和关系网络（Hochberg et al.，2010）等为创业企业提供专业化建议（Han et al.，2019）和社会资源，为创业企业提供增值服务，如企业整体经营策略、治理结构、人力资源分配、销售和股票期权的选择、战略方向等（Davila & Foster，2005），从而提高创业企业的市场价值。总体来说，风险投资企业具有完善的知识体系、丰富的经营和管理经验、庞大的社会网络体系，能为融资企业的发展及运营提供定制化和具体的指导，提高创业企业对市场前景的前瞻性和行业变化的适应性；会通过各种方式介入创业企业，对创业企业的管理模式、机构设置和人事任用等经营管理方面进行重组和改进，从而提高创业企业的管理和运营效率；通过引进有经验的销售人员及扩大客户资源，提高创业企业的综合实力和长期业绩。

（三）价值回收

退出是决定风险投资企业价值回收的关键环节。风险投资的最终目的是以高收益率退出创业企业（Large & Muegge，2008）。与其他投资获取收益的方式不同，风险投资企业主要通过出售所持创业企业的股权获取资本增值收入（Annalisa et al.，2019）。能否顺利从创业企业中退出不仅关系到风险投资企业当期收益，也会影响其资金的流动性及后续的投资。因此，风险投资企业在对创业企业投资伊始便会将退出计划作为投资战略的重要部署环节。目前，我国风险投资企业的退出方式主要有首次公开发行（IPO）、并购（M&A）、股权转让（trade sale）和清算（liquidation）四种方式。退出方式的选择取决于风险投资企业对投资目标和创业企业控制权、市场等外部因素等。对风险投资企业来说，退出方式的选择取决于对投资利益的最大化（Cumming & Macintosh，2003）。风险投资企业退出后，创业企业可重新获得控制权。此外，相关法律法规体系的完善度、产权交易市场的成熟度等也会影响风险投资企业退出方式主体的适用性、产权界定及交易成本，从而影响风险投资企业的退出方式的选择。

综上所述，风险投资企业通过专业化的知识和经验对具有发展潜力的高科技、高成长性的创业企业进行筛选，通过权益资本投资的方式介入创业企业的运营管理中，通过专业化的知识和社会网络资源为创业企业提供增值服务，最终实现高收益的退出创业企业，从而实现价值发现、价值创造和价值回收的功能。

第五节　研究设计

一、研究思路

本书对目前中国风险投资企业绩效研究现状进行系统梳理，分析风险投资绩效研究的文献特征、知识基础与研究前沿、研究热点与趋势衍化，分析相应的研究缺口。通过对相关议题文献的回顾、梳理和总结，基于风险投资企业发展所需内外部知识相匹配结合的理论和现实基础，从组织学习理论和社会网络理论出发，分析了不同来源的知识、信息和资源对投资绩效的影响。本书研究思路和理论逻辑如下。

首先，本书拟基于文献计量学相关理论，运用关键词共性共现和聚类分析，全面系统地梳理 2000 年以来中国风险投资企业投资绩效研究的文献特征、知识基础与研究前沿、研究热点与趋势衍化，归纳分析投资绩效研究不足，提出未来研究的重点，为理论工作者更深层次地探索投资绩效提升提供方向指导和经验借鉴。

其次，本书拟深入分析作为内部知识、信息和资源重要来源通道的组织经验与投资绩效的关系。这一来源通道主要是投资企业对自身经验的学习、吸收，提高企业能力，奠定内部知识基础的过程，可称为"内部知识学习机制"。作为奠定风险投资企业内部知识基础、提高组织资源配置能力和学习能力的投资经验，其对投资绩效的影响已被广大学者验证，本书拟从组织形式出发，对投资经验进一步划分，分析投资经验与绩效之间的关系。

再次，本书拟分析作为风险投资企业外部知识、信息和资源来源通道之一的关系嵌入与投资绩效的关系。这一来源通道主要是指风险投资企业通过从联盟伙伴处学习缄默、不可模仿的隐性知识，实现外部知识、信息和资源的迁移，可称为"外部知识迁移机制"。正如前文所述，组织的运营发展需要内外部知识的整合，因此，本书进一步探讨了"内部知识学习机制"和"外部知识迁移机制"对投资绩效的共同影响。因企业绩效会受到知识流动和网络特征等双重因素的影响（Abell，2007），为避免仅从知识流动单一视角的研究可能造成的片面研究结论的出现，本书又探讨了"网络特征""内部知识学习机制"和"外部知识迁移机制"对投资绩效的三阶交互效应。

最后，本书拟分析作为风险投资企业外部知识、信息和资源来源通道之二的结构嵌入与投资绩效的关系。这一来源通道主要是指风险投资企业通过对联盟网络中外部知识、信息和资源的搜索，增加企业接触异质性知识的机会，可称为"外部知识搜索机制"。该机制的作用在于为企业"带来知识、信息和资源"，但将网络中各类知识、信息和资源进行转化还需要投资企业的"内部知识学习机制"和"外部知识迁移机制"。因此，本书拟进一步探讨中国风险投资企业投资经验和关系嵌入对结构嵌入与投资绩效关系的调节效应。

二、研究内容

本书研究的主题是中国风险投资企业投资绩效的作用机制研究。为了阐明这一主题，本书分七个章节来进行讨论，各章节主要内容如下。

第一章为导论。介绍了本书的现实背景、理论背景、现实意义和理论意义，结合实际情况提出研究问题，针对研究问题拟定研究内容、研究方法、技术路线，并提出可能的创新之处。

第二章为中国风险投资企业绩效研究的文献计量分析。主要分析中国风险投资企业投资绩效研究的文献特征、知识基础与研究前沿、研究热点与趋势衍化，归纳分析投资绩效研究不足，提出未来研究的重点。

第三章为相关理论基础与文献综述。在第二章分析的基础上，提出本书的研究主题，并对相应议题的理论和文献进行梳理。第一部分主要对组织学习理论和社会网络理论进行系统的梳理，为进一步的研究奠定理论基础。第二部分主要对相关议题进行文献梳理，主要包括投资绩效影响因素的相关研究、基于组织学习理论的组织绩效研究、基于关系嵌入的组织绩效研究、基于结构嵌入的组织绩效研究等四个方面。最后进行现有文献的述评，找到现有研究的突破口。

第四章为中国风险投资企业投资经验与投资绩效。本章运用中国 CV-Source 和 Zero2IPO 两大中国风险投资的数据，分析了作为风险投资企业内部知识、信息和资源的来源通道的投资经验对投资绩效的影响和作用机制。

第五章为中国风险投资企业关系嵌入与投资绩效。基于社会网络理论，运用中国 CVSource 和 Zero2IPO 两大中国风险投资的数据，从理论和实证层面分析了作为风险投资企业重要外部知识、资源和信息来源通道之一的关系嵌入对投资绩效的作用机理，并分析了投资经验和网络密度及其交互的调节作用。

第六章为中国风险投资企业结构嵌入与投资绩效。基于社会网络理论，运用中国 CVSource 和 Zero2IPO 两大中国风险投资的数据，将结构嵌入、关系嵌入和投资经验置于同一研究框架中，从理论和实证层面分析了作为风险投资企业重要外部知识、资源和信息来源通道之二的结构嵌入对投资绩效的影响和作用机制，并分析了其他两个知识、信息和资源来源通道——投资经验和关系嵌入的调节作用。

第七章为结论与展望。主要是对本书研究结果进行归纳总结，提出合理的政策建议，并对本书研究的局限进行说明。

三、研究方法

（一）文献计量法

本书根据研究需要，采用 CiteSpace 对中国风险投资企业绩效研究相关文献进行分析，对文献数据进行可视化，分析风险投资绩效研究脉络和发展趋势，揭示相应研究的变化规律，归纳分析研究的不足，提出未来研究的重点。

（二）文献分析法

本书根据研究需要，首先通过对国内外文献的阅读整理，对社会网络理论和组织学习理论进行系统梳理，夯实全文的理论基础；其次对风险投资企业绩效影响因素、组织经验、关系嵌入和结构嵌入等相关的研究成果进行研读和归纳总结，分析该研究可能存在的突破口，从而确定本书的研究问题和研究框架。

（三）定量实证分析方法

本书研究采用的是中投集团 CVSource 数据库和清科私募通 Zero2IPO 的相关数据进行实证经验研究。首先，采用 Stata 13.0 对两个数据库的相关样本进行匹配和整理，尽可能保留数据的完整性，并采用社会网络分析软件 Ucinet 6.645 对中国风险投资社会网络的相关变量，如中心性、结构洞、网络密度等进行计算。其次，为保证研究的科学性和稳健性，在相关研究中，本书分别采用了独立样本 T 检验、独立样本非参数 Mann-Whiney U 检验、主成分分析法等对样本和数据进行分析。最后，采用 Stata 13.0，结合面板最小二乘法（OLS）、广义最小二乘法（FGLS）、系统广义矩估计（S-GMM）等方法对本书的研究主题进行验证，并对研究主题中涉及的"U"型或倒"U"型、内生性和稳健性进行进一步检验和分析。

四、技术路线

本书以中国风险投资企业为研究样本，构建中国风险投资企业绩效研究影响因素的系统分析框架，从理论和实证层面对研究问题进行探讨，最后得出研究结论，技术路线如图1-1所示。

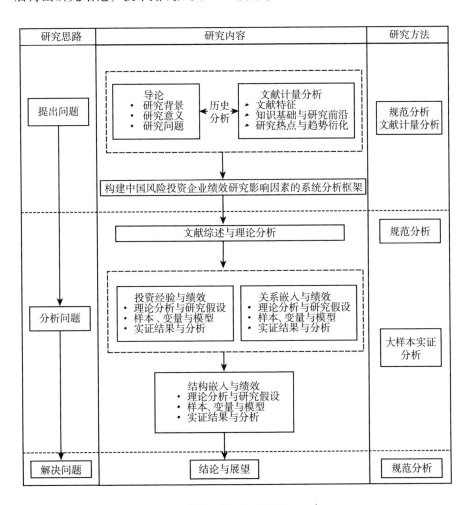

图1-1 技术路线

第六节　可能的创新点

本书聚焦于"中国风险投资企业投资绩效的作用机制研究"这一主题,从三个维度的知识、信息和资源来源通道出发,基于组织学习理论和社会网络理论,探讨了不同维度知识、信息和资源对投资绩效的影响和作用机理。本书的可能创新点概括如下。

首先,基于风险投资企业循环运营而导致的投资模式具有单独投资模式和联合投资模式的特点,将投资经验划分为单独投资经验和联合投资经验,继而深入剖析不同的组织经验如何直接影响组织绩效。因风险投资独特的筹资、投资及退出的循环运营机制,使风险投资的组织形式可以分为单独投资模式和联合投资模式,相应地会产生单独投资经验和联合投资经验、单独投资绩效和联合投资绩效,本书通过对不同属性经验对绩效影响机制的实证研究分析,对组织学习理论进行了拓展和运用,丰富了风险投资绩效的相关研究。

其次,基于关系嵌入理论,将关系嵌入与投资经验、网络密度及其交互属性置于同一研究框架下,系统分析关系嵌入对投资绩效的主效应,以及企业属性、网络属性及其交互的调节效应,不仅考虑了关系嵌入对弥补风险投资企业信息缺口的直接作用,还考察了因投资经验、网络密度及其交互作用而产生的影响,系统地认识关系嵌入对提高投资收益的影响,对联合投资活动提供实践指导。

最后,基于结构嵌入理论,深入剖析结构嵌入对投资绩效的影响机制,对社会网络理论进行扩展与运用。基于内外部知识、信息和资源来源通道的多维度视角,将中国风险投资的结构属性、关系属性和企业属性置于同一研究框架中,使得投资绩效的相关研究更加系统、全面,有利于进一步加深对投资绩效影响因素的系统量化认知。

第二章

中国风险投资企业绩效
研究的文献计量分析

党的十九大指出我国经济已由高速增长阶段转向高质量发展阶段，发展模式转变、经济结构优化和增长动力转换成为社会主义新时代下经济发展的重要方向，战略性新兴产业将成为新时代高质量经济发展的主导力量。党的十九届五中全会通过的《中共中央关于制定国民经济和社会发展第十四个五年规划和二〇三五年远景目标的建议》将"坚持创新驱动发展"作为首要任务，提出了"强化国家战略科技力量、提升企业创新能力、激发人才创新活力、完善科技创新体制机制"四项具体任务。由此可见，大力支持具有高水平创新能力的新兴产业、提高企业的自主创新能力仍将是"十四五"以及未来很长一段时间内社会主义现代化强国建设的重大战略举措。

风险投资作为资本市场的重要组成部分，为创业企业的发展提供了重要支持，在为创业企业提供资源支持的网络中扮演了重要角色。根据美国风险投资协会的定义，风险投资是指由职业金融家投入到新兴的、迅速发展的、具有巨大竞争潜力的企业中的一种权益资本，它所选择的企业（项目）往往具有高成长、高风险、高技术等"三高"特征。从1946年世界第一只风险投资基金ADR出现伊始，风险投资作为推动技术创新的重要力量，就得到了学术界和实践界的高度关注。随着美国高新技术产业的发展以及纳斯达克（NASDAQ）的诞生，风险投资活动在 20 世纪 90 年代达到了高潮，学术界也展开了对风险投资的大量研究。值得注意的是，2008 年全球金融危机爆发后，人们的目光再次投向能够高度推动经济发展的新技术和创新源，风险投资作为促进技术创新和科技革命的催化剂，再次引起全球的高度关注，世界各国都希望通过发展本国的风险投资业来促进本国企业的自主创新能力并最终推动经济发展。

改革开放以来，中国各产业的重大创新成果不断涌现，企业的创新能力和创新水平均得到了突破性进展，发生了历史性变化。风险投资企业作为有效的金融支撑，通过对具有高创新能力、高技术含量的企业（项目）等提供金融支持和增值服务等，不仅可以推动企业的发展，还可以带动产业生产率的快速增长，推动地区经济发展。风险投资通过财政、增值服务等途径，有效地驱动我国创新产业和企业的发展，对我国创新水平起到重要的激励作用。目前我国创新创业投资规模已迅速扩大，但仍存在创新投资过多、创新水平低下、追求短期盈利、项目高技术含量普遍较低等问题，尤其是在有重大、长期战略意义的新兴产业领域的中长期项目投资还较为有限。此外，风险投资企业的投资绩效参差不齐，与发达国家相比，存在退出率低下、IPO 率低、内部收益率低等问题。

总体上，我国经济发展的现实需求以及风险投资环境的复杂性，对风险投资绩效的相关研究提出了新要求。如何更好地立足于风险投资企业的实际需要，多元、分时、动态地揭示我国风险投资企业投资绩效研究的演进历程涉及研究方法的选择。为实践层面的风险投资企业绩效提升提供更为有效的指导是自主创新水平提高和风险投资环境下必须思考的问题，离不开对风险投资绩效研究脉络和发展趋势的研究。对风险投资绩效研究脉络和发展趋势的研究可以揭示投资绩效研究的变化规律，构筑投资绩效提升的演化框架。以"百年之未有的大变局"为时代背景，以自主创新为现实需要，全面系统地梳理我国风险投资企业绩效研究脉络，不仅有助于从历史角度清楚认识中国风险投资企业绩效研究的实践和发展规律，而且有利于新时代下国家金融政策的制定和供给，历史价值和现实意义巨大。本章基于文献计量学相关理论，运用关键词共性共现和聚类分析，全面系统地梳理 2000 年以来中国风险投资企业投资绩效研究的研究热点、研究主题和演化路径，归纳分析投资绩效研究不足，提出未来研究的重点，为理论工作者更深层次地探索投资绩效提升提供方向指导和经验借鉴。

第一节　中国风险投资企业绩效研究的研究设计

知识图谱是以知识领域为对象，展现科学知识发展进程与结构关系的一种图像，具有"一图知春秋，一览无余，一图胜万言，一目了然"的作用。知识图谱分析是以知识创造为研究对象，采用寻径网络算法去探寻特定学科知识演化进行的关键路径与其知识拐点，并以二维平面图或三维立体图像的可视化图谱形式，全面动态地呈现某一研究领域的发展进程、变化规律和结构关系的最终文献计量分析方法。CiteSpace 是由美国德雷赛尔大学陈超美教授开发的可视化文献计量学软件，被广泛地应用于科学知识图谱绘制，能够将大量的文献数据转化为可视化的知识图谱，从而直观地呈现隐藏在大量数据中的规律，有效地显示知识单元的网格、结构、互动、演化或衍生等诸多复杂关系。

一、文献来源

本节以中国社会科学引文索引数据库（CSSCI）为样本来源，获取所有可以查询到的文献。选取文献的过程如下：一是确定关键词和搜索项，经过对现有研究的整理，确定搜索的关键词为风险投资/投资绩效/退出；二是以"篇名（词）= 投资绩效"为检索词进行检索，检索时间为 2000 年 1 月至 2018 年 12 月；三是以"所有字段 = 风险投资，与篇名（词）= 退出"为检索词进行检索，检索时间为 2000 年 1 月至 2018 年 12 月；四是通过阅读所选文献的标题、摘要、关键词以及研究结论，剔除与研究主题相关度较低的文献以及重复的文献。经过上述筛选，最终得到200篇文献作为研究样本。

二、研究思路

本节采用文献计量法和知识图谱法，对中国风险投资企业绩效研究相关文献进行分析。首先，从发文数量、发文作者、发文机构合作情况等方面对文献特征进行初步分析；其次，从文献共被引知识图谱、高被引文献、被引文献突现、被引文献时区分布情况，分析中国风险投资企业绩效研究的知识基础与研究前沿；再次，通过关键词词频分析、共现分析、聚类分析、时区视图分析、突现分析及研究方法分析，明确研究热点，并分析其动态演变过程；最后，对中国风险投资企业绩效研究的脉络进行梳理，分析现有研究的不足，并提出未来研究的重点。

第二节　中国风险投资企业绩效研究
文献特征分析

一、发文数量分析

由图2-1可知，2000~2008年，CSSCI数据库中关于风险投资绩效的发文量出现了三个高峰期：第一个高峰期——2001年。2001年发文量达到16篇，主要原因是我国风险投资活动进入扩张期。20世纪90年代中期，特别是1998年，全国政协委员成思危提交的《关于借鉴外国经验发展我国风险投资事业》的提案被列为当年全国"一号提案"，1999年，国务院办公厅又转发了科技部、证监会等部门《关于建立风险投资机制若干意见》的通知，这些事件极大地推动了风险投资活动在我国的热潮，并在2000年达到高峰。第二个高峰期——2004年。2004年发文量达到17篇。

在 2005 年之前，我国创业板未能如期开通导致风险投资活跃度有所减弱，因此继第一个高峰期后，发文量有所减弱。第三个高峰期——2008 年。2008 年的发文量达到 15 篇。这主要是由于 2008 年全球金融危机的爆发，人们对作为推动技术创新和科技革命的重要金融支撑的风险投资的关注再次形成高潮。2008 年之后，发文量进入平稳期。主要是因为随着《创业投资企业管理暂行办法》等政策的出台与完善，以及创业板在 2009 年的上市，社会各界对风险投资绩效给予了持续的高度关注。

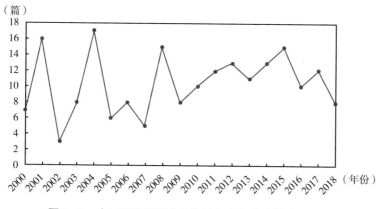

图 2 - 1　中国风险投资企业绩效研究文献数量时间分布

二、作者共现分析

合作是学术研究的重要手段，高质量的研究成果大多是多位作者合作的结果。为统计我国风险投资绩效研究领域的高被引作者，对研究领域内的作者进行共被引分析。本章对作者共被引分析设置分析时间为 2000～2018 年，将其划分为每 1 年一个时间切片，阈值取前 10 个，用 Cosine 计算连线强度，未进行剪枝处理，运行后得到我国风险投资绩效的作者共被引分析图（见图 2 - 2）。一般来说，在聚类图谱中，当模块值 Q > 0.3 时，则表明模块领域内具有较高的显著性；当平均轮廓值 S≥0.7 时，则表明其聚类效果是令人信服的。图 2 - 2 中节点代表某作者，节点间连线代表作者间存在相关合作。由图 2 - 2 可知，作者共被引分析图 Q > 0.3，S > 0.7，中国风险投资企业投资绩效研究领域作者合作图有 358 个节点、288 条连接，网络密度为 0.0045，说明网络结构较为稀疏。

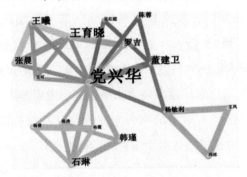

图 2 - 2　作者共被引分析

按被引频次由高到低的顺序，选取被引频次较高的作者进行展示，见表 2 - 1。可见被引作者主要来自国内高校和科研院所。在该研究领域中，文章被引频次最大的是西安理工大学的党兴华学者，其次是暨南大学的程静学者和西安工业大学的王育晓学者。说明这些学者的研究成果在中国风险投资绩效研究领域中都具有较高的影响力，为未来研究奠定了坚实的知识基础。2011 年，党兴华发表在《南开管理评论》上的文章研究了中国本土风险投资企业间的网络联结对投资绩效的影响，系统分析了投资企业间网络联结的数量和质量对投资绩效的影响；2004 年，程静发表在《科学管理研究》上的文章探讨了风险投资企业退出时机与方式的选择；2015 年，王育晓发表在《财经论丛》上的文章分析了风险投资企业知识多样化对退出绩效的影响以及投资阶段对二者之间关系的调节作用。这些重要文献都对中国风险投资企业投资绩效的提升做出了贡献。

表 2 - 1　　　　　　　　　共被引作者

被引作者	被引频次	所属机构
党兴华	15	西安理工大学
程静	6	暨南大学
王育晓	6	西安工业大学
沈维涛	4	厦门大学
董建卫	4	西安理工大学
石琳	4	西安工业大学
王曦	4	西安电子科技大学

三、发文机构合作共现分析

基于 2000 ~ 2018 年的样本以 1 年为切片生成研究机构合作网络，由图 2 - 3 可知，该网络的模块值 Q = 0.7099，轮廓值 S = 0.9524。网络中最大的连接组件包括 6 个节点，占整个网络的 4%，网络有 132 个节点，仅有 54 个连接，反映出中国风险投资绩效研究领域研究机构的分布不集中。从合作网络可以看出，中国风险投资企业投资绩效研究的研究机构主要分布在各个高校。其中最大的连接组件为西安理工大学、西安工业大学、西安电子科技大学、华东理工大学、上海对外贸易学院、中国人民银行延安市中心支行等。另外，由重庆大学、西南财经大学、湖南大学三所大学的研究机构组成的连接组也值得关注。综合来看，合作网络整体呈分散状态，高校是中国风险投资企业绩效研究的主要研究机构，将资源整合构建更大合作网络是该领域进一步发展的方向。

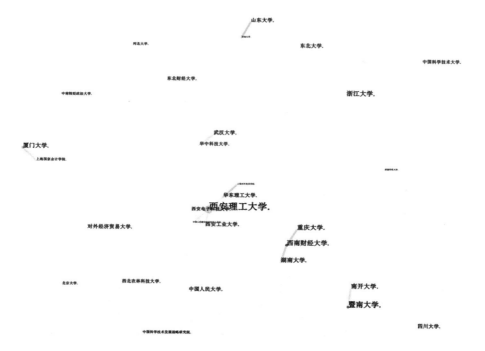

图 2 - 3　研究机构合作网络

第三节 中国风险投资企业绩效研究的
知识基础与研究前沿

一个研究领域的研究计划或范式可以由其知识基础和研究前沿来表现。从文献计量学的角度来看，引文代表了研究前沿，被引文献形成了知识基础。由于其开创性的共现，被引最多的文章通常被视为里程碑。一个科学领域的集体知识结构可以表示为共同引用参考文献的关联网络。这种网络随着时间的推移而发展。新发表的文章可能会引起深刻的结构变化。基于上述理论基础，本节从以下四条路径识别中国风险投资企业绩效研究领域演进路径：第一，分析文献共被引的知识图谱，明确研究主题的基础；第二，分析高被引文献，通过对里程碑文献的梳理，明晰演进路径；第三，通过 CiteSpace 检测突发的被引文献，探明学科演进的转折点；第四，通过对引文文献的动态衍化分析，探明研究主题知识基础的演化路径。

一、文献共被引知识图谱分析

文献共被引知识图谱是通过文献的引文与共引轨迹来展示研究领域知识基础，反映科研引文的演进网络和学科研究前沿的本质。选择"Reference"为关键节点，Year Per Slice 选择 1，Selection Criteria Top N 设置为 50，其余选择默认值，得到中国风险投资企业绩效研究知识图谱，见图 2 - 4。该网络包括 30 个聚类（未显示文章数量小于 10 的聚类），节点数为 813 个，节点间存在 2408 条连线，最大的连接组件包括 184 个节点，占整个网络的 22%。一般地，Q > 0.3 就意味着得到的网络图结构是显著的，该网络的模块性为 0.9427，表明风险投资绩效在关键词聚类中有明确的定义。Mean Silhouette 得分用于衡量整个网络的平均同质性，得分越接近 1，网络的同质性越高。该网络为 0.9555，说明聚类结果是合理的。因此，本网络得到的关于风险投资企业绩效研究核心聚类有：#0 网络中心性，主要包含退出期限、整合利用能力、网络嵌入、合作模式等主题领域；#1 网络能力，主要包括网络嵌入、知识多样化、关系强度、投资阶段等主题领域；#2 联合投资网络，主要包括联合投资网络、社会网络、影响机制、风险投资企业绩效等主题领域；#3 投资收益，主要包括投资收益、投资区域、退出速度、风险投资声誉等主题领域；#4 风险投资机构，主要包括整合利用能力、分阶段投资策略、作用机理、获取能力等主题领域；#6 联合投资策略，主要包括整合利用能力、网络嵌入、合作模式、投资收益等主题领域；#12 合作模式，主要包括合作模式、合作成员异质性、领投机构特质、联合创业投资等主题领域；#29 逆向选择，主要包括逆向选择、区域禀赋、地理距离、整合利用能力等主题领域。

图 2-4　文献共被引知识图谱

在完成文献共被引知识图谱处理的基础上，通过"List Citing Papers to the Cluster"功能获得核心聚类的核心文献，包括经典文献（高被引文献）和前沿文献（引用经典文献较多的是引文献），并在此基础上对相关研究知识基础的演进过程进行系统阐述。

文献共被引聚类 0 的研究主题是网络中心性。随着西方风险投资市场的发展与成熟，风险投资市场的网络化特征日益显著，从网络视角分析投资企业的绩效、动态演化等逐渐成为风险投资研究领域的热点。这类研究主要是将投资企业视为网络节点，将投资企业间的合作视为网络连接线，由节点和连接线构成风险投资网络。网络中个体处于网络中的不同位置，网络结构有差异，不能均等地享受同等资源，因而不同节点的风险投资企业占有、获取的网络资源各不相同（Abell & Nisar，2007；Sorenson & Stuart，2008），从而对风险投资企业的绩效所带来的效益不同。网络中心性是社会网络微观结构的重要特征，用来衡量个体参与者在网络中所处位置的信息流动性（Sorenson & Stuart，2008）。关于网络中心性与投资绩效关系的研究主要有两种观点：一种观点认为，网络中心性越高的企业，占据、获取信息的机会越多，从而可以得到更多关于投资机会、创业项目等的投资信息，能够更好地筛选对自己有利的信息，更好地协调网络内的资源及与合作成员间的关系，获得更高的投资收益。此外，网络中心性越高，节点企业的声誉越高，权威性较高，越容易被网络中其他节点企业视为高质量合作伙伴，从而获得更多的机会和特权。另一种观点认为，风险投资企业的中心性越高，说明网络联结越密集，同质性伙伴越多，这也就意味着冗余信息和资源越多，从而导致信息超载，增加筛选有潜力的创业企业的成本，从而降低投资收益。关于网络中心性的研究具有多元化的特征，同时受到环境复杂性的影响，导致在不同情境下的研究结论相悖。未来的研究应进一步提升研究的深度和全面性。

文献共被引聚类 1 的研究主题是网络能力。风险投资企业网络能力是指投资企业在联合投资网络中所采取的感知先动、配置利用网络资源并协同自身内部资源行为，以降低投资风险、提高退出绩效进而获得竞争优势的一种能力。在联合投资中，风险投资企业可以通过联盟等合作关系获取、共享伙伴的网络资源，并能更好地对创业企业进行筛选、服务等。这类网络资源是风险投资企业获取多元化信息、知识，并能够提升企业竞争优势的主要来源。但网络资源仅仅是与竞争优势相关的静态因素，其本身并不能产生额外的价值。网络能力是一种能动的因素，可以激活网络资源的价值，并决定着投资企业从投资网络中摄取的网络资源价值的总量和比例，决定着网络资源发挥价值的大小，进而决定了投资企业竞争优势的大小。王育晓等（2015）运用因子分析法剖析了影响风险投资企业网络能力的三种关键因素，即网络位置、声誉和投资专业化程度。王育晓等（2017）采用扎根理论质性研究，对风险投资企业网络能力影响因素进行了多层面的探索性研究。通过文献梳理得知，网络能力的研究主题以中国学者为主，学者们从不同的视角对网络能力进行了丰富的探索，但是网络能力的形成及演化路径充满了不确定性，必须进一步深化对网络能力的内在机理认识，以丰富和完善网络能力的进一步研究。

文献共被引聚类2的研究主题是联合投资网络。联合投资网络，是指两个或者更多的风险投资企业对一个创业企业或创业项目进行共同投资，共享利益、共担风险，从而有效降低投资风险，提高投资绩效的方式。西方发达国家通过采用联合投资的方式，极大地提高了投资绩效，并推动了硅谷的成功。1985年国务院正式批准第一家专营风险投资的金融机构。1998年，"一号议案"正式出台，风险投资产业的规模得以迅速扩大。总体来说，我国风险投资市场的发展具有其独特的特点：以官办资本为核心、成熟外资和大型国资为主体兼顾民营。由于我国风险投资产业起步晚，正式制度缺失，使得风险投资产业非常依赖由联盟构成的非正式网络。风险投资市场发展早期，市场的发展处于起步阶段，投资企业相对较少，网络密度低，网络集群的形成仅围绕若干个领头投资企业。随着相关政策、制度的完善，我国风险投资市场逐渐成熟、投资企业经验日益专业化和多样化，风险投资企业间的联盟与合作更加密集，网络密度加剧。网络集群的形成不再仅仅围绕若干个领头企业，而是形成散点化、扩展化、密集化的发展趋势。通过研究发现，风险投资企业所处投资网络中位置的差异化会导致投资绩效的不同（Bygrave，1987）。随着时间的推移，投资网络会发生变化，构成投资网络的节点企业会想方设法获取有利的网络位置（Sorenson & Stuart，2001）。周伶等（2014）通过研究发现，我国联合投资网络形成了复杂并富有动态性的网络。通过文献梳理可知，学者们从不同视角对联合投资网络开展诸多研究。诚然，联合投资网络作为一种广泛的金融发展方式具有其自身的商业特征与发展规律，我国由于风险投资市场起步晚，受到诸多环境因素的制约，对我国风险投资市场中的联合投资网络的概念完善、动态演化、规律性、分类体系等方面的研究还有待进一步深入。

文献共被引聚类3的研究主题是投资收益。风险投资作为一种新型金融中介，是连接有限合伙人与创业企业之间的桥梁。风险投资企业向有限合伙人进行融资，为有限合伙人创造收益；同时风险投资企业为创业企业提供资金支持与增值服务，向创业企业索取回报。因此，从风险投资的金融中介本质出发，投资收益是测量及评判风险投资企业本质的最佳指标。风险投资行业具有典型的"私募"特征，一般根据历史现金流计算投资收益和投资风险，具有高度非流动性、缺乏市场交易价格。国外对投资收益的研究起步较早，并取得了较多的研究成果（Phalippou & Gottschalg，2009）。国内对投资收益的研究起步较晚。一般而言，通常用来衡量投资收益的指标有内部收益率法（IRR）、公共市场等价法（PME）、获利倍数（Multiple）、算数平均收益（AAR）及几何平均收益（GAR）（Jones & Rhodes-Kropf，2003；Kaplan & Schoar，2005；Diller & Kaserer，2009）。谭人友等（2017）通过对比中国、欧盟、美国三地风险投资企业的"风险—收益"特征，发现中国风险投资企业收益高于欧美同行，由于中国较强的创新创业活力，中国风险投资企业投资收益相应的影响因素及其影响效果处于劣势。钱苹等（2007）和倪正东等（2008）通过一手调研数据测算了风险投资企业的投资收益率，并探讨了相应的影响因素。叶小杰（2014）从不同的角度探讨了风险投资企业声誉对投资企业退出的影响，并通过大样本实证检验得知，风险投资企业的声誉越高，越有利于成功退出，也有利于获得较高的投资收益。通过文献梳理发现，国内外对投资收益的研究涉猎较广，前期阶段主要集中在对投资收益指标的探索，后期阶段则转向对影响投资收益的因素及作用机制的探索上。在国内市场，由于相应数据库的建立起步较晚，财务指标披露不完整，这也在一定程度上影响了对中国风险投资企业绩效相应研究的推进。

文献共被引聚类4的研究主题是风险投资机构。这一聚类对于风险投资机构的研究相对呈现多样化的状态。国内外学者从不同的角度对风险投资机构进行了探索。有学者探讨了风险投资企业与创业企业合作的相应问题，如风险投资企业持股状态对企业后续融资约束的影响（胡刘芬等，2018）、风险投资企业对创业企业的服务效率（薛菁等，2017）、风险投资企业对创业企业的管理（董静等，2017）；也有学者研究了影响风险投资企业投资决策的因素，如声誉（薛超凯等，2018）、关系嵌入和知识专业化（石琳等，2017）、网络能力（王育晓等，2017）、网络结构（罗吉等，2017）、内部融资模式（薛力等，2018）；还有学者对跨境风险投资机构进行了相应研究，如谈毅等（2016）研究了跨境风险资本在华投资绩效的影响因素，李璐男等（2017）研究了文化距离和制度距离对跨境风险投资进入模式的影响，王玉荣等（2015）对跨境风险投资的投资模式与投资绩效进行了评估。通过文献梳理可知，关于风险投资机构的研究方兴未艾，呈现多角度的发展趋势，与各学科交叉较多，对风险投资机构的作用机理、与创业企业的互动机制的研究也不断深入，在已有研究的基础上不断探索风险投资企业的多角度交叉性，发挥风险投资企业的能动作用与加强制度体系设计来推动风险投资企业的成长、演化与应用还有巨大的研究空间。

　　文献共被引聚类6的研究主题是联合投资策略。联合投资，又称辛迪加（syndication），是指两个或两个以上风险投资企业对同一个创业企业（项目）一起进行投资。辛迪加联合投资作为金融市场中非常普遍的投资形式，具有风险分担、资源共享的功能，能够更好地实现投资效率，受到风险投资企业的青睐。现有研究总结了联合投资的经济优势主要有以下几方面：一是有利于选择有潜力的创业企业（项目）。联合投资的企业会利用自身拥有的资源与经验对创业企业（项目）进行筛选，对达成一致的筛选结果有一致性预期及判断，提高了筛选优质创业企业（项目）的概率。二是有利于提供更好的增值服务。联合投资企业会充分发挥各自优势为创业企业提供增值服务，促进创业企业的成长，提高投资回报。三是获得更好的交易机会。通过与风险投资企业的合作，嵌入到风险投资网络中，促进网络中资源、信息的流通，获得联盟伙伴的资源，也更有利于获得优质合作伙伴以及创业企业的信息。四是其他。联合投资有利于风险投资企业共享收益、共担风险，同时可以有效缓解代理问题。大多学者从不同角度探讨了联合投资的优势，也有学者对联合投资策略选择的恰当性提出了质疑，如汪爽等（2018）。通过文献梳理发现，联合投资策略仍然是目前的研究热点，联合投资可以有效规避风险、提高收益，获得竞争优势，也更有利于创业企业的成长。

文献共被引聚类 12 的研究主题是合作模式。随着联合投资发展趋势的愈演愈烈，合作模式也成为学者们的研究热点。国外研究相对较成熟，因中国的特殊国境，风险投资企业的合作也呈现多样化的发展趋势。因中国风险投资市场起步晚，在风险投资市场发展的早期，有部分外资风险投资企业将投资目标转向中国，并采取了与中国境内风险投资市场发展相匹配的合作模式。因中国风险投资政策与国外普遍采取的政策之间兼容性较差，外商风险投资企业因种种壁垒因素的限制，一般不在国内成立风险投资企业，而是采取境外注册、在境内设立办事企业的方式进行运行。此时的合作模式主要以台资、港资为背景，随着相关风险投资鼓励政策的出台以及国际化发展，出现了合建孵化器、共建种子基金、技术引进等多样化的风险投资合作模式。随着我国"双创战略"的实施，科技金融的发展成为中国重要的战略引擎。相关部门出台了一系列金融扶持政策促进高科技产业的发展，商业银行与风险投资企业的合作（简称"银投合作"）成为重要的风险投资合作模式。银投合作既可以提高商业银行的竞争力，还可以促进风险投资的发展，促进高科技产业发展，提高国家的自主创新能力。通过文献梳理，关于风险投资合作模式的研究相对充足，合作模式作为联盟投资的必要选择，关系到风险投资企业的价值创造。但合作模式会因联盟伙伴的不同，对合作条件、期望收益、债券模式、联盟路径等有较大差异，未来的研究可进一步进行深入和全面的研究。

文献共被引聚类 29 的研究主题是逆向选择。由前文可知，风险投资体系以资金的流向为纽带，资金从供应者（风险投资者）流向资金运作者（风险资本家、基金管理人），继而由风险资本家通过对拟投资项目的选择，投向创业企业。因此，风险投资体系涉及三方利益主体：风险投资者、风险投资家、创业企业家。三方之间形成双重委托代理关系：一是风险投资者和风险投资家之间的委托代理关系；二是风险投资家和创业企业家之间的委托代理关系。由于信息不对称的存在，导致委托人逆向选择问题以及代理人道德风险问题。为了降低相应的风险，有学者进行了相应的研究。曹国华（2007）研究了风险投资中双边道德风险和双边逆向选择问题，并提出相应的规避措施。李文乐等（2013）对中国风险投资不完全"柠檬市场"进行了解析，结果发现，中国经济的快速发展削弱了市场的信息不对称，促进价格机制的完善，促进风险投资行业的快速发展。程立茹等（2013）以创业板上市公司为研究对象，通过大样本实证分析得知，中国风险投资企业的表现倾向于逆向选择效应而不是认证监督效应。当下对于逆向选择的研究方兴未艾，其中对于逆向选择的概念体系、风险等已得到学术界的一致认可。对于如何减少逆向选择风险的相关研究已有涉猎，但目前尚未形成一套通用标准和共识理论。

二、高被引文献分析

本书列出了排名前十的高被引文献，按发表时间升序排列（见表2-2）。

表2-2　　　　　　　　　　　　　高被引文献

序号	被引量	篇名	作者	期刊名称	发表时间
1	5	The Venture Capital Cycle	Gompers P A, Lerner J	The MIT Press	1999
2	5	创业资本的退出：综述	李姚矿	科学学研究	2002
3	6	风险投资项目退出的方式及其在我国的适用性分析	程静	南方经济	2003
4	6	Venture capital reputation and investment performance	Nahata R	Journal of Financial Economics	2008
5	6	Home country networks and foreign expansion：Evidence from the venture capital industry	Guler I	Academy of Management	2010
6	12	风险投资机构的网络位置与成功退出：来自中国风险投资业的经验证据	党兴华	南开管理评论	2011
7	7	风险投资背景与公司IPO：市场表现与内在机理	张学勇	经济研究	2011

续表

序号	被引量	篇名	作者	期刊名称	发表时间
8	6	风险投资策略与投资绩效——基于中国风险投资机构的实证研究	李严	投资研究	2012
9	6	风险投资机构的网络位置与退出期限：来自中国风险投资业的经验证据	董建卫	管理评论	2012
10	4	风险投资对上市公司投融资行为影响的实证研究	吴超鹏	经济研究	2012

由表 2 - 2 可知，高被引文献根据研究内容可以分为三个阶段。第一阶段，风险投资企业运营机理分析。这一阶段，学者们探讨了风险投资企业的循环运营机理，尤其关注了风险投资企业的退出环节，重点关注了创业资本的退出时机、退出方式等，研究方法以定性研究为主。第二阶段，学者们关注了影响风险投资绩效的影响因素，如投资企业的声誉等，此时对影响因素的选择以单个因素为主，研究方法以定量研究为主。第三阶段，随着联合投资的大量涌现，学者们关注到投资网络的情境因素，此时的研究主题开始多样化，包括风险投资企业网络位置、投资策略等对投资绩效的影响，也开始关注到风险投资企业与上市企业表现之间的关系，研究方法以定量研究为主。

三、被引文献突现分析

突现被引文献指的是较短时间段引用频率突然增加的文献，突现度越高，越能代表学科的演进路径。运用可视化界面中的"Control Panel——Burstness"功能，得到中国风险投资企业绩效研究的突现被引文献序列表，进而更好地揭示了相关研究的演进路径。由图 2 - 5 可知，在 2003 年之前，中国风险投资企业绩效研究的关注重点是风险投资企业的退出环节。此时，中国风险投资市场尚未成熟，相应的政策制度尚不完善，对风险投资市场的管理及运营处于对欧美等发达国家的模仿阶段，因此，学者关注的重点是风险投资企业的运行，尤其是关系到投资绩效的退出环节。对退出环节的研究包括对退出问题的剖析、退出时机和退出方式的选择等。在2003年之后，中国风险投资企业绩效研究的关注重点是对影响风险投资绩效的因素进行探析，尤其是网络层面的因素。随着实践界和理论界对风险投资市场高风险、高收益、循环运营、与融资企业信息不对称等特点的分析，作为共担风险、共享利益的联合投资出现了，并逐渐成为风险投资市场的主要投资方式。学者们对投资绩效影响因素的研究也就加入了投资网络情境因素。

Top 3 References with the Strongest Citation Bursts

References	Year	Strength	Begin	End	2000—2018
程静，2003，南方经济，V0，P0	2003	3.71	2004	2005	
李姚矿，2002，科学学研究，V0，P0	2002	3.09	2004	2005	
党兴华，2011，南开管理评论，V0，P0	2011	4.89	2014	2016	

图 2-5 被引文献突现图

四、被引文献时区分布分析

被引文献聚类的时间线性结果表明了被引文献的动态衍化趋势及方向（见图2-6）。由图2-6可知，"网络中心性""联合投资策略"等两个被引文献群落出现时间最早，得到学者密切的关注。从引文作者来看，这两个群落以国外学者为主，国内学者关注时间较晚。值得注意的是，"网络中心性"群落与其他群落联系最多，是其他群落衍生及推进的基础。"网络能力""联合投资网络"等被引文献群落出现时间早，且存在持续被引和主题演进，目前仍然是被引文献的热点群落。从被引文献作者来看，"网络能力"群落的被引文献作者以国内学者为主，"联合投资网络"群落的被引文献作者前期以国外学者为主，后期以国内学者为主。"投资收益""风险投资机构""合作模式"三个被引文献群落出现时间相近，处于较早时期，"合作模式"群落最密集，持续时间相对较短，"投资收益""风险投资机构"等被引文献群落比较密集，持续时间较长，呈跳跃式前进的衍化趋势。"逆向选择"被引文献群落出现时间较晚，群落最稀疏，持续时间较长，前期以国外学者为主，后期以国内学者为主。总体来看，被引文献的热点群落是基于"网络中心性"的衍生群落，说明联合投资仍然是风险投资的主要模式；从被引文献作者来看，群落出现早期均以国外学者为主，国内学者起步较晚，仍然处于追赶学习阶段。

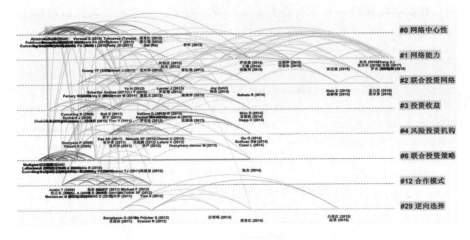

图 2-6　被引文献时区视图

第四节　中国风险投资企业绩效研究
热点与趋势衍化分析

研究热点是指一段时间被社会各界广泛关注的有内在联系且文献数量较多的科学问题。在文献计量研究中，某一研究领域或某一研究主题的热点可以通过其文献中的关键词来表征。对中国风险投资企业绩效的研究热点进行分析能更有效更准确地把握相应的热点前沿和未来发展方向。本节梳理了 2000～2018 年研究主题的研究热点及其主要方向，从关键词词频统计、关键词共现分析、关键词聚类分析、关键词时区视图分析、关键词突现分析与研究方法分析等六个方面对相关文献进行计量分析，明确中国风险投资企业绩效研究的热点及其动态演变过程。

一、关键词词频统计

关键词是研究内容的缩影，是对论文的高度概括。为梳理中国风险投资企业绩效研究的发展脉络，本书对样本文献的关键词进行了分析，共得到原始关键词 269 个。根据多诺霍（Donohue）高、低频词的界分公式（Chiambaretto et al.，2016）$T = -1 + \dfrac{\sqrt{1+8I_1}}{2}$ 可得，$T = 22.20$，故阈值为 23，即核心关键词只有风险投资和投资绩效，无法反映中国风险投资企业绩效研究的根本问题。本书选取词频不低于 5 的关键词作为高频关键词，共有 14 个高频关键词符合条件，详见表 2 – 3。

表 2 – 3　　　　　　　　　高频关键词

排名	关键词	词频	排名	关键词	词频
1	风险投资	75	8	退出时机	8
2	投资绩效	44	9	成功退出	7
3	退出机制	20	10	风险资本	6
4	退出方式	13	11	绩效	6
5	绩效评价	10	12	退出渠道	5
6	网络位置	8	13	退出绩效	5
7	二板市场	8	14	退出决策	5

二、关键词共现分析

关键词是研究成果的高度凝练和集中概括，体现了研究的主要目标和核心内容。因此，本书选择关键词的共现网络来研判中国风险投资企业绩效研究的热点情况。共现分析法是根据文献集中词汇或名词短语在同一篇文献中共同出现的情况反映这些词之间的关系进而分析这些词所代表的学科和主题结构变化的方法。通过共词分析，可以得知每个关键词的中介中心性。中介中心性用来测度一个节点在多大程度上处于其他节点的"中间"，可以体现节点在网络中的重要性。图谱中一个节点代表一篇被引文献，节点大小与关键词共现频次正相关，节点越大，代表中介中心性越高。当一个节点处于多对节点的最短路径上，该节点可能在整个网络中起到桥梁或中介作用。节点间的连线体现了关键词间的关系，连线越粗则表示关键词间关系越紧密。

选择"Keyword"为关键节点，Year Per Slice 选择 1，Selection Criteria Top N 设置为 50，其余选择默认值，对中国风险投资企业绩效研究的关键词共现情况进行分析，见图 2-7。该网络共有 269 个节点，510 个连接，密度为 0.0141，其中最大的网络连接有 212 个节点，占整个网络的 78%。关键词"风险投资"出现 75 次，中介中心性为 0.83，构成网络的核心节点；"投资绩效"，出现 44 次，中介中心性为 0.61，构成网络的次核

图 2-7　关键词共现图

心节点；"退出机制""退出方式""绩效评价""网络位置""二板市场""退出时机"等形成网络次级节点群落，网络外围包括49个出现2次及以上的关键词，它们通过次级节点与核心节点"风险投资"共现，反映了该研究主题的外延演进趋势。中国风险投资企业绩效研究关键词共现网络呈多方位扩展状态，网络节点遍及退出决策、退出渠道、退出速度、创业投资、影响因素、企业并购、投资基金、社会网络、投资组合等领域。

三、关键词聚类分析

关键词聚类是研究领域内具有相似研究主题的关键词形成的互相联系的网络集群，各集群的内涵是由各自包含文章中高频使用的标题词来标识。CiteSpace中，同一个集群的节点使用凸壳覆盖或者仅显示边界线，集群从0开始编号，即集群0#是最大的集群，而集群#1是第二大的，以此递推。使用Pathfinder算法以1年为切片基于2000～2018年文献数据生成关键词聚类网络图，如图2-8所示。样本文献关键词聚类分析共形成11个

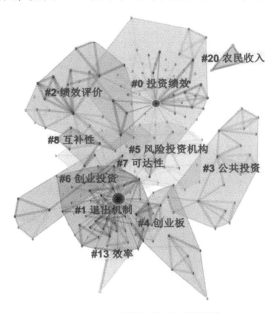

图2-8　关键词共现知识图谱

主题群落。聚类模块化值 Q > 0.3，S > 0.7，说明聚类效果显著，聚类在有效性范围之内。表 2 - 4 为样本文献的网络聚类分析结果。

表 2 - 4　　　　　　　　　关键词聚类分析结果

聚类编号	平均发表时间	Silhouette	聚类标签	聚类成员数	研究重点（LLR 算法）
0	2010	0.941	投资绩效	53	投资绩效；风险投资；退出机制；影响因素；投资组合
1	2005	0.958	退出机制	51	退出机制；风险投资；退出方式；二板市场；投资绩效
2	2008	0.954	绩效评价	27	绩效评价；投资收益；宏观；国债投资；对外
3	2009	0.981	公共投资	18	公共投资；公共工程；多层次灰色模糊评判法；政府审计；绩效
4	2008	0.948	创业板	17	创业板；企业绩效；退出时机；企业能力
5	2013	0.915	风险投资机构	16	风险投资机构；网络位置；成功退出；网络能力；风险投资
6	2005	0.933	创业投资	12	创业投资；金融市场；联合投资；政府创业投资；杠杆效应
7	2017	0.945	可达性	6	可达性；集聚性；中观层面；网络社群；投资绩效
8	2007	0.992	互补性	5	互补性；人力资本；信息资本；公司绩效；风险投资
13	2012	0.985	效率	4	效率；投资业绩；效益；社会关系网络；投资绩效
20	2004	0.993	农民收入	3	农民收入；投资绩效分析；粮食生产；财政农业投资；竞争能力

关键词聚类 0 的研究主题是投资绩效。风险投资的绩效指的是风险投资的资本增值能否顺利地实现以及所实现的风险资本增值程度的高低。关于投资绩效的研究主要有以下几方面：一是投资绩效的测量指标：目前关于投资绩效的测量尚未达成共识，一方面由于相关绩效指标尚未披露；另

一方面，在风险投资正式退出前，风险投资企业关注的是一次性的变现回报，其可以通过静态的利润指标进行衡量，但是风险企业的价值增值回报只能通过动态的价值指标进行衡量；此外，退出效率也是评价风险投资绩效的重要方面。风险投资必须在与投资者签订的契约所规定的清算日到来之前撤出风险企业，由于存在清算日的时间限制，退出方式的选择受限，继而会影响投资绩效。二是投资绩效影响因素的研究：徐勇等（2016）探讨了在中国转型经济的背景下多元化投资战略对创业投资绩效的影响，并分析了联合投资对二者关系的调节作用。沈维涛等（2014）研究发现了分阶段投资对投资绩效的负向影响。王育晓等（2017）研究了风险投资企业网络能力对投资绩效的影响；党兴华等（2014）研究了风险投资企业专业化对投资绩效的影响；叶小杰（2014）研究了风险投资声誉对成功退出与投资收益的影响。三是投资绩效对企业创新的影响：杨宜等（2017）通过对我国科技型上市企业的数据实证分析，发现企业 IPO 规模对企业创新行为有显著促进作用。四是不同退出方式退出绩效的对比：王晓东等（2004）通过构建退出绩效的评价体系，发现企业并购的总体退出绩效高于首次公开发行。通过文献梳理可以发现，关于投资绩效的概念内涵在学术界已形成共识，但是关于投资绩效测量尚未形成共识；对于影响投资绩效的影响因素的研究相对充足；在已有的研究基础上，对投资绩效的运作机制、外部环境的相互融合作用的研究也不断深入，发挥风险投资企业的能动作用，加强对投资市场顶层设计的规范和管理从而推动风险投资企业的成长、扩散及应用还有巨大的研究空间。

关键词聚类 1 的研究主题是退出机制。风险资本的存续周期一般可分为募资、投资、管理、退出四个阶段。有效的退出机制是实现风险投资高额受益的安全保障。正是通过退出环节，风险资本的增值得以实现。陈应侠（2004）通过对比国内首次公开上市、出售、清算三种退出方式，探讨了我国风险投资退出机制多元化的发展趋势，提出构建多层次的法规政策与资本市场体系。佟国顺等（2001）提出风险投资建立二板市场的重要性。通过对发达国家风险投资市场的分析，得知因种种条件的限制，导致主板市场很难成为风险投资体系框架中的有机组成部分。因此，二板市场是主板市场的拓展，完善了风险投资的运行体系。吴翠凤等（2012）通过研究创业板上市公司中风险投资的介入与退出动机，发现我国风险投资企业在介入创业企业时旨在"追求声誉"，在退出时旨在"追逐利益"，但是忽视了对创业企业的监督和治理，增值服务价值低，投资绩效低。通过对文献的梳理可以发现，关于退出机制的研究，一方面是关于国内外退出机制的区别的探讨，鉴于种种因素的考虑，国内的退出机制不可一味照搬国外发达国家的风险投资退出机制；另一方面是关于退出动机的研究，我国风险投资企业的退出动机呈现复杂化趋势，对创业企业的增值服务关注度不够。对于中国风险投资企业退出机制、退出动机、退出绩效以及相关的影响因素的研究还有待进一步深入。

关键词聚类 2 的研究主题是绩效评价。该主题的研究主要有：一是关于不同基金投资绩效的评价。肖奎喜等（2004）探讨了我国开放式基金的证券选择能力和市场时机把握能力，实证结果表明我国开放式基金从总体上取得了超越市场指数的表现。周军民等（2002）评估了中国国债的投资绩效和经济效应。二是投资绩效评价指标体系的相关研究。张仿松（2010）探讨了我国财政教育投资绩效的评价指标体系。贺强等（2011）建立了养老基金投资绩效的评价指标体系。王世成等（2010）提出了大规模投资绩效审计评价指标体系的构建原则，并构建了相应的评价指标体系。樊继红等（2006）探讨了农业综合开发投资绩效的评价体系。通过文献梳理发现，尽管有学者对绩效评价已有一些涉猎，但由于存在专业限制等复杂的系统因素，相关研究仍处于初始阶段，研究的深度与全面性还有待提升。

关键词聚类 3 的研究主题是公共投资。风险投资被誉为促进经济增长和技术进步的"助推器"，引导性风险投资可以通过政府资金的杠杆效应吸引不同性质的资金，促进不同行业高新技术产业的发展，实现风险资本的增值。政府的公共投资是促进经济增长和产业升级的重要方面。李兆华（2008）探讨了我国公共投资绩效审计中存在的问题。冯均科等（2008）研究了公共投资相关的制度建设模型。李正彪等（2009）、孙继琼（2009）、尹文静等（2010）进行了关于农业等公共投资相关方面的研究。现有研究对公共投资进行了初步的探索，认识到公共投资对我国经济发展的重要性，但是相关的内在机理研究和演化进程仍有待深入。

关键词聚类 4 的研究主题是创业板。2009 年创业板的创立，为我国风险投资企业退出创业企业、获取投资收益提供了良好的退出渠道。创业板的创立，进一步完善了关于风险投资的相关数据和指标，推动了学术界的相关研究。成果等（2018）利用创业板公司数据，探讨了政府背景的风险投资对企业创新的影响。伍文中（2018）以 2009~2017 年中国创业板市场有风险投资参与的上市公司为样本，研究了风险投资、联合风险投资以及风险投资机构的自身属性对创业公司 IPO 抑价的影响。宫俊梅等（2018）研究发现，中国创业板 IPO 定价效率不高，没有完全反映出公司的价值，存在超高的 IPO 抑价。皇甫玉婷（2018）利用中小板和创业板上市公司的数据，研究了风险投资对企业创新成长的影响，发现具有政府背景的风险投资企业更倾向于对高科技企业进行投资。

关键词聚类 5 的研究主题是风险投资机构。叶小杰等（2014）研究发现，风险投资机构声誉提高了成功退出的可能性，联合投资会降低二者关系的敏感性。谈毅（2016）探讨了跨境风险投资机构在中国市场的本土化经验对投资绩效的影响。董梁等（2000）探讨了风险投资机构退出机制中的挤出效应，并提出相关的政策建议。聂富强等（2016）探讨了网络嵌入性对风险投资联盟成功退出投资对象的影响，探索了我国风险投资市场起步阶段下的网络嵌入性对投资绩效的影响。刘刚等（2018）探讨了风险投资声誉如何影响联合投资的意愿，以及联合投资会对企业创新绩效产生的影响，进而揭示影响联合投资形成与绩效结果的根本机制。王育晓（2017）基于网络嵌入理论，从网络资源感知先动能力和配置利用能力两个维度，检验了网络密度、关系强度及其交互对风险投资机构网络能力与退出绩效关系的调节效应。吴骏等（2018）基于委托代理理论和资源依赖理论，探讨了风险投资的声誉对被投资企业绩效的影响，并进一步研究了风险投资机构的政治关联对二者关系的调节效应。通过文献梳理发现，关于风险投资机构的研究，主要探讨基于网络层面影响投资绩效的因素。该类的影响因素具有多元化、复杂化的特征，未来研究应进一步探讨中国情境下不同网络因素之间的互动关系，揭示风险投资绩效提升路径的作用机制和演化路径。

关键词聚类 6 的研究主题是创业投资。通过整理发现，学者们对于创业投资概念的理解与风险投资一致。该主题的研究主要从不同层面考察了创业投资绩效的影响因素及作用机制。胡磊等（2018）探讨了创业投资网络对投资绩效的影响，并研究了投资决策的中介效应。黄娅娜（2018）考察了外资占比的提高对整体创投机构的投资行为和绩效的影响。白素霞等（2018）分析了创业投资对企业创新的促进机制。詹正华等（2017）研究了多元化投资策略对创业投资收益的影响，并进一步研究了投资阶段与股权份额对影响因素的调节作用。乔明哲等（2017）基于信息不对称理论，研究了公司创业投资对创业企业 IPO 抑价的影响机制。王兰芳等（2017）利用中国企业面板数据，分析了创业投资对创新绩效的影响。韩瑾等（2016）研究了创业企业控制权配置对创业投资机构退出方式的影响。蓝发钦等（2016）基于中小板和创业板全样本上市公司年报数据，研究了创业投资机构声誉对中小上市公司投资效率的影响。当前对于创业投资的研究呈现多样化的发展趋势，学者们从不同的视角对其开展诸多研究。从整体来看，创业投资作为一种重要的金融中介，具有自身的商业特征与发展规律，对其概念体系、分类体系、作用机制的研究还有待进一步深入。

关键词聚类 7 的研究主题是可达性。可达性代表了在由节点构成的网络中，网络信息的传递效率与效果。研究表明，平均路径长度越小的大规模社群具有较高的可达性，路径长度较大而规模较小的社群有较低的可达性。在风险投资网络社群中，联盟伙伴越多，网络越密集，中心性越高，风险投资企业可获得的信息、知识、资源就越多；投资企业与社群中联合伙伴的路径长度越短，投资企业间信息资源转移的可能性、速度及准确性、完整性就越高。石琳（2017）探讨了风险投资网络社群聚集、可达性及二者交互效应对投资绩效的影响。鉴于信息传递可达性的重要性，李治堂（2009）探讨了信息技术的投资绩效。当前对于信息的可达性在风险投资绩效提升中的作用机制的研究仍处于起步阶段，风险投资网络中信息传递的效率与效果充满了不确定性和复杂性，必须进一步深化可达性对投资绩效的内在机理认识，以丰富和完善网络信息可达性对投资绩效的作用机制。

关键词聚类 8 的研究主题是互补性。互补性理论指出：各种行动是互补的，如果任何一个活动做得更多，将会提高做其他活动的收益（Milgrom & Roberts，1995）。因此，学者们探讨了互补性变量对企业绩效的影响机制，重点探讨了变量间的协调机制。李治堂（2009）探讨了在信息技术投资中，信息资本与人力资本的互补性对公司绩效的影响。王聪聪等（2013）探讨了投资银行的网络拓展行为的影响因素及其对绩效的作用机制。关于影响因素间的互补性及功能性，学者们已从不同的理论视角对其进行了延伸，探讨了不同因素间的替代或协调作用。

关键词聚类 13 的研究主题是效率。于永达等（2017）探究了风险投资对科技企业创新效率的影响，对全面评估中国风险投资企业发展的经济效果及其对中国科技企业创新能力影响效应具有重要的政策指导作用。耿中元等（2018）通过研究发现，企业家信心在货币政策传导过程中有重要作用，从而影响上市公司的投资效率。薛菁等（2017）基于受资企业视角，研究了政府背景和非政府背景风险投资资本对中小企业融资服务效率的影响，发现两者在服务中各有优势，互为补充。通过梳理发现，对效率主题的研究对象开始转向受资企业，学者们开始关注投资企业和受资企业之间的互动，研究视角也更加细分化，未来可考虑复杂环境系统因素的影响，对相关的研究进行进一步拓展和延伸。

关键词聚类 20 的研究主题是农民收入。因农业在国民经济中的独特作用、地位和农业生产的特殊性，财政对农业扶持具有重要作用。田祥宇等（2010）基于农民收入促进作用的视角，分析了农业综合开发产业化经营项目投资绩效，研究发现，对农业综合开发产业化经营项目的投资显著提升农民收入，项目资金投入对农民长期收入增长效应优于短期。郭海丽等（2012）利用灰色综合关联度分析方法，分析了农业综合开发产业化经营项目各项资金投入与农业增加值增长和农民人均纯收入的不同关联度。现有研究关于农业投资的研究已有涉猎，但相关研究仍处于初始阶段，研究的深度和全面性还有待提高。

四、关键词时空分布分析

关键词时区图是将文献中相同时间内首次出现的关键词集合在同一个时区内，并按时间由远及近的顺序进行排列。通过时区图可分析研究主题中兴起的理论趋势和新主题的涌现。分析时间选择 2000~2018 年，选择"Keyword"为关键节点，Year Per Slice 选择 1，Selection Criteria Top N 设置为 50，修剪模式选择"Pathfinder""Pruning sliced networks""Pruning the merged network"，其余选择默认值，Layout 选择"Timezone View"，得到中国风险投资企业绩效研究时区视图，见图 2-9。该网络节点数为 269 个，节点间存在 391 条连线，最大的连接组件包括 212 个节点，占整个网络的 78%。$Q > 0.3$，$S > 0.7$，说明图谱结果是合理的。

由图 2-9 可知，作为中心主题的风险投资和投资绩效的节点最大，出现时间最早，且与其他关键词有密集的联系。这表明与投资绩效相关的研究自 2000 年以来一直是延续的。本书根据中国风险投资企业绩效研究文献聚类研究时空视图中关键词的分布状态，将 CSSCI 中关于投资绩效的研究划分为以下三个阶段。

第一阶段（2000~2004 年）是中国风险投资企业绩效研究的起步阶段。研究热点围绕风险投资、投资绩效、退出机制、绩效评价、退出时机、风险调整、影响因素、二板市场等方面。从上述研究热点可以看出，该阶段的研究主要围绕风险投资运营机制与绩效等方面展开，重点研究与退出有关的主题，这时期的研究重点相对比较集中，但未考虑环境等复杂系统因素的影响。

第二阶段（2005~2011 年）为进化阶段，研究热点迁移到了人力资本、投资业绩、绩效表现、绩效审计、公共投资、投资收益、网络位置等。这个阶段，随着我国相应投资政策的出台及投资市场的成熟，联盟网络日益增多，网络逐渐密集化，学者们在重点关注中国风险投资企业绩效的同时，也将目光转移到投资网络的相应研究。

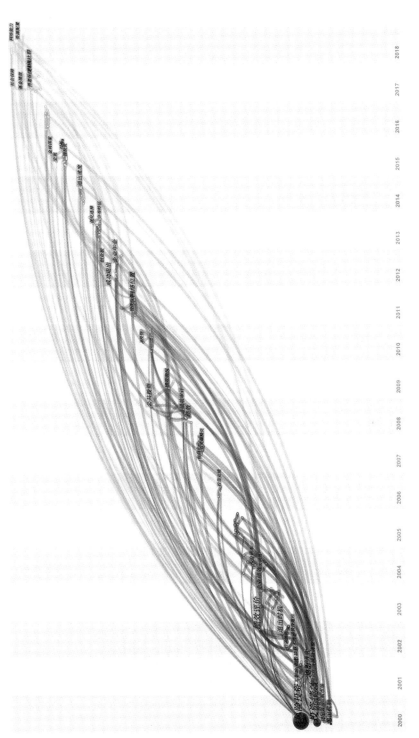

图 2 - 9　文献聚类研究时空视图

第三阶段（2012～2018年）为成熟阶段，新的研究主题大量涌现，包括成功退出、创业板、企业年金、退出速度、社会保障、基金绩效、网络社群、金砖国家、网络能力、资源配置等。随着对西方发达国家风险投资市场相应理论及实践的学习，学者们结合中国具体的国情，对中国风险投资市场进行了进一步的探索，研究的重点仍然以投资网络为主，但开始考虑中国国情的影响，对理论机制和实践有了更深入的探讨。

五、关键词突现分析

运用可视化界面中的"Control Panel——Burstness"功能，得到中国风险投资企业绩效研究的关键词突现图，进而更好地揭示了相关研究的演进路径。图2－10是中国风险投资企业投资绩效研究关键词突现列表。

Top 4 Keywords with the Strongest Citation Bursts

Keywords	Year	Strength	Begin	End	2000~2018
退出机制	2000	3.81	2000	2008	
风险投资	2000	3.57	2000	2004	
风险资本	2000	3.32	2000	2001	
投资绩效	2000	3.31	2012	2016	

图2－10 关键词突现图

从爆发的关键词可以在一定程度内确定不同时间段内的研究重点。由图2－10可知，2000～2008年，退出机制是学术界的重点研究对象，归纳了退出方式、二板市场等内容；2000～2004年，风险投资是另一个重要的研究热点，对风险投资机构的运营、绩效及影响因素、受到国外发达国家风险投资市场的影响，我国的风险投资市场逐渐起步，学者们同时对风险资本的运营模式、适用情境等进行了研究；2012～2016年，由于中国风险投资市场的逐渐成熟、相关政策的出台以及创业板的创立，投资绩效成为新的研究趋势。由于风险投资的网络化特征日益凸显，学者们开始考虑网络因素对投资绩效的影响。

六、研究方法分析

通过梳理中国风险投资企业绩效研究的相关文献，本书发现，研究采用的方法主要有文献综述、质性研究、定量研究和案例研究。其中，大样本定量实证研究方法被学者们广泛运用。究其原因：一是因为要准确评判投资绩效，需要用具体的定量指标，如内部收益率等。二是因为中国风险投资企业数据库的建立和完善，给学者们进行科学稳健的实证研究提供了可能。

第五节　总结与未来研究展望

本节对中国社会科学引文索引数据库（CSSCI）中 2000～2018 年发表的 200 篇中国风险投资企业绩效研究方面的文献进行了计量分析，得出以下主要结论。

第一，在文献特征方面。2000 年以来，该领域的发文量总体呈波浪式增长态势，发文高峰的出现受到投资政策、投资市场等环境因素影响较大，预计未来发文量还会持续增加。从发文作者来看，发文作者间合作不密集，被引频次较高的作者主要来自国内高校和科研院所。从发文机构合作情况来看，合作网络整体呈分散状态，发文机构主要是各大高校。

第二，在知识基础与研究前沿方面。从文献共被引知识图谱来看，该研究领域的知识基础有网络中心性、网络能力、联合投资网络、投资收益、风险投资机构、联合投资策略、合作模式与逆向选择 8 大研究主题。各大主题的发文作者主要来自西方发达国家，中国学者对相应主题的研究起步较晚。从高被引文献分析可知，被引文献呈现阶段式发展趋势，引文初期主要是关于风险投资企业循环运营机理等方面的文献；引文中期学者们开始关注风险投资绩效的影响因素；引文后期，学者们的研究重点向投资网络等相关主题进行迁移。从被引文献突现分析可知，突现文献呈现出的规律与高被引文献一致，同样是经历了"风险投资运营机理、投资绩效的影响因素、投资网络"等的发展历程。从被引文献时区分布分析可知，被引文献的热点群落是基于"网络中心性"的衍生群落，说明联合投资仍然是风险投资的主要模式；从被引文献作者来看，群落出现早期均以国外学者为主，国内学者起步较晚，仍然处于追赶学习阶段。

第三，在研究热点与趋势衍化方面。从高频关键词词频统计分析得知，文献的核心关键词是风险投资和投资绩效。从关键词共现分析得知，中国风险投资企业绩效研究关键词共现网络呈多方位扩展状态，网络节点遍及退出决策、退出渠道、退出速度、创业投资、影响因素、企业并购、投资基金、社会网络、投资组合等领域。从关键词聚类分析得知，该研究主要有 11 个热点群落，包括投资绩效、退出机制、绩效评价、公共投资、创业板、风险投资机构、创业投资、可达性、互补性、效率、农民收入等。从关键词时区视图分析可知，作为中心主题的风险投资和投资绩效的节点最大，出现时间最早，且与其他关键词有密集的联系。随着时间的推进，研究热点出现了多角度、多方面的衍生，与多学科、多领域进行交叉渗透。从关键词突现分析可知，主要突现的关键词有退出机制、风险投资、风险资本、投资绩效四个方面。从研究方法来看，研究采用的方法主要有文献综述、质性研究、定量研究和案例研究。其中，大样本定量实证研究方法被学者们广泛运用。

通过研究发现，中国风险投资企业绩效研究已形成了一定的理论体系，但仍需要在以下几方面开展深入研究与探讨。

一是加强对投资绩效的网络化研究。通过知识基础分析可知，国外的研究已对风险投资网络化展开了深入和全面的研究，但观察中国目前的研究热点，对于投资绩效的网络化研究较少，且出现时间较晚。鉴于中国风险投资联盟网络的密集化发展趋势，建议开展相应领域的探索，分析在联合投资网络情境下，投资绩效可能的运营机制。还可以通过对多属性因素的集中探讨，分析在投资网络情境下，不同情境因素会对投资绩效产生的影响；基于社会网络理论等分析不同的网络因素对投资绩效的影响，如结构嵌入、关系嵌入、网络能力等；明确合作网络的选择对投资绩效的影响，可以从供给侧、需求侧和竞争侧等不同方面来展开研究，细化合作伙伴的选择标准。可考虑联盟投资的期限选择；中、长期合作伙伴对投资绩效的影响；不同合作伙伴的动机；不同合作伙伴的特殊性如何影响投资绩效；合作伙伴关系的管理等。此外，还需要加强对投资网络的动态化研究，分析在动态衍化下，投资绩效出现的可能演进趋势及作用机制。

二是进一步拓宽绩效研究的研究思路。鉴于风险投资企业对高新技术产业的重要作用，高新技术产业呈现多样化的发展趋势，生产性服务业也是高新技术产业的重要支撑。未来对投资绩效的研究可以从宏观的角度出发，探讨风险投资与产业升级之间的关系，对不同产业类型进一步细分，探讨对不同产业可能的投资策略等。还可以结合生产性服务业，从多角度融合的视角，探讨如何更好地与生产性服务业相匹配，更好地为高新技术产业塑造竞争优势，从而更好地为高新技术产业提供动力。

三是进一步加强多学科、跨组织、跨地域的合作形式。从作者共现分析及发文机构合作分析可知，该领域内的研究学者为主要集中在西安等若干高校学者，尚未呈现跨学科、跨组织和跨地域合作的态势。众所周知，不同学科知识的交叉融合可以激发新的研究思路，也是推动研究主题发展及拓展的重要方式。因此，未来的研究可增加管理学、经济学、系统学、社会学等学科知识的交汇融合，可通过学术交流会议的开展，加强不同领域、不同组织、不同学科的学者的合作与交流，推动投资绩效研究的进一步深入化和全面化。

第三章

相关理论基础与文献综述

　　由前面分析得知，对中国风险投资绩效研究的网络化研究是主题演化的重要趋势。在投资网络中，风险投资企业具有三种渠道的知识来源：基于投资经验的内部知识；基于关系嵌入的外部知识；基于结构嵌入的外部知识。那么在投资网络情境下，三种知识来源如何影响投资绩效？是否会受到其他情境因素的影响？

　　本章从组织学习理论、社会网络理论等相关理论出发，进行理论基础的梳理，在此基础上对以风险投资企业投资绩效研究为主题的相关文献及研究进行回顾，并对现有文献及成果进行总结，分析已有研究的不足，找出可能研究的方向及空间。

第一节　相关理论回顾

一、组织学习理论

　　马奇和西蒙（March & Simon，1993）提出了组织学习（organization learning）的概念。之后众多学者从不同角度及不同领域对组织学习理论进行了深入研究，包括经济学、心理学、管理科学、战略管理、生产管理、社会学等。目前，组织学习理论已初步得到完善，也成为战略管理领域的重要理论基础。

（一）组织学习的概念

组织学习的概念界定在不同的研究领域中会有所差异。在经济学领域，组织学习指的是"能对组织产生抽象或具体的积极影响的行为的改进"；在创新领域中，组织学习指的是"组织核心竞争力的保持或组织创新能力的提高"；在组织理论中，组织学习指的是"通过特定情境，组织构建和完善相应的知识体系，并通过对知识体系的应用来提高组织适应能力和竞争力的方式"；在战略管理领域中，组织学习是"组织所获得知识的变化，这种变化是组织经验的函数"（Fiol & Lyles，1985）。这里的组织知识可以是显性知识，也可以是隐性知识。而知识可以通过多种方式表现出来，包括认知、惯例和行为的改变。基于前人的观点，组织学习是组织不断改变及适应环境变化的一个过程。

（二）组织学习理论的基本模型

1. 层次论

有学者根据组织学习层次、深度及重要程度的不同将组织学习的类型分为单环学习和双环学习（Argris & Schon，1978），随后大量学者在此基础上对其进行了衍生和发展。单环学习（single loop learning）也称为单回路学习、适应型学习或维持型学习，指的是组织识别并纠正组织战略和运营中的错误，使组织的发展运营结果达到组织既定规范和要求的期望。通过单环学习，组织可解决当前问题，目的是使得组织适应变化的环境，而不是检查组织规范和要求的恰当性。因此，单环学习只有单一的反馈环，组织在当前的系统和环境下提高组织的能力，完成组织既定的目标。双环学习（double loop learning）也称为双回路学习、创新型学习或变革型学习，指的是对组织目标、本质和基本假设产生怀疑并重新评价。双环学习有两个相互联系的反馈环，两个环路的学习具有相互影响的作用力。通过双环学习，组织不仅能够达到单环学习用来发现组织策略和行为错误的目的，还可以识别并判断组织既定的策略、规范、目标、方针、政策中的错误，对组织运作模式进行改进从而进一步提升组织的学习能力。这种学习模式可以有效地推动组织经营战略和行为模式的巨大变化，强化组织的竞争优势。斯内尔和查克在前人研究的基础上，提出了更深层次的学习，即三环学习（triple loop learning），也称为再学习（relearning）或次级学习（secondary learning）（Snell & Chak，1998）。三环学习是最高层级以及最深程度的学习，不仅包含单环学习和双环学习的内容，还包括对组织已有的学习过程、学习方式、学习方法的质疑和改进。通过三环学习，组织可以对组织既定学习的流程、范式、方式、方法等进行探索和研究，有效鉴别组织学习中的利弊因素，对组织的战略、方针、政策进行改进和提升，提高组织绩效。这三种不同层次的学习可以通过图 3 – 1 表示出来。

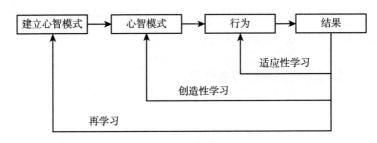

图 3 – 1　层次论的学习流程

资料来源：Snell & Chak（1998）。

从图 3 – 1 可以看出，虽然三类组织学习形式均有明确的组织目标，但实现组织目标的方法和措施不同。适应性学习采用的方法为调整组织的行为；创造性学习采用的方法为质疑组织既定规范、目标、体系，对既有心智模式进行修正；再学习则通过建立新的规范、目标、体系，推翻既有心智模式，建立新的心智模式来实现组织目标。

2. 过程论

大量研究从不同角度对组织学习的阶段和过程进行划分。从解释系统的角度出发，组织学习可以划分为扫描（scaning）、解释（interpretation）和学习（learning）三个阶段；从知识的角度出发，组织学习可以分为发现

（discovery）、发明（invention）、执行（production）和推广（generaliza-
tion）四个阶段（Argris & Schon，1978），或可以分为获取知识、分配知识、理解知识及组织记忆四个阶段（Huber，1991），或可以分为获得、分享和使用三个阶段（Nevis et al.，1995），或可以分为知识的产生（origi-nation）、精练（refinement）、促进（promotion）和扩散（dissemination）四个阶段；从信息的角度出发，组织学习可以分为获得信息、传播信息和理解信息三个阶段（Sinkula，1994），或可以分为获得信息、传播信息、理解信息和组织记忆四个阶段（Slater & Narver，1995）。

1999 年，有学者在前人研究的基础上，将组织学习的主体划分为个人、团体和组织三个层次，同时构建了组织学习的"4I框架"——直觉、解释、整合、制度化，且将学习层次和学习过程整合到同一模型中（Crossan，1999），如图 3 - 2 所示。该模型是组织学习的动态过程模型，包括了个体、团队和组织三个学习层次，四个心理和社会互动过程（直觉、解释、整合、制度化），两个信息流动过程（反馈和前馈）（戴万稳等，2006）。由图 3 - 2 可知，组织学习过程是组织内外人与人之间的心理和社会互动过程，通过这一互动，促进新知识的产生和流动。

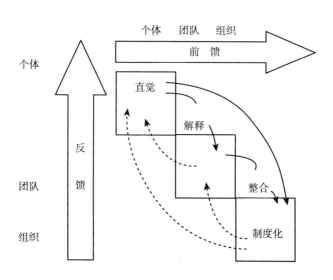

图 3 - 2 组织学习的"4I 模型"

资料来源：Crossan（1999）。

3. 经验论

在战略管理领域，大量学者认为组织学习是组织获得经验时发生的变化（Fiol & Lyles，1985），而组织经验的学习方式又可以划分为直接学习（experiential learning）和替代学习（vicarious learning）（Argote & Miron-Spektor，2011）。

组织学习经验论的框架模型主要有两个：基于迁移理论（Transfer Theory）的相似—相异框架模型（见图3-3）（Haleblian & Finkelstein，1999）和基于组织学习开发和探索（Exploitation & Exploration）理论的适度—过度框架模型（March，1991）。由图3-3的相似—相异框架模型可知，当学习者能识别与学习对象之间的相似性，对相似经验进行泛化，学习效果表现为正向（第1象限）；反之，当学习者不恰当区别与学习对象之间的相似性，学习效果表现为无效（第2象限）。当学习者能识别并区别对待与学习对象之间的相异性，学习效果表现为无效（第3象限）；反之，当学习者未识别并不恰当泛化与学习对象之间的相异性，学习效果表现为负向（第4象限）。学习者开发适度—过度框架认为，组织对自身经验的学习应控制在合理范围内。在组织学习的前期阶段，组织对经验的学习会提高组织的能力，对组织具有正向学习效果。但组织学习的开发和探索之间存在此消彼长的关系。在组织学习的后期，若组织仍执着于对自身经验的开发，则会约束组织对新知识的探索，从而导致组织学习效果的边际效应递减。

先行条件

组织行为		相似经验	相异经验
	组织反应：泛化	恰当泛化（正向）[1]	不恰当泛化（负向）[4]
	组织反应：区别	不恰当区别（无效）[2]	恰当区别（无效）[3]

图3-3　相似—相异框架

资料来源：Haleblian & Finkelstein（1999）。

综上所述，组织学习理论的模型可总结为表3-1。

表 3 -1　　　　　　　　　　组织学习理论模型汇总

基本模型	具体内容	代表文献
层次论	单环学习、双环学习、三环学习	Argris & Schön (1978); Snell & Chak (1998)
过程论	"4I" 框架	Argris & Schön (1978); Nevis et al., (1995)
经验论	相似—相异框架	Haleblian & Finkelstein (1999)

二、社会网络理论

社会网络理论最早起源于 20 世纪 50 年代的社会学和人类学领域，现已成为现代西方经济学和社会学的重要分支。近年来，随着社会网络理论被经济学和管理学等领域中的引入和深入研究，社会网络理论已作为新的研究范式和理论视角得到学术界的关注。

（一）社会网络概念界定

社会网络的概念最初由英国社会人类学家拉德克利夫·布朗（Radcliff Brown）在 1940 年提出，他在《论社会结构》一文中通过对社会分配和社会支持的解释初步提出了"社会网络"的思想。米切尔（Mitchell，1974）指出社会网络是一种联结跨组织边界社会成员的关系。劳曼（Laumann et al., 1978）指出社会网络是节点的集群，是通过特定的个体关系而形成的联结网络。韦尔曼（Wellman et al., 1988）将社会网络定义为个体间社会联系相对稳定情况下所构成的特定系统。有学者指出社会网络是多个行动个体间形成的某种社会关系（Emirbayer & Goodwin，1994）。朱亚丽（2019）指出社会网络由社会行动者和行动者之间直接或间接的关系构成。总之，社会网络是一系列节点及节点间关系的有机集合，该集合会影响节点的行动。因此，在前人研究的基础上，本书将社会网络定义为特定区域内社会个体和其与其他个体间的相互关系构成了社会网络，个体的行为受限于社会网络。

（二）社会网络的主要理论流派

1. 网络结构观

该理论的代表人物有瑞查德·埃默森（Richard Emerson）等。由网络结构观可知，人与人、群体与群体、组织与组织之间广泛客观存在的对网络中所处对象具有影响的纽带关系（tie）构成了社会结构。因此，网络结构观不再将行动主体看作独立的个体，强调的是行动主体之间既有的关系模式以及由该关系模式构成的社会结构；研究的重点是行动主体间通过纽带关系及先赋地位而产生的既定的社会结构（Nohria & Eccles，1992）。总体而言，网络结构所产生的社会网络规则决定了行动主体的位置特性，网络结构观注重运用结构化的社会网络关系解释社会现象，着重分析社会连接层面的结构特性及人际互动的模式，强调构成网络结构的行动主体间相互影响、依赖而产生的行为模式和关系模式，关注重点在于社会网络的属性及特征，如网络结构的规模、中心度及密度等。

2. 弱关系理论

该理论的主要代表人物是格兰诺维特（Granovetter）。弱关系理论主要源于格兰诺维特于1973年发表在 *American Journal of Sociology* 的文章 The strength of weak ties。弱关系力量假设的提出对社会网络理论相关研究有很大影响。格兰诺维特首次对"关系力量"的概念进行了界定，并根据四个维度——互动频率、情感强度、亲密关系和互惠交换等，将关系力量分为强关系和弱关系。弱关系是由具有不同社会特征和经济特征的行动主体发展起来的，个体基数大，分布范围广；构成弱关系的行动主体因教育背景、文化、思想、社会地位等属性之间存在很大差异，因此由弱关系构成的群体内部的相似性较低，所带来的信息、资源和知识的异质性较高；由弱关系构成的社会群体之间的成员可以归属于其他的社会群体，从而为群体之间信息的流通提供可能，成为跨越社会边界寻求资源和信息的桥梁，具有中介性；此外，弱关系因可以连接不同的群体，并通过关系纽带在群体内传递信息，因此具有非结构化的特点。

3. 强关系理论

虽然格兰诺维特的弱关系理论引起了学术界的关注，但也有众多学者在其研究基础上得出了相反的研究结论，主要代表人物有边燕杰、巴里·韦尔曼等。强关系指的是通过长期的接触、互动、合作等建立起来的社会关系。强关系意味着群体成员之间的高度互动性和亲密性，因此，由强关系构成的网络结构具有封闭性的特点，且该关系稳定牢固；由强关系构成的网络成员具有相似的认知模式，且高频率的互动接触使得该关系带来的信息具有高度的重复性和同质性；此外，强关系构成的网络结构中的行动参与者因长期的接触、交流、合作等，容易建立起稳定的信任机制，使得群体内部具有很高的信用度。边燕杰（1997）通过对社会网络理论在中国情境下的应用指出，在具有中国特色的经济工作分配体制下，强关系在人们求职中起着更重要的作用。他指出，在求职过程中，即使求职者拥有丰富的信息，但能否最终获得理想的职位取决于是否与招聘决策者有直接或间接的强关系。而且在岗位分配及职位升迁中，大部分求职者与主管人事的决策者没有直接的强关系，但若求职者能通过中间人与主管人事的决策者建立直接或间接的强关系，则求职者能够得到最大程度的帮助。此时，强关系就充分体现了网络桥梁的作用。韦格纳（Wegener，1991）通过对德国劳动力市场样本的研究发现，社会网络能够提供异质性资源，在此基础上，社会地位低的人会选择与其有强关系的社会地位较高的人交往来获得社会资源，且社会地位高的人也依赖强关系与个体网之外的社会地位更高的人交往，因此同样证实了强关系在社会网络中的桥梁作用。

4. 结构洞理论

结构洞理论的主要代表人物是伯特（Burt）教授。伯特认为，网络中行动主体获取社会资源和竞争优势的关键不在于纽带关系的强弱程度，而在于行动主体是否占据有利的网络位置（Burt，1992）。伯特指出，由行动主体构成的社会网络具有两种形态：一是网络内的所有行动主体均存在直接联系，两行动主体之间没有关系间断现象（disconnection），该种网络为"无洞"的网络结构；二是所有行动主体间并不都是直接联系，还存在间接联系，主体间的关系存在断层，网络结构为"有洞"状态。占据结构洞位置的行动主体拥有信息优势和资源优势，例如在由行动主体 ABC 构成的网络中，如果 AB 之间有联系，BC 之间有联系，AC 之间没有联系，且 AC 必须通过 B 才能发生联系，则在 AC 之间就会形成结构洞。各行动主体间的联系无论是强关系还是弱关系，只要符合这种网络结构，则行动主体 B 就占据了结构洞的位置，此时若 A、B、C 为竞争对手，则 AC 之间的关系断层就使得 B 具有信息优势和控制优势。

在之后的研究中，伯特继续对结构洞理论进行了深入的研究和发展。伯特（2004）指出，由于结构洞的"桥梁"特性，使得没有直接联系的参与者必须通过与其双方有直接联系的第三方进行沟通，从而使得第三方占据信息优势和控制优势，因此拥有丰富结构洞位置的企业会获得大量资源和信息。而信息的获取和杰出的学习能力是企业提高竞争力和绩效的关键。此外，伯特还明确指出结构洞的信息收益具有攫取性、时效性和举荐性等三个特征。攫取性指的是拥有丰富结构洞位置的参与者由于有更多获取信息的"渠道"和"桥梁"，因此会大大减少企业搜索信息的成本，从而能够高效地获得有价值的信息和资源；时效性指的是结构洞所带来的搜索、识别、获取信息的快捷性；举荐性指的是占据结构洞位置的参与者可以通过其特有的位置优势为其他参与者介绍和推荐，从而获得机会和资源。而信息收益的存在为控制收益的获得奠定了重要的基础，占据结构洞位置的参与者拥有决定优先照顾谁的权力，从而获得网络结构中的控制优势。伯特（2004）通过研究指出，占据结构洞位置的参与者可以非冗余关系促使参与者获得大量的信息、知识和资源，且这种信息、知识和资源具有累加性和非重复性。伯特（2007）指出，群内成员和群间成员的思想和行为存在显著的差异性，主要体现在群内成员的同质性和群间成员的异质性。因此对群间思想和行为更熟悉的个体会获得更多的信息和机会，也就是经纪行为。

5. 网络嵌入理论

网络嵌入理论的代表学者有波拉尼（Polanyi）、乌兹（Uzzi）等。1957年，波拉尼对"嵌入"提出明确概念，指出人类的经济行为嵌入并根植于经济与非经济的制度之中，会受到各种社会结构的影响，且在不同的制度环境下表现出不同的嵌入形态。格兰诺维特（1985）在波拉尼的基础上，进一步对"嵌入"行为进行了深入研究。他指出，与独立原子不同，参与者运行于社会网络中，其经济行为是嵌入在社会网络之中，并受到社会网络的影响。格兰诺维特（1985）的研究表明，参与者的经济行为通过其所在的社会网络嵌入在社会结构中，而其嵌入的网络机制是信任。他指出，经济领域中基本行为——交换发生的基础是参与者双方的相互信任。信任是进行交换行为的保证，是市场经济正常运行的催化剂。信任机制的建立减少了交易成本及机会主义行为的发生，保证了市场中经济行为的正常运转。因此，"嵌入性"概念强调的是信任而不是信息的重要作用。

乌兹（Uzzi，1997）作为格兰诺维特的博士生，指出格兰诺维特（1985）的论点存在一定理论缺陷，其没有对社会关系如何影响参与者的经济交换行为做出具体详细说明，对社会关系如何影响经济行为和集体行为的解释比较宽泛和模糊。因此乌兹在此基础上，通过对大量样本的实证研究，提出了关系嵌入悖论。他指出，企业的嵌入强度与绩效呈倒"U"型关系，过弱的嵌入关系影响关系的形成与稳定性，过强的嵌入关系会减少新信息的获取和流通，导致网络的僵化，从而也不利于企业绩效的提高，因此对企业最有利的嵌入应是处于中间强度的嵌入。

6. 社会资本理论和社会资源理论

社会资本理论的代表人物有布尔迪厄（Bourdieu）、詹姆斯·科尔曼（James Coleman）等。社会学家布尔迪厄于1980年首次提出了"社会资本"的概念，指出社会资本指的是可以为个人带来利益的资源。布尔迪厄（1986）再次对社会资本的概念进行了界定，指出社会资本是由参与者所处的社会网络位置所带来的获取资源的能力。他指出，参与者所拥有社会资本的数量取决于其所处社会网络中有效网络规模的大小和参与者所占据资本的数量。科尔曼（1988）指出社会资本由构成社会结构的要素组成，嵌入在社会关系网络中，归属于网络中的个体，且通过个体身份及其所具有的网络关系获得回报。他指出，密集的社会网络结构有利于信息、知识和资源的获取，还有利于网络成员间互惠利他行为的出现，从而有效降低交易成本。

社会资本理论认为行动主体所处的社会网络会带来个人资源，这种资源可以为行动主体带来回报。社会资本理论为社会资源理论的发展奠定了基础。社会资源理论的代表人物为林南。林南（2003）在格兰诺维特的"弱关系力量"假说基础上，提出了社会资源理论。他认为，社会资源嵌入于行动主体所处的社会网络中，但行动主体必须通过直接或间接的社会关系而获得和使用社会资源。行动主体所拥有的社会资源质量和数量差异性取决于其在所处社会网络中的社会地位和与合作伙伴的关系质量。社会网络中的弱关系不仅仅具有信息流通的"桥梁"和"渠道"作用，还可以因连接具有异质化资源的不同层级、相异群体的参与者而促进资源的流通。相反，强关系则主要连接具有同质化资源的相同层级、相似群体而不利于异质化资源的流通。因此，弱关系在交换、借用和摄取社会资源时比强关系更有效。

社会资本理论和社会资源理论均指出个体可以使用社会关系实现工具性目标。但社会资本仅仅与社会网络有关，未涉及社会关系的力量强弱问题。而社会资源的范围更宽泛，在社会资本理论的基础上，研究了关系力量在其中的作用，并指出弱关系能带来丰富的社会资源。

综上所述，社会网络理论主要流派的比较见表3-2。

表3-2　　　　　　　　　社会网络理论的主要理论流派

理论流派	主要内容	代表人物
网络结构观	将行动者间的纽带关系视为客观存在的社会结构	Richard Emerson、Nitin Nohria、Noah Friedkin
弱关系理论	弱关系力量	Granovetter
强关系理论	强关系力量	边燕杰（Bian）、Barry Wellman 和 Bernd Wegener
结构洞理论	占据结构洞位置的行动者拥有信息优势和控制优势	Ronald Burt
网络嵌入理论	行动者行为具有嵌入性	Karl Polanyi、Mark Granovetter、Brian Uzzi
社会资本理论	将社会资本视为一种社会资源	Bourdieu、James Coleman
社会资源理论	在社会资本理论基础上，考虑关系力量的作用	林南

第二节 相关议题文献综述

一、风险投资企业投资绩效影响因素的相关研究

为了使研究更加聚焦，本节重点选取风险投资企业，对以往研究中影响风险投资企业投资绩效的影响因素进行梳理和总结。

（一）风险投资企业方面的影响因素

风险投资企业方面对投资绩效的影响因素主要是基于企业层面属性对风险投资企业的企业特征进行分析。

1. 投资背景

风险投资企业根据资金背景可以分为政府背景、民营背景和外资背景。不同背景的风险投资企业的根本目的不同，因此对创业企业的筛选、帮助和增值服务会有所不同，从而投资绩效也会有所不同（许昊等，2015；Annalisa et al. ，2019）。

2. 声誉

声誉是对组织过去行为和未来前景的直接表征，描述了组织与其他竞争对手相比所有关键要素的整体吸引力。有学者通过实证研究表明，声誉好的风险投资企业与声誉差的风险投资企业相比，能够为融资企业提供更好的指导、管理等增值服务，在融资企业上市时也能为其提供更好的认证服务，获得的投资绩效更高（Nahata，2008）。

3. 投资经验

组织学习理论认为，通过对丰富经验的积累、整理、学习，组织可以实现知识的创造和转移，从而改变组织的实践、策略和结构，进而影响组织绩效。已有大量学者研究了风险投资企业的投资经验对投资绩效的影响，如德克莱尔和迪莫夫（De Clercq & Dimov，2015）基于知识基础观，通过实证研究发现，风险投资企业特定行业的投资经验提高了风险投资企

业的专业化能力，促进了内部知识的积累，有利于提高组织的吸收能力，提高投资绩效。

4. 投资策略

投资策略是风险资金运作过程中的基础环节，是风险投资企业用以应对投资中的各种不确定性而采取的战略决策，主要有专业化投资、分阶段投资和联合投资等。专业化投资战略主要体现为在企业特定发展阶段、特定行业进行投资以及投资地域上的集中度。风险投资企业通过对特定类型的投资学习积累经验，提高组织的学习能力，更好地监控、管理创业企业，提供更多的增值服务，提高投资绩效（De Clercq，2007；De Clercq et al.，2015）。分阶段投资指的是风险投资企业逐步向创业企业投入资金，当创业企业未达到预期目标时，风险投资企业可以选择停止注资。分阶段投资可以避免代理问题，是应对投资过程中不确定问题的有效决策（Kaplan，2005）。联合投资是指两家以上的风险投资企业共同投资于同一创业企业。联合投资可以为风险投资企业带来更多异质化知识，提高知识整合的多样性，提高投资绩效（Cumming et al.，2003）。

（二）联盟层面的影响因素

在风险投资领域，战略联盟非常普遍（Lerner，1994；Wright & Lockett，2003）。战略联盟已成为风险投资企业在竞争激烈及不确定风险高的环境下取得竞争优势和获取有利竞争位置的重要战略选择，很多学者对联合投资做出了大量研究。

1. 联合投资

对风险投资企业来说，联合投资促使风险投资企业扩大投资项目的选择组合，实现多样化投资，分散投资风险（Cumming et al.，2003；Anne et al.，2019）；有利于风险投资企业减少对外部知识的搜索、获取等交易成本，增加内外部知识匹配组合，提高投资绩效（Guler & Guillén，2002）；有利于风险投资企业从合作伙伴处获得更多的资源，减少进入海外市场的阻碍（De Clercq & Dimov，2007）。但是联合投资也会带来更多的成本和风险，如焦点风险投资企业可能有机会主义行为，联合投资企业也可能有

"搭便车"行为，在联合投资决策、执行、管理中也会面临更多的交易成本（Gulati et al.，2009；郑君君等，2017）。对融资企业来说，联合投资的风险投资企业能够为融资企业带来更加专业化的增值服务（Guler & Guillén，2010），提高融资企业上市的可能性。

2. 风险投资企业组建、管理和参与联合投资组合的能力

通过战略联盟，风险投资企业可以获取资源、分担风险、共享信息、降低成本、提高可靠性等（Hochberg et al.，2010；De Clercq & Dimov，2007；Guler & Guillén，2010），因此风险投资企业趋向于创建或参与联合风险投资，但是各风险投资企业的创建或参与联合风险投资组合的能力存在差异性，会受到其企业的能力及过去联合投资组合地位、绩效的影响（Hopp，2010）。联合投资组合中，风险投资企业的沟通协调能力也是影响投资绩效的重要因素。在联合投资中，良好的沟通协调能力有利于从联合伙伴处获得更多的知识、信息和资源，增加与伙伴的交易频率，提高双方的信任度，减少机会主义行为的发生，提高内外部知识的组合，增加对有价值的外部知识的利用率，提高投资绩效（De Clercq & Dimov，2015），但风险投资企业与合作伙伴的沟通协调面临更高的交易成本（Wright & Lockett，2003），风险投资企业的社会地位、声誉则能够显著降低与合作伙伴沟通协调的交易成本（Meuleman et al.，2017），提高投资绩效。

3. 联盟层面的关系嵌入

卡莱等（Kale et al.，2009）通过实证分析，指出战略联盟中关系资本对于提高组织绩效的重要性。王雷和党兴华（2008）通过实证分析，信任、承诺、依赖性和终止成本是影响联盟关系的重要指标。对联盟伙伴的恰当选择是建立良好伙伴关系的重要前提，伙伴选择和伙伴关系都会对投资绩效有显著影响。

（三）联盟网络层面的影响因素

随着风险投资企业间联盟关系的迅速发展，逐渐促进了联盟网络的形成。因此从网络视角探讨对风险投资绩效的影响因素和作用机制也成为研究热点之一。

1. 网络密度

网络密度用来描述组织所处的联盟网络内组织间相互联系的紧密程度（Gnyawai & Madhavan，2001）。在由相同数目企业构成的联盟网络中，企业间联系越多，则其联盟网络的密度越高。网络密度越高，风险投资企业间联系越多，有利于企业间信任机制和互惠机制的建立（Phelps，2010）。高密度网络内的风险投资企业彼此之间有先前联盟的可能性更多，对合作伙伴的了解更多，有利于减少后续合作中交易成本，促进信息的流通、交换和整合，提高风险投资企业的投资绩效。

2. 网络位置

学者们通过对美国风险投资企业的样本进行实证分析，指出企业处于有利的网络位置，具有有利的信息优势和资源优势，更有利于提高投资绩效（Nahata，2008）。埃布尔等（Abell et al.，2007）通过对英国和欧洲大陆的风险投资企业的相关数据的实证分析，也得出与前者同样的研究结论。有学者指出，与高地位的风险投资企业联盟，有利于企业获得更多的资源、更高的地位和声誉，具有更大的吸引力，从而提高投资绩效（Sorenson et al.，2001）。但也有学者通过实证分析指出，与高地位的风险投资企业合作，对企业 IPO 的成功率并无显著影响。

（四）宏观环境层面的影响因素

风险投资企业的绩效还会受到所在市场、国家等宏观环境的影响。例如，法律法规的制定和执行会间接影响风险投资企业的投资绩效；同时公开资本市场的波动、风险资本市场的波动也会直接或间接影响投资企业的绩效（Gompers et al.，2009；Cumming et al.，2003）。

二、基于组织学习理论的组织绩效研究

组织学习理论认为，通过对丰富经验的积累、整理、学习，组织可以实现知识的创造和转移，从而改变组织的实践、策略和结构，进而影响组织绩效。但是，以往研究表明，组织经验对组织绩效的效用表现为极大的

差异性，相关的经验—绩效的实证研究结论也并不一致，有正向（Barkema et al.，1996）、不显著（Zollo & Singh，2004）、"U"型（Haleblian & Finkel-stein，1999）、倒"U"型（Hayward，2002）、负向（Uhlenbruck et al.，2003）。为了进一步明确经验—绩效的关系，学者们分别从以下几方面对其进行了研究：

（一）对组织经验属性进行划分

1. 直接经验和间接经验

有学者将组织经验的学习分为直接学习（direct learning）和间接学习（vicarious learning）（Argote & Miron-Spektor，2011），直接学习指的是组织通过对自己的行为—绩效的反馈，将其经验进行整理、消化和吸收的过程，而间接学习则是通过对其他组织的行为—绩效的观察，将其经验整理、消化和吸收的过程。有学者也将其称为局部学习（local learning）和远端学习（distal learning）（Wong，2004），或内部学习（internal learning）和外部学习（external learning）（Simon & Lieberman，2010）。

（1）一些学者研究了直接经验、间接经验分别与组织绩效的关系，如翁（Wong，2004）认为远端学习和局部学习均有利于组织绩效的提高，不同的是，组织通过远端学习获得外部新知识，促进组织创新能力的提高，而局部学习则是通过增强群体内对知识的共享及组织内部的协调性，提高组织运营效率。有学者认为间接学习有利于组织减少犯错误的成本，学习正确的运营流程和补救措施，从而对团队绩效有促进作用（Bresman，2010）。殷华方等（2011）指出不同属性的间接经验对组织绩效的作用不同，通过对投资于中国的合资企业和独资企业的实证研究发现，先前进入的合资企业经验对后续的独资企业绩效有促进作用，先前进入的独资企业经验对后续的合资企业绩效有抑制作用。

（2）另一些学者则研究了直接经验和间接经验的关系，如德克莱尔和迪莫夫（De Clercq & Dimov，2007）以 VC 行业为研究样本，指出内部学习可以提高组织的吸收能力，外部学习可以提高组织有价值的信息的积累，二者之间为互补关系。无独有偶，在创新活动中，同样有学者证实了内部知识学习和外部知识学习的互补关系（Cassiman & Veugelers，2006）。但波塞等（Posen & Chen，2013）基于知识基础观，认为初创企业的直接学习和间接学习为替代关系，原因在于初创企业因吸收能力和内部知识的限制，拥有更丰富的外部学习资源，因此从间接学习中获益更多。

（3）还有学者通过对直接经验和间接经验的进一步划分，研究了组织经验与绩效的关系。如有学者研究了间接学习中罕见事件经验的学习对组织绩效的重要作用（Maslach et al.，2018）。

2. 成功经验和失败经验

有学者基于经验反馈评估的不同，将先前经验划分为成功经验和失败经验。大量文献对成功经验、失败经验与绩效关系进行了深入研究。

（1）一些学者直接研究了成功经验、失败经验与组织绩效的关系。如米尔菲尔德等（Muehlfeld et al.，2012）认为先前成功经验可以促进组织惯例和知识库的完善，但超过一定门槛后会导致能力陷阱，因此其与组织绩效为倒 U 型关系；而先前失败经验初期会引起组织惯例和知识库的更新，但超过一定门槛后，会促进组织的学习及认知范围的扩大，因此其与组织绩效为 U 型关系。而凯姆等（Kim et al.，2009）则认为有限的成功经验和失败经验会带来信号混淆，引起认知偏差，不利于组织寻找经验—绩效间的因果关系，二者与组织的失败率均为倒 U 型关系。德赛（Desai，2015）指出经验具有位置分布的特征，研究发现分布集中的失败经验对组织绩效有抑制作用。有学者则认为成功经验会减缓组织对知识的搜索力度，导致组织自满及盲目自信，也会削弱组织的替代学习行为，从而对组织绩效产生负面影响（Castellaneta & Zollo，2014）。

（2）另一些学者基于组织学习反馈价值和反馈显著性的综合视角，将组织经验进行了划分——大成功（big success）、小成功（small success）、大失败（big failure）和小失败（small failure），进一步研究组织经验与组织绩效的关系。如贡等（Gong et al.，2019）发现先前成功经验提高了组织未来收购溢价，与小成功经验相比，大成功经验的作用更加显著；先前失败经验降低了组织未来收购溢价，与小失败经验相比，大失败经验的作用更加显著。海沃德（Hayward，2002）认为当组织先前并购遭遇较小损失时，组织才会投入更多的精力和时间对失败的原因进行分析、诊断，才能真正地产生学习效果，从而对组织后续的并购事件有促进作用，产生正面的迁移效应。卡纳等（Khanna et al.，2016）认为组织的失败经验能为组织提供有价值的反馈，而在创新研发背景下，小失败为组织学习提供多种学习途径，风险更小，成本损失少，对组织创新绩效有促进作用。梅施和梅泰（Meschi & Métais，2015）指出并购中的大失败（major acquisition failures）经验对组织绩效有负面影响。

（3）还有学者进一步将组织经验的成功、失败属性与直接、间接属性结合，研究组织经验与组织绩效的关系。有学者指出间接学习他人成功经验会增强组织对所掌握知识的信心，减少组织对知识的搜索，而间接学习他人失败经验则会导致组织对所拥有的知识产生怀疑，从而增强组织对知识的搜索，所以间接学习他人失败经验能带来更大的组织绩效（Madsen & Desai，2010）。

3. 近期经验和远期经验

由学习曲线理论可知，组织行为主要受最近的组织经验的影响（Baum & Ingram，1998）。由知识基础观可知，组织经验需要时间进行巩固，从而转化为能力（Zollo & Singh，2004）。基于这一矛盾结论，众多学者从组织经验的时间属性出发，研究组织经验与绩效的关系。

海沃德（Hayward，2002）在相似—相异理论与组织知识记忆衰退逻辑整合的基础上，指出组织对经验的学习和积累需要时间，先前经验与当前行为之间的时间间隔太短，组织没有足够的时间对先前经验进行总结、消化、吸收，会影响组织经验的学习效果；先前经验与当前行为之间的时间间隔太长，则会因组织记忆衰退的原因，从而影响先前经验的迁移效果，所以从经验的时间属性来说，组织经验与绩效为倒"U"型关系。卡纳等（Khanna et al.，2016）指出在创新研发背景下，近期的小失败经验能够及时有效地为组织提供学习的反馈，有利于对组织行为进行控制和纠偏，从而对组织创新绩效有显著的正向影响。马森和德赛（Madsen & Desai，2010）认为近期的经验比远期的经验因知识折旧而更有价值。梅施和梅泰（Meschi & Métais，2011）基于组织遗忘（organizational forgetting）

的视角指出，与近期和远期经验相比，中期的组织经验对组织行为和绩效影响最大。

4. 对合作经验的划分

在联盟的相关研究中，学者根据合作对象的不同将组织经验划分为一般合作经验和特定合作经验（Gulati et al.，2009），也有学者接着对该属性的组织经验进一步细分为少数股权合资（minority JVs）经验、50 - 50 股权合资经验和多数股权合资（majority JVs）经验（Piaskowska et al.，2017）。很多学者从不同角度研究了组织合作经验与组织绩效的关系。

众多学者主要是对不同属性的合作经验与组织绩效关系进行了对比，如有学者认为一般的联盟经验代表了组织知识搜索的广度，而与特定伙伴的联盟经验则代表了在特定的二元结构中知识搜索的深度（Goerzen，2007；Hoang & Rothaermel，2010）。一般的联盟经验具有更好的泛化性，从而与组织绩效为边际效益递减的正向关系，特定伙伴的联盟经验因能力陷阱对组织绩效有负面影响。随后，古拉提等（Gulati et al.，2009）同样将合作经验分为一般性合作经验（general partnering experience，GPE）和特定伙伴合作经验（partner specific experience，PSE），从关系基础观的视角出发，指出与特定伙伴的合作因关系专有的投资、知识共享、互补性的资源以及非正式保障措施的建立，比一般性合作经验更容易实现价值创造。有学者将研究焦点放在了合资企业的经验属性上，研究发现，低复杂度和高复杂度经验的交互作用促进了组织对经验—绩效因果关系的精确推断，有利于组织绩效的提升，而高复杂度和高复杂度经验的交互作用会使组织对行为—绩效的因果关系产生模糊性，对组织绩效有抑制作用（Piaskowska et al.，2017）。佐罗等（Zollo et al.，2002）从组织间常规（interorganizational routines）的视角出发，将组织经验划分为一般性的经验（general collaboratice experience）、与特定伙伴的合作经验（partner specific experience）以及与特定技术相关的经验（technology specific experience）。通过对比不同经验所形成的组织间常态，发现只有与特定伙伴的合作经验对于联盟绩效有显著的正面影响。

5. 行业经验和区域经验

有学者基于相似—相异框架基础上，研究了跨境收购事件相似性的两个重要维度：特定行业和特定区域（Basuil & Datta，2015）。前者指的是相似行业背景的跨境收购经验；后者指的是同一地理区域的跨境收购经验。

6. 稀有事件学习经验

有学者将稀有事件（rare events）定义为"连续性的中断"（break in continuity），稀有事件的出现暴露了组织行为的弱点和潜力，且组织惯例可以在稀有事件中得到解释、关联和重构（Christianson et al.，2008）。有学者认为对稀有事件的学习具有重要的作用（Kunreuther & Bowman，1997；Lampel et al.，2009）。然而也有学者认为稀有事件的学习效果具有不可靠性（Maslach et al.，2018），因为稀有事件是极端事件的代表，组织对其具有规避性，将稀有事件视为经验成功转移的噪声，因此不会采纳从稀有事件中学习到的经验。佐罗（2009）则通过提出"迷信式学习"（superstitious learning）的概念，指出先前的组织学习文献中，一个标准的隐式或显式假设是指重复频繁的、相对同质化的操作任务经验积累，不常见的、异构的、战略性的决策中的学习过程却较少被关注。因此，在因果关系难以辨析的独特而复杂的情形下，组织就会出现对于过往经历和知识的盲目信奉的"迷信式学习"的现象，而这种经验的学习对绩效有抑制作用。

7. 本土经验和跨国经验

也有学者指出组织经验对组织国际化行为和绩效有重要的影响，因此将组织经验划分为本土经验和跨国经验，并研究了二者与组织绩效之间的关系。巴克马等（Barkema et al.，2007）指出组织在国际化的过程中，制度差异和文化差异会影响国际化投资的绩效，因此具有与东道国相似文化经验、国际化经验、对新的文化区域的学习经验的组织会获益更多。总之，经验的学习效率取决于先前经验与当前事件所需知识的重合度。有学者在跨国并购背景下，基于组织学习理论的视角，探讨了形成跨国并购组织惯例的三种经验：国际并购经验、国内并购经验、国际合资经营经验（Nadolska & Barkema，2014）。结果发现，企业在进行国际化并购扩张时，会根据之前经验形成的组织惯例对后续行为和战略做出判断与评价，并不知道先前经验形成的组织惯例的哪些部分是能够成功应用到新的并购活动中的，哪些又是不适用的，因此会存在过度扩大化运用过去的经验，导致前期经验反而并不利于后期并购的情况。作者通过来自荷兰的企业组成的跨国并购面板数据，证实无论是国际并购经验、国内并购经验，还是国际合资经营经验都会促进企业的后续并购活动的数量，但是都与后续并购的成功之间呈现倒"U"型关系。有学者将组织并购经验划分为本土并购经验和跨境并购经验，经实证研究发现，本土并购经验与后续跨境并购行为发生的可能性之间为"U"型关系，跨境并购经验与后续跨境并购行为发生的可能性之间为倒"U"型关系（Galavotti et al.，2017）。

8. 深度经验和广度经验

有学者将组织在不同领域的知识学习定义为广度经验（breadth of experience），也称为多样化经验；将组织在同一领域的知识学习定义为深度经验（depth of experience），也称为专业化经验，并研究了二者与组织绩效的关系。

（1）有学者研究了深度学习经验、广度学习经验与组织绩效的直接关系，如有学者认为多样化的组织经验与绩效之间为"U"型关系（Matusik & Fitza，2012）。迪莫夫和马丁（Dimov & Martin，2010）认为深度经验可以减少组织的代理问题，提高组织的远见，使组织的前景明朗化；而广度经验有利于组织信息网络的建立和带来开拓新市场的机会，提高外部机会与组织内部经验的匹配性，因此这两种维度的经验均有利于组织进入新的市场。

（2）有学者对深度学习经验和广度学习经验进一步细分，研究组织经验与组织绩效的关系，如珀金斯（Perkins，2014）认为组织学习环境的改变会使得经验—绩效的关系模糊化，异质性制度环境是影响组织战略决策制定的重要影响因素（Barkema et al.，1996），拥有多样化的制度经验（breadth of institutional experience）和先前重复的制度经验（replicating prior institutional experience）均有利于组织绩效的提升。

9. 探索式学习经验和利用式学习经验

马奇（March，1991）将组织学习分为探索（exploration）和利用（exploitation）两个方面。在组织学习的研究中，平衡探索和利用的问题表现在发明新技术和改进现有技术之间的区别（Winter，1971；Levitt & March，1988）。为适应竞争激烈的市场环境，组织对知识的搜索被概念化为在利用现有的例程和探索新的例程之间分配注意力和资源的问题（March，1991；Levinthal & March，1993）。有学者通过生物技术研发联盟的相关实证研究发现，外部探索经验对后续研发项目绩效有抑制作用，外部利用经验对后续研发项目绩效有促进作用，原因在于外部利用经验更容易编码，降低了联盟伙伴之间的协调成本，有利于组织专业化技能的形成，而外部探索经验因联盟伙伴目标的不一致、知识的缺乏及难以转移等特点，会对组织绩效产生负面迁移效果（Hoang & Rothaermel，2010）。

10. 相似经验和相异经验

由相似—相异框架可知，先前事件与当前事件具有相似性时，组织经验才具有迁移性，因此，有学者将组织经验划分为相似经验和相异经验。如哈沃德（Hayward，2002）按照相似—相异框架的因果关系推断逻辑，将组织经验划分为相似经验和差异化经验，指出当组织经验与当前事件非高度相似也非高度不相似时，才能为组织提供更多的因果关系推断的线索，从而对组织绩效产生促进作用。有学者指出差异化的组织经验会导致信息超载，而由于组织有限理性及有限的注意力，过度差异化的组织经验会对组织绩效产生负面影响（Castellaneta & Zollo，2014）。有学者以行为学习理论为基础，构建了相似—相异框架，指出当基于组织经验提取的知识和惯例与当前事件具有较高相似度时，经验才有可能发生正面的迁移，才能成功应用于当前事件（Walsh & Ungson，1991；Haleblian & Finkelstein，1999）。

11. 按组织规模进行划分

埃利斯等（Ellis et al.，2011）基于经验迁移理论，将组织并购目标规模进行划分，并指出与小型并购相比，大型并购涉及更复杂的整合过程和更高层次的管理能力，因此先前小型并购经验负面影响后续大型并购绩效。

（二）权变视角

有学者认为组织经验—绩效之间关系不统一的重要原因是未考虑经验对学习促进或抑制作用的权变调节因素，因此众多学者探讨了不同情境下组织经验与绩效的关系。

学者们分别从以下的权变视角对组织经验与组织绩效关系进行了研究。

1. 组织能力

佐罗和辛格（Zollo & Singh，2004）认为从组织经验中学习的前提条件是组织能够正确认识过去经验中的行为—绩效的因果关系。然而，识别这种因果关系需要组织有意的学习，将过去行为中的经验知识编码化。因此，为了增强组织的并购绩效，组织不仅需要选择合适的整合决策组合，还要同时开发组织能力，对编码化的知识进行吸收。

2. 宏观环境

宏观环境指制度环境、文化环境、国际化扩张等。米勒菲尔德等（Muehlfeld et al.，2012）通过研究发现组织成功经验和失败经验的学习均会受到环境结构化差异和对制度环境的熟悉程度的影响。有学者指出在跨文化投资的情境下，企业普遍会对过去经验是否适用于新的文化背景下的子公司经营形成错误推断，这种错误推断就会导致企业在不相似文化国际经验较低水平时，给子公司经营带来更多的风险，因此负面影响该东道国子公司的生存率（Zeng et al.，2013）。此外，还有学者研究了国际化的速度、国际化的地理区域范围、国际化的规律性以及国际化进入模式对组织经验和组织绩效的调节作用（Zeng et al.，2013）。埃利斯等（Ellis et al.，2011）研究了产品相似度、地理范围相似度、文化相似度对组织经验和绩效关系的调节效应。

3. 组织特征

组织特征指组织规模、投资阶段、组织先前经验、组织任务特征、高管团队特征、内部知识等。德赛（Desai，2015）研究了组织规模对集中分布的失败经验与组织失败率的负调节作用。马图斯克等（Matusik et al.，2012）研究了投资阶段和共同投资经验对多样化经验与组织绩效关系的调节作用。有学者研究了组织东道国经验对失败经验与组织失败之间的正调节效应（Meschi & Métais，2015）。哈斯和汉森（Haas & Hansen，2005）指出组织从知识中获取价值的情况会受到相应的任务情况和团队经验积累的影响：经验较少的团队从组织已编码化的电子文档中获益更多；随着相应任务竞争性的增大，团队从编码化知识中获益更少。有学者指出组织经验与绩效的关系会受到高管团队特征的调节作用（Nadolska & Barkema，2014）。有学者认为多样化的联盟经验与组织创新绩效之间为倒"U"型关系，并分别从内部知识的内容维度、专属性维度、时间维度和多元化维度探讨了其对主效应的调节作用（Wuyts & Dutta，2012）。

（三）考虑企业发展过程因素

近年来，学者们对经验—绩效关系的研究已经扩展到企业发展活动（corporate development activities，CDAs）中，CDAs包括新产品的介绍、多样化的行动、国际扩张、联盟和收购等，但CDAs每个阶段对组织能力需求不同，因此组织经验对各阶段结果的作用具有异质性（Anand et al.，2015）。

在CDAs的背景下，组织对经验的学习具有自我选择效应，组织会选择性地积累相应的经验。另外，CDAs中决策的相似度低、频率低，造成经验—绩效关系的因果关系更加模糊和复杂化。阿南德等（Anand et al.，2015）认为组织经验对绩效的促进作用不仅来自组织对经验的学习，更有可能来自组织经验积累的内生性质的驱动。通过对新产品引入模式（New Product Introduction，NPI）下组织经验对绩效的研究发现，在控制了组织经验内生性的情形下，组织经验对绩效的促进作用显著减弱，说明CDAs的经验具有学习效果和选择效果。

综上所述，本书对组织经验与组织绩效的关系进行对比，见表3-3。

表3-3 组织经验与组织绩效的关系研究汇总

研究视角	细分视角	研究内容	代表文献	结论
组织经验属性划分	直接经验和间接经验	直接经验、间接经验与组织绩效的关系	Wong（2004）；Bresman（2010）；殷华方等（2011）	+；-
		直接经验与间接经验的关系	De Clercq & Dimov（2007）；Cassiman & Veugelers（2006）；Posen & Chen（2013）	替代；互补
		对直接经验和间接经验的进一步划分	Maslach et al.（2018）	+；-
	成功经验和失败经验	成功经验、失败经验与组织绩效的直接关系	Kim & Miner（2009）；Desai（2015）	U型；倒U型；+；-
		对成功经验和失败经验的进一步划分	Gong et al.（2017）；Hayward（2002）；Khanna et al.（2015）	+；-
		与其他属性进行结合	Madsen & Desai（2010）	+；-
	近期经验和远期经验	—	Hayward（2002）；Khanna et al.（2016）；Madsen & Desai（2010）；Meschi & Métais（2011）	U型；+；-
	对合作经验的划分	研究不同属性的合作经验与组织绩效的关系	Goerzen（2007）；Hoang & Rothaermel（2010）；Gulati et al.（2009）	+；-
	行业经验和区域经验	—	Basuil & Datta（2015）	+
	稀有事件学习经验	—	Lampel et al.（2009）；Maslach et al.（2018）	+；-
	本土经验和跨国经验	—	Barkema et al.（2007）；Nadolska & Barkema（2014）	+；倒U型；U型
	深度经验和广度经验	深度经验、广度经验与组织绩效的直接关系	Matusik & Fitza（2012）；Dimov & Martin（2010）	U型；+
		对深度经验和广度经验的进一步细分	Perkins（2014）	+

续表

研究视角	细分视角	研究内容	代表文献	结论
组织经验属性划分	探索式学习经验和利用式学习经验	—	March（1991）；Hoang & Rothaermel（2010）	+ ; +
	相似经验和相异经验	—	Hayward（2002）；Castellaneta & Zollo（2014）；Walsh & Ungson（1991）、Haleblian & Finkelstein（1999）	+ ; −
	大规模学习经验和小规模学习经验	—	Ellis et al.（2011）	−
权变视角	组织能力		Zollo & Singh（2004）	—
	宏观环境	环境结构化差异和制度环境	Muehlfeld et al.（2012）	—
		文化环境	Zeng et al.（2013）	—
		国际化扩张	Zeng et al.（2013）	—
		地理环境	Ellis et al.（2011）	—
	组织特征	组织规模	Desai（2015）	—
		投资阶段	Matusik & Fitza（2012）	—
		组织经验	Matusik & Fitza（2012）；Meschi & Métais（2015）	—
		任务特征	Haas & Hansen（2005）	—
		高管特征	Nadolska & Barkema（2014）	—
		内部知识	Wuyts & Dutta（2012）	—
CDAs	自我选择	—	Anand et al.，2015	—

三、基于关系嵌入的组织绩效研究

通过阅读文献可知，学者们对于网络嵌入的划分至今尚未有统一定义。格兰诺维特（1985）将嵌入性划分为结构嵌入性和关系嵌入性。也有学者将嵌入性划分为结构嵌入、认知嵌入、政治嵌入和文化嵌入四种形式

（Zukin & DiMaggio，1990）。波利多罗等（Polidoro et al.，2011）则从不同的视角出发将网络嵌入划分为位置嵌入、结构嵌入和关系嵌入。瓦茨（Watts，1999）将联盟网络划分为企业、企业间联盟关系和联盟网络整体3个层次。本书采用格兰诺维特提出的结构嵌入性和关系嵌入性经典二维分析框架，将这两个维度的网络嵌入视为组织搜索和获取外部知识、信息和资源的重要渠道。关系嵌入关注的是以直接联结为纽带的二元交易问题，即直接交易双方之间互相理解、信任和承诺的程度（Granovetter，1992；Uzzi，1997），强调了个人或组织间交互、服务与信任等微观基础。结构嵌入用来表征组织所在联盟网络中组织的网络位置属性，主要强调各类组织整体互动关系结构特征的宏观反映（Kenis & Knoke，2002），具体可分为中心性和结构洞两种。因此，为了从多维度外部知识来源视角出发对中国风险投资企业投资绩效进行研究，本书将关系嵌入视为组织从微观视角的网络嵌入中获取外部知识、信息和资源的来源渠道，将结构嵌入视为组织从宏观视角的网络嵌入中获取外部知识、信息和资源的来源渠道。

通过对相关文献的阅读可知，学者们对关系嵌入与组织绩效的研究主要从直接影响、权变视角、内在机理三方面展开。

（一）关系嵌入对组织绩效的直接影响研究

组织及组织间的活动、交易等各种行为是嵌入在关系情境下完成的，因此研究组织的行为及绩效不能忽略关系性因素的影响（Macneil，1974）。但学术界对于关系嵌入与组织绩效的关系尚未有统一定论。

1. 组织关系嵌入与组织绩效之间为正相关关系

董津津（2020）基于社区意识的视角，实证检验了关系嵌入对创新绩效的正向影响；有学者从创新的合法性视角出发，指出关系嵌入促进高质量信息的共享与流通，从而提高投资绩效（Huang et al.，2017）；谢洪明等（2014）从关系嵌入的不同维度出发，验证了关系嵌入对企业绩效的正向作用；有学者从知识网络视角出发，指出关系嵌入有利于知识的共享，降低机会主义风险和联盟解除的倾向，从而提高投资绩效（Chen et al.，2013）；李等（Lee et al.，2009）指出网络成员间合作的基础是信任，高频率和高质量互动能提高企业间的信任，从而有效提高合作伙伴间知识的转移效率；卡莱等（Kale et al.，2000）指出关系资本是建立在联盟成员相互信任和互惠的基础上，关系资本是保证合作企业双方自身技术不被窃取、维持良好合作和有效提升企业绩效的基础。

2. 组织关系嵌入与组织绩效之间为倒"U"型关系

乌兹（1997）通过实证研究证明，组织间关系强度显著促进技术知识的转移，有利于企业绩效的提升。但同时，乌兹（1997）也提出了"关系悖论"的观点，指出关系嵌入一方面可以通过为组织带来缄默知识、减少交易成本、减少合作伙伴机会主义行为的发生从而提高企业绩效；另一方面，企业间关系强度的提升会减少企业间异质化信息的获得而使得合作的边际收益递减，从而负面影响企业绩效，因此关系嵌入与组织绩效为倒"U"型关系。同样，有学者通过对埃塞俄比亚制鞋业为样本进行分析，发现组织在社会网络中关系嵌入与绩效为倒"U"型关系（Gebreeyesus & Mohnen，2013）。在风险投资企业，有学者指出一方面关系嵌入可使得合作投资企业之间迅速了解彼此的需求和能力（Meuleman et al.，2017），有利于良好合作界面的建立，促进彼此间信息、资源的沟通和交流，促进彼此间非冗余信息的整合和利用，使彼此获得资源互补效应（McFadyen et al.，2009）；另一方面强关系会减少风险投资企业对其余联盟伙伴和资源的搜索、识别和获取，削弱关系嵌入所带来的效益，对投资绩效有显著的负面影响。王核成（2019）验证了组织关系嵌入与创新绩效间的倒U型关系；莫利纳等（Molina et al.，2009）指出过度的关系嵌入带来大量的交易成本，从而会降低组织绩效；李德辉等（2017）认为过度的关系嵌入会产生资源诅咒效应，从而负向影响组织绩效。

（二）权变视角下关系嵌入与组织绩效的相关研究

有学者指出，组织联盟关系与组织绩效的关系会受到权变因素的影响，包括沟通协调能力、网络能力、吸收能力等。德克莱尔和迪莫夫（De Clercq & Dimov，2007）的研究表明，风险投资企业的沟通协调能力有利于企业吸收异质化的外部知识，从而提高关系嵌入对绩效的促进作用。有学者指出，企业的关系嵌入为企业带来了多样化知识、信息和资源，而网络能力的强弱则决定了企业能否很好地协调各种网络关系及高效地收集和筛选各种源头信息（Doving & Gooderham，2008）；王核成（2019）实证检验了吸收能力对关系嵌入与创新绩效关系的调节作用；张涵等（2015）通过实证研究发现，在联盟网络中，合作伙伴的关系强度对投资绩效有显著正向影响，联盟成员公平感知水平则对这一主效应有显著的正向调节作用；吴楠等（2015）实证检验了内部社会资本对企业关系嵌入与技术创新绩效之间的调节作用。

（三）关系嵌入与组织绩效的内在机理研究

有学者从不同理论及视角出发，探讨了关系嵌入对组织绩效的内在作用机制。从知识整合视角来看，刘思萌（2019）基于企业网络和知识资源的理论，实证检验了知识整合对关系嵌入与组织创新绩效间的中介作用；梁娟（2019）从内外部知识整合的视角，实证检验了关系嵌入对组织绩效的内在作用机制。从知识搜索和知识转移视角来看，汉森（Hansen，1999）在格兰诺维特（Granovetter，1973）对网络关系划分的基础上，指出强关系和弱关系提高企业绩效的作用机制不同：强关系通过提高组织间的知识转移程度影响企业绩效，弱关系通过扩大知识搜索范围和跨组织之间的知识传播影响企业绩效。戴尔等（Dyer et al.，2000）指出关系嵌入通过提高知识共享和知识转移效率而使企业适应动荡的市场变化，并对日本和美国汽车制造公司进行实证分析，发现强关系能更有效地促进生产与信息的共享，进而提高企业绩效。徐建中（2019）通过高技术企业联盟网络研究发现，知识搜索宽度和搜索深度在企业关系嵌入与创新绩效之间起到部分中介作用；从组织学习视角来看，尹俣潇（2019）基于社会网络理论和组织学习理论，分析了创业认知学习、经验学习、实践学习对关系嵌入与企业成长绩效间的中介作用；从组织能力视角来看，吴兴宇（2020）基于产学研协同创新的视角，实证检验了企业协同能力在关系嵌入与企业创新绩效关系中的中介效应；王核成（2019）实证检验了网络权力对关系嵌入与创新绩效关系的中介作用。表3-4对关系嵌入与组织绩效的关系研究进行了汇总。

表 3 - 4　　　　　　　关系嵌入与组织绩效的关系研究汇总

研究视角	研究内容	代表文献	结论
直接影响	关系嵌入对组织绩效的直接效应	Huang et al.（2017）；董津津（2020）；Chen et al.（2013）	+
		Uzzi（1997）；Gebreeyesus & Mohnen（2013）；王核成（2019）	∩
权变视角	沟通协调能力、网络能力、吸收能力等的调节作用	De Clercq & Dimov（2007）；Doving & Gooderham（2008）；王核成（2019）；吴楠等（2015）	—
内在机理	知识整合、知识搜索和知识转移、组织学习、组织能力等的中介作用	刘思萌（2019）；Hansen（1999）；尹俣潇（2019）；吴兴宇（2020）	—

四、基于结构嵌入的组织绩效研究

通过对相关文献的阅读可知，学者们对结构嵌入与组织绩效的研究主要从直接影响、权变视角、内在机理三方面进行展开。

（一）结构嵌入对组织绩效的直接影响研究

古拉提（Gulati，1998）基于社会网络理论，指出企业不是独立于其他个体的"原子"，而是嵌入在社会网络中，并受到社会网络的影响，从而将研究的边界从企业资源拓展到企业所嵌入的联盟网络。后续有众多学者将企业作为嵌入联盟网络中的成员（Patil et al.，2005），而企业的战略选择及绩效会受到联盟网络的影响（Gulati，1998；Annalisa et al.，2019）。格兰诺维特（1985）指出组织和个体的行为具有嵌入性，并将嵌入性分为结构嵌入性和关系嵌入性两个维度。关系嵌入性描述了企业与相连接节点企业间联系的频率，强调从企业间联系强度、强弱关系等方面反映企业间关系；结构嵌入性描述了节点间的连接情况，主要从中心性、结构洞等网络位置变量反映企业间关系。此后许多学者延续格兰诺维特的"结构嵌入—关系嵌入"分析框架对企业的网络嵌入与企业绩效关系进行了研究（谢洪明等，2014；林敏等，2012；Eisingerich et al.，2010），本书仍沿用格兰诺维特的经典二维分析框架。

从结构嵌入角度分析网络嵌入与绩效关系的研究视角主要有中心性/度、结构洞等。大多学者均认可中心性对组织绩效的促进作用，主要得益于中心位置所带来的信息优势和声誉优势。鲍威尔等（Powell et al.，1996）指出在联盟网络中，与焦点企业有直接联系的企业数目越多，则焦点企业的中心度越高，通过实证研究发现，企业的中心度与绩效呈显著正相关关系。众多学者均指出处于中心位置的企业比处于边缘位置的企业有更多的接触知识和信息的机会，在获取竞争优势、占据有利市场、提升创新绩效方面更有优势（Cantner et al.，2006；Powell et al.，2004；Soh，2003；Shan，1994）。伯特（1992）和罗杰斯（Rogers，1995）认为，位于中心位置的企业不仅可以借助网络位置优势获取资源，同时可以借助位置优势获取声誉，提高企业的合法性，减少合作伙伴机会主义行为的发生，有效降低企业各个流程交易成本（Maskell，1999），提高企业获得市场信息和商业机会的可能（Gulati et al.，2008；Hoang & Antoncic，2003），从而促进企业绩效的提升。格兰特（Grant，1996）指出中心度高的企业有更多的发展机会，能有效提升企业运作和运营的效率。中心位置的核心企业还能获得更高的地位和声誉，从而获得信息优势和资源优势（Lin et al.，2011）。戴尔等（Dyer et al.，2000）指出，位于网络中心位置的企业具有获取异质性资源的优势，更有利于技术创新活动的开展，提高企业对环境的适应性和创新绩效；谢洪明等（2014）验证了网络中心性对企业绩效的正向作用。也有部分学者对中心性与组织绩效间的正相关关系提出质疑，例如有学者通过实证检验证明网络中心性对企业绩效没有显著影响（Li et al.，2013）。侯仁勇（2019）通过对网络结构进行划分，指出知识网络中心度与组织绩效间为倒"U"型关系，协同网络中心度与组织绩效间为正相关关系。

很多学者从结构洞视角分析了网络嵌入对企业绩效的影响。大多学者均认可结构洞对组织绩效的促进作用，主要得益于结构洞位置为组织带来的信息优势和控制优势。拥有结构洞的企业得益于作为其他企业间资源流通的"桥梁"，具有信息优势和控制优势（Yang et al.，2011），即占据结构洞位置的企业可以因联结不同的企业而获得多样化的信息和资源，可以直接、快速、便捷地接触到新的知识和信息；此外占据结构洞位置的企业还可以因作为两个没有直接联系企业的信息中转站来实现对信息流通的控制，从而最大化地获得"桥"收益，继而提高核心企业绩效。伯特（1992）提出了网络嵌入可带来的三种信息优势：可及性（access）、时效性（timing）、推荐性（referral），这三种信息优势正是由于企业的网络嵌入所带来的信息流通的渠道，从而减少信息的搜索时间和成本，提高了企业获得、采用、吸收信息的效率。有学者指出拥有大量结构洞的企业能够拥有多个企业异质化的信息来源，从而掌握多样化的知识和信息（Hargadon & Sutton，1997）。伯特（1992）指出占据结构洞位置的企业可以利用信息优势和控制优势获得多样化、非冗余和异质化的信息和资源，有利于企业掌握市场动态，识别发展机会，增加内外部知识匹配组合，提高竞争优势，避开可能受到的威胁，从而有利于企业绩效的提升。有学者指出处于结构洞位置的企业能够获得与其有直接联系的企业更多的非冗余信息，从而成为信息流通的集散中心，能够为核心企业带来竞争优势，从而提高企业绩效（McEvily et al.，1999）。有学者（Yen et al.，2012）研究发现高科技企业的结构嵌入性对绩效有显著的促进作用。阿乌哈（Ahuja，2000）及考恩等（Cowan et al.，2004）指出，占据结构洞位置的企业更有机会获得外部多样化的信息、知识和资源，从而更有可能与内部资源相匹配（Yang et al.，2011），继而提升企业绩效。有学者同样指出占据结构洞位置的企业所掌握、控制的信息、知识和资源更多，有利于企业创新能力的提升，从而提高企业绩效（Zaheer & Bell，2005）。温森特等（Wincent et al.，2010）基于战略联盟的视角，基于实证检验发现，拥有较多结构洞的企业因具有获取稀缺资源的优势从而提高企业的创新绩效。侯仁勇等（2019）指出占据结构洞位置的企业拥有更多的知识来源渠道和更高的协同能力，从而获得更高的组织绩效；策纳（Zaheer，2005）通过对加拿大共同基金公司的样本的实证检验发现，结构嵌入显著提升企业绩效。也有部分学者对结构洞与组织绩效间的正相关关系提出质疑，董津津（2020）通过对创新网络分析得知，结构嵌入与创新绩效之间的因果关系不显著；侯仁勇等（2019）通过对网络结构划分，指出知识网络结构洞与组织绩效间为正相关关系，协同网络结构洞与组织绩效间的关系不显著；范群林等（2010）指出结构洞与组织绩效间的正向关系不显著。

（二）权变视角下结构嵌入与组织绩效的相关研究

许多学者从组织所处社会情境出发，指出因文化传统、组织结构、金融体系等方面的差异，不同国家组织的相关研究结论可能不同（Cumming et al.，2010；Marcelo et al.，2019）。主要的权变因素有以下几类：

1. 文化情境

阿尔斯特伦（Ahlstrom et al.，2007）认为结构嵌入对企业的影响会受到文化权变因素的影响。有学者指出网络个体在不同的文化情境下所占据的结构洞位置对绩效的影响有显著差异（Xiao & Tsui，2007）。有学者认为具有"关系导向"特征的社会情境对社会网络与组织绩效关系具有显著的正向调节作用（Batjargal et al.，2013）。也有学者通过对中国情境下社会网络的研究发现，中国社会的"差序格局"结构特征、"关系""圈子""面子"等现象，使得社会网络表现出与西方社会网络完全不同的作用机制（Bian，1997；李智超和罗家德，2012；罗家德等，2014）。

2. 宏观环境

很多学者的研究表明，投资环境，如法律法规的健全、公开资本市场的波动等均会间接影响风险投资企业的绩效（Chen et al.，2010；Schwienbacher et al.，2010）。

3. 组织自身能力

德克莱尔和迪莫夫（De Clercq & Dimov，2007）通过实证研究发现，风险投资企业的协调沟通能力对于结构嵌入与投资绩效的关系具有重要的调节效应。有学者指出网络能力能够帮助企业改善外部网络，提高获取外部资源的效率，从而提升企业绩效（Shipilov，2006；Ritter et al.，2004）；

有学者指出，企业的结构嵌入为企业带来了多样化知识、信息和资源，而网络能力的强弱则决定了企业能否很好地协调各种网络关系及高效收集和筛选各种源头信息（Doving & Gooderham, 2008）；庄彩云和陈国宏（2017）探讨了组织双元学习能力在联盟知识网络嵌入与创新绩效关系间的中介作用；何郁冰和张迎春（2017）实证检验了知识搜索和产学研合作行为在网络嵌入对知识协同绩效影响中发挥中介作用；李永周等（2018）指出，创新效能感在联盟网络嵌入与创新绩效间起中介作用；骆大进等（2017）实证检验了组织中心度与结构洞的协同效应对组织创新绩效的影响；刘思萌（2019）基于企业网络和知识资源的理论，实证检验了知识整合对关系嵌入与组织创新绩效间的中介作用；梁娟等（2019）实证检验了内外部知识整合在结构嵌入和组织绩效间的中介作用。

4. 组织间特征

张涵等（2015）探讨了如何实现联盟网络的稳定发展提高联盟绩效的问题，实证研究发现不同公平感知情形下，联盟网络规模及密切程度对绩效的影响不同；杨张博（2018）对组织间联盟网络关系进行划分，探讨了不同类型网络嵌入对企业技术创新数量及质量的影响；庞博（2018）验证了关系质量对结构洞与企业创新绩效关系的调节作用。

（三）结构嵌入与组织绩效的内在机理研究

有学者结合具体的理论，探讨了结构嵌入作用于组织绩效的黑箱，主要研究视角：一是知识整合视角，如彭伟和符正平（2014）基于社会网络理论与资源基础观的整合视角，通过对高科技新创企业的研究发现，占据中心性位置的企业通过提升资源整合能力，继而提升新创企业绩效。二是吸收能力视角，孙骞和欧光军（2018）将网络嵌入分为知识链嵌入和价值链嵌入，通过对东湖高新区高新技术企业的研究发现，双重网络嵌入通过吸收能力来提高企业绩效，高新技术企业绩效的差异源自不同网络嵌入对企业绩效的作用机制不同。三是知识搜索视角，李奉书等（2018）从知识传递的视角出发，探讨了知识搜索在联盟网络结构嵌入与创新绩效间的中介作用；徐建中等（2019）通过高技术企业联盟网络研究发现，知识搜索宽度和搜索深度对企业结构嵌入与创新绩效之间起到部分中介作用。四是组织能力视角：吴兴宇（2020）基于产学研协同创新的视角，实证检验了企业协同能力在结构嵌入与企业创新绩效关系中的中介效应。

表3-5对结构嵌入与组织绩效的关系研究进行了汇总。

表3-5 结构嵌入与组织绩效的关系研究汇总

研究视角	研究内容	代表文献	结论
直接影响	中心性对组织绩效的直接效应	Shan et al.（1994）；Powell et al.（1996）；Grant（1996）；谢洪明等（2014）；侯仁勇（2019）	+，不显著；∩
	结构洞对组织绩效的直接效应	Burt（1992）；Hargadon & Sutton（1997）；Wincent et al.（2010）；董津津（2020）；范群林等（2010）	+，−，不显著
权变视角	文化情境、宏观环境、组织自身能力、组织间特征的调节作用	Ahlstrom et al.（2007）；Batjargal et al.（2013）；罗家德等（2014）；Chen et al.（2010）；刘思萌（2019）；庞博（2018）	—
内在机理	知识整合、吸收能力、知识搜索、组织能力等的中介作用	彭伟和符正平（2014）；孙骞和欧光军（2018）；徐建中（2019）；吴兴宇（2020）	—

第三节 现有研究述评

一、已有文献所取得的研究成果

风险投资企业战略联盟及联盟网络的形成对国家经济、企业经济的发展，产业结构的升级具有重大意义。近20年来，国外对风险投资企业的相关研究在深度和广度上都已经达到一定水平。近年来，随着我国改革开放步伐的加快及风险投资企业的兴起，学者们分别从不同的理论视角对风险投资企业投资绩效进行了不同的研究与分析，并取得了巨大的成就，主要有以下几个方面。

（一）对风险投资企业投资绩效的影响因素有了较为深入的认知

学者们已分别从交易成本理论、资源基础观、制度理论、资源依赖理论、组织学习理论、社会网络理论及各理论的整合视角对投资绩效的影响因素进行了深入的探讨，研究发现企业进入战略联盟的倾向性和联盟绩效不仅受到人力资本、物质资本、技术资本、合法性需求的驱动，还受到社会网络的影响。此外对风险投资企业投资绩效的影响，从内容上划分主要有风险投资企业企业层面的影响因素、联盟层面的影响因素、联盟网络整体层面的影响因素和宏观环境层面的影响因素四个方面。

（二）对组织经验与组织绩效的关系展开了持续的探讨

由大量文献可知，学者们已从多种角度深入探讨了组织经验对绩效的作用机理，切入点主要是对组织经验的属性划分及权变调节因素展开，但近年来已逐渐注意到因组织对经验的自选择而引起的内生性问题，因此已将相关的研究扩展到企业发展活动中，进一步细化、深入地研究组织经验与企业的绩效关系。

（三）对关系嵌入、结构嵌入与组织绩效已有了较为系统的研究结果

大量文献从网络嵌入形式的划分、权变视角、内在机理等方面对组织网络嵌入与绩效的关系展开了探讨。尤其是近年来在中国经济迅速崛起以及中国风险投资"井喷式"增长的时代，众多学者已经对中国情境下的网络嵌入与绩效展开了初步的探索与实证研究。

二、现有研究存在的不足

虽然现有研究已经取得了丰硕的成果，但也存在以下几点不足。

（一）中国情境理论研究不足

随着"双创战略"在我国的推行，风险投资企业的推动和催化作用日

益突出，联合投资的网络化特征日渐凸显，而为了规避风险、获得更多的知识和信息，风险投资的战略联盟成为了风险投资企业的重要战略选择。

由于文化传统、组织结构、金融体系等社会情境因素的差异，不同国家的风险投资企业的相关研究结论可能具有显著差异（Cumming et al.，2010），即使是具有相同网络形式和结构特征的风险投资企业，在文化权变因素的影响下，其联盟形成和投资绩效的研究也有可能大相径庭（Ahlstrom et al.，2007），尤其中国社会网络特有的"关系导向""差序格局""人情""面子""圈子"等现象，有可能使中国风险投资网络结构要素展现出不同的作用机制。因此，对于已有理论和研究结论在中国情境下的风险投资的适用性提出了挑战，而中国作为最大的新兴市场也为现有理论的发展和推广提供了很好的"实验室"。

（二）企业属性维度知识来源的相关研究亟待加强

随着新创企业在新兴资本市场活跃度的提高，风险投资逐渐成为我国重要的投资主体和金融体系中不可或缺的一部分。因此为了风险投资企业的长远发展，良好的投资收益就成为风险投资企业运作的保证，这也成为学术界和实务界的重要话题。相对于我国风险投资企业如火如荼的发展情景，对其投资绩效的研究起步相对较晚，相关的学术研究开展明显滞后（徐欣和夏芸，2015）。

组织的企业属性决定了组织能否充分识别、利用机会（Battaglia et al.，2010）。而组织经验作为扩充组织知识储备、提高组织吸收能力、改善组织战略的重要企业特征（De Clercq & Dimov，2007；Haleblian & Finkelstein，1999），是组织内部知识、信息和资源的重要来源，受到了学者们的广泛关注。现有文献已从企业属性、网络属性等方面对风险投资企业投资绩效做出了大量研究。就企业属性知识来源来说，大多研究集中在对组织经验的属性划分和权变调节因素的相关研究上，但 VC 作为特殊的金融中介，其独特的"筛选—投资—指导—退出"的循环运营流程，导致其组织模式具有多变性（单干模式和联合模式）的特点，其组织经验的积累也就具有不同的特点，但大多文献对此关注较少。已有的研究缺口为本书对风险投资绩效的研究拓展了空间，所以本书以风险投资企业独特的组织模式为研究背景，对风险投资企业企业属性知识来源与投资绩效的关系进行了深入的探讨。

（三）对社会网络方面影响因素的相关机制探索存在缺口

风险投资行业的高风险性以及投资企业与被投资对象的信息不对称的特点，促使风险投资企业为创业企业提供一系列的增值服务，所需的技能和知识较多，因此联合投资模式就广受风险投资企业的青睐。通过与战略伙伴进行联盟，风险投资企业可以获得更多的信息和专业化知识，改善信息不对称和规避风险。由 Wind 数据库可知，在我国，由风险投资企业联合投资形成的辛迪加日益普遍。由清科数据可知，迄今为止，我国平均每年有 70% 以上的风险投资企业参与联合投资，从而嵌入联合投资网络。因此，网络嵌入就成为我国风险投资的重要特征，网络资源也成为风险投资企业筛选、评估、指导新创企业和选择联盟伙伴的重要资源。

有关联盟的相关研究指出，虽然战略联盟已成为组织间获取竞争优势的潮流选择，但组织间联盟失败的概率却平均高达 50% （Prashant & Harbir，2009）。尤其在中国国情下，改革开放初期，风险投资企业在中国萌芽，此时受计划经济体制影响，主要由中央政府主导；20 世纪 90 年代，受分税制等制度的影响，风险投资的关系网络成为政策的补充力量；自 2005 年开始，随着中央政府和地方政府相关政策的出台，风险投资进一步合法化，发展进一步规范化，联合风险投资交叉形成的网络化就成为投资业的重要特征。在中国情境下，联合投资中，风险投资企业由于错综复杂的关系，联盟伙伴在带来更多专业化知识和信息的同时，也会产生更高的交易成本和更多的冲突。因此，在中国社会情境下，风险投资企业的网络层面要素对投资绩效的影响更加复杂，也对现有理论提出了新的挑战。

关系嵌入和结构嵌入作为风险投资企业获取外部知识、信息和资源的重要通道，对风险投资企业弥补内部知识缺口至关重要。研究表明，风险投资企业差异化的网络资源会导致个体间资源的不对称，从而引起绩效的差异（Abell & Nisar，2007）。但风险投资企业的投资绩效也受个体行为差异的影响，如内部知识基础（Battaglia & Farina，2010）。

现有关于关系嵌入与投资绩效的研究中，着重将企业专业化知识、组织学习、网络能力等企业属性作为调节变量（Dimov et al.，2005；石琳等，2017）。而将企业属性（投资经验）、网络属性（网络密度）及其交互属性置于同一研究框架中，揭示关系嵌入对投资绩效作用机制的研究尚显薄弱。此外，学者们普遍认为占据良好网络位置的企业，如中心性位置和结构洞位置，具有信息优势和控制优势，从而能够极大提高投资绩效，却忽视了中国文化情境的影响。此外，现有关于网络嵌入与绩效关系的研究中，大多从中心性、结构洞或关系嵌入的单一维度进行研究，对风险投资企业的各个维度知识来源及其相互作用的研究尚显薄弱。因此，对风险投资企业两个重要外部知识、信息和资源通道来源对投资绩效的作用机制的研究存在缺口。

第四章

中国风险投资企业投资经验与投资绩效

本章主要研究中国风险投资企业投资经验与投资绩效的关系。以中国风险投资企业对自身投资经验的学习为研究对象，将投资模式划分为单独投资模式和联合投资模式，首先从理论层面探讨各投资模式下投资经验对投资绩效的可能作用机理，提出研究假设；其次介绍本章实证研究的样本和数据、变量测量和模式设定；再次进行实证研究和稳健性检验；最后进行研究结果的讨论。

第一节 问题提出

组织经验是组织企业层面的重要属性，是组织获取内部知识、奠定企业基础、取得竞争优势的重要渠道。其与组织绩效之间的关系是战略管理、国际商务以及国际营销管理等领域的核心研究问题之一，时至今日也依然得到大量的关注（Piaskowska et al.，2017；Castellaneta & Valentini，2017）。已有研究表明，风险投资企业的组织经验对投资绩效会产生重要影响。但组织经验与绩效之间的关系尚未有统一定论：正向（Barkema et al.，1996）；

不显著（Zollo & Singh, 2004）；"U"型（Haleblian & Finkelstein, 1999）；倒"U"型（Hayward, 2002）；负向（Uhlenbruck et al., 2006）。

为了回应组织经验与绩效之间关系不一致的结论，过去的研究主要从三个方面展开。首先，一些学者依据经验属性，比较不同经验与绩效之间的关系。以往研究一般关注了经验的结果属性（成功与失败）（Hayward, 2002; Madsen & Desai, 2010; Muehlfeld et al., 2012）、同质化属性（差异化与同质化）（Hayward, 2002;）、时间属性（近期与远期）（Meschi & Métais, 2011）、区域属性（国际经验与特定国际经验）（Nadolska & Barkema, 2014）、规模属性（大型与小型）（Ellis et al., 2011）。其次，一些学者开始识别经验对学习促进作用的权变调节因素，比如并购目标的行业相似性，区域相似性（Muehlfeld et al., 2012）。最后，其他一些学者意识到企业发展过程的复杂性和每个阶段所需要的组织能力的异质性，开始关注经验对各阶段发展的作用（Beckman & Haunschild, 2002; Anand et al., 2015）。尽管一些学者开始依据经验属性，比较不同经验与绩效之间的关系，但是他们往往忽视了一个非常重要的属性：组织形式。由前人研究可知，组织形式主要有合作模式和单干模式，不同组织形式下组织绩效相应地可以划分为合作绩效和单干绩效。鉴于合作模式与单干模式下，企业惯例形成、沟通协调、权力关系、参与环节等均表现出极大的差异性，两者在学习机制和学习效果上会有很大的差异性。那么，组织经验作为组织学习的重要途径，不同组织形式的经验对组织绩效的作用机制如何？是否有差异性？如果有，组织应如何对其进行区别对待？

风险投资企业作为中国资本市场中重要的投资主体和金融体系中重要的组成部分，因其独特的循环退出环节，需不断进行组织形式及投资组合的调整，为本章理论的检验提供了全新的研究背景。风险投资企业的投资形式通常有两种：一种是单独投资模式；另一种是联合投资模式。联合投资是指由两个或多个风险投资企业同时或先后对同一新创企业提供股权资本，并为其提供管理咨询等增值服务（Hochberg et al., 2007）。联合投资有广义和狭义之分。狭义的联合投资指的是多个风险投资企业在同一轮次中投资于同一创业企业；广义的联合投资指的是多个风险投资企业投资于同一企业，而不仅限定于同一投资轮次。为保证研究的稳健性，本书采用狭义的联合投资概念，相应地，将单独投资定义为单个风险投资企业单独投资于某一创业企业。在单独投资模式下，风险投资企业独立对融资企业进行估值和监督治理，独自承担风险；在联合投资模式下，风险投资企业与其他同行进行合作，共同分享信息和经验，共同监督治理企业及共担风险（徐欣等，2015）。

因风险投资企业独特的循环运营模式，单独投资模式和联合投资模式是风险投资企业两种重要的组织形式。本书选择中国风险投资企业对自身投资经验的学习作为研究对象，换言之，采用单独投资模式的风险投资企业既有可能学习之前积累的单独投资经验，也有可能学习之前积累的联合投资经验；同理，采取联合投资模式的风险投资企业既有可能学习之前积累的联合投资经验，也有可能学习之前积累的单独投资经验。由于不同组织形式的投资模式下企业运营方式有很大区别，对组织经验的学习机制不同，导致学习效果有很大差异性。探讨不同组织形式下的投资经验对绩效的影响具有重要的理论意义和现实指导作用。基于此，本章从组织经验的属性划分入手，以中国风险投资企业为研究对象，分析投资经验对投资绩效的作用机制。

第二节　中国风险投资企业投资经验与投资绩效理论分析与研究假设

一、单独投资经验与单独投资绩效、联合投资经验与联合投资绩效

由组织学习理论可知，组织得益于经验学习的条件假设是过去情境与当前情境之间的相似性及组织正确理解行为—结果间的因果关系，并得到正确推断（Levinthal & March，1993；Levitt & March，1988）。单独投资与联合投资在各个方面的区别会导致企业在这两种模式下对经验学习的复杂

程度不同，进而影响相似度和因果关系的分析，其主要体现在惯例形成、沟通协调、权力关系和参与程度方面。基于此，本章的理论基础主要围绕单独投资和联合投资模式下经验学习的各方面在相似度和因果关系清晰度方面展开。

从相似度方面来说，风险投资企业各单独投资活动相似度较高，各联合投资活动相似度较低。

首先，从惯例形成及应用来说，投资企业的单独投资活动所形成的惯例稳定且相似度高。惯例经常在制定公司的战略选择时发挥重要的作用，补充甚至取代深度计算的、正式的战略决策规则（Haleblian et al.，2006）。单独投资活动与联合投资活动的首要区别体现在参与方的多少上，即合作规模的大小。当组织参与的决策事件规模较小时，惯例、程序的形成相对自动化（Ellis et al.，2011），从而成为后期投资活动的蓝本，包括组织结构、投资事件流程、投资速度等。组织作为各单独投资活动的唯一参与者，组织结构、投资事件流程、投资速度等的改变与联合投资相比变动较小，从而对各单独投资活动所得出的结论与推断相似度高，继而引起相似惯例、程序的产生，成为单独投资活动的蓝本。与单独投资活动相比，联合投资活动涉及多个合作方，需要更复杂的整合流程和更强的管理能力来实现更强的协同效应（Lubatkin，1983；Shrivastava，1986）。联合投资活动的合作者来自更多部门、单位、区域，合作方的背景知识、价值观、工作流程等具有差异性，在知识整合、惯例形成及应用组织惯例方面就面临更大的挑战（Greenwood et al.，1994）。此外，联合投资活动不仅面临合作方的知识整合及惯例形成的挑战，同时也会面临更严峻的外部挑战，如受到客户、政府实体、公众或竞争对手的高度审查（Homburg & Bucerius，2005；Marquis & Lounsbury，2007）。所以，因各联合投资活动本身的差异性及合作方的差异性，会导致各联合投资活动行程的组织惯例变动较大，相似度较低。

其次，从沟通协调方面来说，投资企业各单独投资活动的沟通协调对象及方式相似度高，各联合投资活动的沟通协调对象及方式相似度低。沟通协调可以分为组织内部与组织外部的沟通协调。从组织内部来说，组织内部因组织结构和工作流程稳定导致各单独投资活动的沟通协调相似度高；从组织外部来说，组织嵌入的社会网络短时间内变化很小，网络结构简单，即使投资对象的类型、行业等发生变化，组织内部依据内部已有的惯例和程序等对外部组织沟通协调的合同安排、对被投资企业的指导等也会比较相似。相对单独投资活动来说，联合投资活动因涉及多方的合作、参与，在业务流程、资金运营、人员管理、合同签订、投入产出等各方面均需要参与方针对各阶段的任务特点进行交流、选取合作方案。此外，联合投资活动各参与方构成的社会网络也更加复杂（Gulati，1998）。因此，各联合投资活动合作方的变化及投资企业在各联合投资活动所负责部分的变化，会引起组织内部和外部的沟通协调对象、方式相似度降低。

再次，从权力关系来说，投资企业各单独投资活动所带来的权力关系相似度高，各联合投资活动所带来的权力关系相似度低。每次单独投资活动的发生，企业与外部组织的关系仅仅是投资与被投资的关系，没有受到其他关系的干扰，相似度高。而每次联合投资活动的发生不仅会有投资者与被投资者的股权关系的改变，也有与合作方之间错综复杂的社会权力关系（Gulati & Singh，1998）的改变。

最后，从参与程度来说，投资企业对各单独投资活动的参与程度相似度高，对各联合投资活动的参与程度相似度低。风险投资的各单独投资活动均需企业参与投资的全部流程及环节，包括全部的尽职调查、合约安排、对创业团队的监督与指导等。但各联合投资活动的发生则因合作方的不同造成投资企业对各联合投资活动的参与环节、参与程度相似度低（Choi & Beamish，2004）。

从行为—结果的因果关系清晰程度来看，单独投资活动的行为—结果的因果关系清晰，而联合投资活动的行为—结果关系的因果关系模糊。通常情况下，组织用两种机制来应对从经验中的学习，即简单化（simplification）和专业化（specialization）。而简单化和专业化取决于有关行为—结果关系的信息的清晰程度，这就决定了组织对行为—结果的因果关系正确推断及应用的程度。首先，从惯例形成及应用来说，各单独投资活动的决策事件规模较小，惯例、程序的形成相对简单、专业化和自动化（Ellis et al.，2011），对单独投资活动得到的启示理解深刻，对单独投资经验的储存、编码更丰富和全面，对行为—结果的因果关系理解偏误较小。而各联合投资活动的惯例形成要涉及多个合作方，如政府、同行企业、公众，还要涉及不同合作方及参与流程，使基于合作角度所形成的惯例及其应用更加复杂（Homburg & Bucerius，2005；Marquis & Lounsbury，2007），造成企业对行为—结果因果关系的理解及推断偏误较大。其次，从沟通协调方面来说，单独投资的企业内部因相同的企业文化、工作背景，外部因问题的明朗化、目标一致性等使企业对单独投资活动的沟通协调简单，对经验的学习因果关系明确。而联合投资活动的合作方、组织单元和职能部门的协调活动多，相应地需要做出的决策数量、频率，以及决策间的相互依赖关系也多，因此会造成联合投资活动行为—结果间关系的高度复杂性。再次，从权力关系来说，相对单独投资活动来说，联合投资活动的权力关系、社会关系错综复杂，各种关系之间的干扰会使得企业对联合投资经验的学习变得复杂。例如，风险投资企业有可能分不清联合投资绩效的产生是因为自身能力的提高还是因为对方的高身份地位所带来的便捷所导致的，会造成企业对行为—结果关系的错误推断。最后，从企业的参与程度来说，若投资企业选择单独投资，则须参与全部的尽职调查、合约设计、创业团队监督与指导等，这些环节尽管任务不同，但是在本质上是相关的，可以产生协同效应，提供更丰富的行为—结果关系的推断信息。而若投资企业选择联合投资，则需要多方沟通，且企业会重点关注自己负责的部分任务（Blodgett，1991；Choi & Beamish，2004），对整个投资过程的控制力度减弱，所获得的关于行为—结果的信息更加模糊。

如前文所述，从相似度和因果关系清晰度来看，最初，单独投资经验对单独投资绩效有促进作用，联合投资经验对联合投资绩效有削弱作用。但组织自身经验产生正向影响的前提是适度开发（March，1991）。随着组织自身经验的积累和学习，组织能力得到提高，有利于获得核心竞争力和竞争优势，对组织有显著的正向学习效果。然而由于组织学习开发和探索的此消彼长关系，当组织过度开发自身学习经验时，会限制组织对外部新的发展机会和新知识、信息的探索，导致递减的正向学习效果。因此，随着组织单独投资经验的增多以及单独投资经验知识库和惯例的逐渐完善，组织会关注为组织单独投资带来最大化利益的单独投资经验和惯例，而这些特定的单独投资经验和惯例随着不断的重复，加深了组织关于这些惯例的记忆，从而使组织的单独投资经验知识库局限于这些特定的经验和惯例，减少了组织知识库的多样性和复杂性，使组织被强大的刚性文化所支配。已有研究表明，大量高度相似的交易有利于组织的专业化学习，但会阻碍组织从其他交易中学习（Hayward，2002）。从组织学习视角，组织学习的多少取决于组织经验的质量，并非组织经验的数量（Hayward，2002）。随着时间的推移，由于组织过度地进行开发式学习，组织关于单独投资经验的学习会变得僵化、单一和墨守成规，单独投资经验会给组织带来学习陷阱效应，从而对单独投资绩效带来负面效应。

虽然因联合投资活动间相似度低及因果关系的模糊性，联合投资经验会对联合投资活动有负面影响，但是组织学习是一个不断试错和反馈的过程（Levitt & March，1988）。首先，随着联合投资经验的积累以及初期联合投资经验学习的反馈，组织会对联合投资行为进行及时的反思，并积极地从错误中学习，重构联合投资的知识库和组织惯例，对联合投资经验的判断越来越准确，不断完善组织联合投资相关的知识体系，使得组织联合投资的运营体制和机制更加便捷有效，继而提高企业的联合投资收益。其次，随着企业联合投资经验的积累以及学习能力的提高，企业对联合投资经验的开发能力逐渐趋于稳定，从而也促进了企业对联合投资学习的探索能力，有助于企业对相关知识的学习，也会提高联合投资模式下企业的绩效。

因此，本书提出如下假设：

假设 H4 - 1a：风险投资企业单独投资经验与单独投资绩效之间呈倒"U"型关系。

假设 H4 - 1b：风险投资企业联合投资经验与联合投资绩效之间呈"U"型关系。

二、单独投资经验与联合投资绩效、联合投资经验与单独投资绩效

本书认为单独投资经验会对联合投资绩效有促进作用。首先，从相似度来说，任何学习者和学习对象之间都会同时存在某种程度的相似性和相异性（殷华方等，2011），即经验学习会有过渡情况的发生，并不是绝对的相似或相异。如企业分别采用单独投资模式和联合投资模式投资于同一产业，从投资模式的角度来看，两者具有相异性（一个是单干模式，一个是合作模式）；从被投资者角度来看，两者具有相似性（因投资对象为同一产业）。其次，从行为—结果的因果关系清晰度来说，因果关系清晰的单独投资经验有利于组织的正确推断，对信息的准确把握、学习及在联合投资活动中的泛化。如前所述，单独投资活动比联合投资活动更加简单，组织更有能力识别和理解过去行为—结果之间的因果关系。单独投资活动由于更低的复杂性和更全面更丰富的因果关系推断信息，使风险投资企业更有可能识别到行为—结果的因果关系，更新和完善组织惯例（Piaskowska et al.，2017）。这种完善的组织惯例有助于风险投资企业在更加复杂的联合投资活动中识别哪些组织惯例在新的情景中失去了效应，哪些依然有用。因此，本书认为单独投资经验有利于联合投资活动绩效的提升。

虽然联合投资活动和单独投资活动会有某种程度的相似，但联合投资经验会对单独投资活动产生负面迁移效应。首先，由于联合投资活动高度复杂的属性，联合投资活动与单独投资活动会在多方面表现出差异性，如投资活动的目标、管理流程、组织结构、合作方式、权力体系、标准化流程、争议解决机制等。其次，联合投资活动涉及多方的联盟、合作，各个阶段的运营决策等不可避免会有行为—结果因果关系分析错误的问题，会引起联合投资经验的学习、编码、知识的储存等出现错误，这会导致联合投资经验在单独投资活动中应用的错误。高复杂度的经验不仅需要更多的信息推理和解释行为—结果关系（Haunschild & Sullivan，2002），也更容易对组织之前的行为做出错误的解释（Levinthal & March，1993）。虽然组

织通过应对更加复杂的挑战可以扩充知识库、巩固知识基础及提高组织能力，但也有学者认为因组织每次面临的复杂学习机会并不是完全相同，从而不利于组织深入学习（Finkelstein & Haleblian，2002），不利于组织对其行为本质的因果关系进行深入挖掘，导致出现对行为—结果因果关系推断的错误。单独投资活动因需投资企业全程参与的特点，需要更丰富、全面的隐性知识。因此，投资企业在单独投资活动中对联合投资经验的学习会产生偏差，降低单独投资绩效。

基于上述原因，本书提出如下假设：

假设H4－2a：风险投资企业联合投资经验对单独投资绩效有负向影响。

假设H4－2b：风险投资企业单独投资经验对联合投资绩效有正向影响。

根据上述分析，本章的研究框架见图4－1。

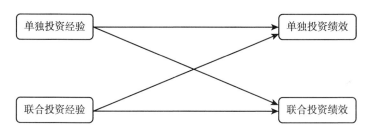

图4－1　不同属性投资经验与投资绩效研究框架

第三节　中国风险投资企业投资经验与投资绩效研究设计

一、样本与数据

本书的样本来自两大中国风险投资信息数据库——中投集团的CVSource和清科集团的Zero2IPO。这两个数据库的结构类似于美国风投行业的数据库——汤森路透（Thomson Reuters）的 VentureXpert，已有大量研究使用了该数据库（Hochberg et al.，2010；Matusik & Fitza，2012）。这两个数据库涵盖了我国风险投资企业内几乎所有投资企业的信息，本书参照前人的做法（Gu & Lu，2014）将这两个数据库的信息进行匹配以避免单个数据库带来的信息遗漏。本书使用中国境内 2000 年 1 月 1 日至 2018 年 12 月 31 日时间范围内的风险投资企业的数据。选取自 2000 年 1 月 1 日起的数据，可保证最大的样本数据量，尽可能减少样本缺失所带来的偏误。

CVSource 数据库和 Zero2IPO 数据库均提供了风险投资企业的基本信息、历年来各行业的投资事件和退出事件，因此相应的数据表有风险投资企业信息表、投资事件表和退出事件表。第一，对两个数据库中相应的原始数据按照下列流程进行处理：（1）删除投资事件表中的 PE – PIPE 样本（该样本中的被投资对象为已上市的创业企业）；（2）删除投资事件表中包含"不披露的企业名称""不公开的投资者"等信息模糊的样本；（3）删除风险投资信息表、投资事件表和退出事件表中的重复记录；（4）合并事件表中同一轮次相同风险投资企业的相关数据（有些风险投资企业使用旗下两家及两家以上基金对被投资企业进行投资，在原始样本中就表现为同一轮次中该风险投资企业出现了多次）。第二，对两个数据库的原始数据进行初步处理后，将相应的表格进行匹配，即分别对两个数据库中的风险投资企业信息表、投资事件表、退出事件表进行匹配，避免信息遗漏。第三，将匹配后的风险投资企业信息表、投资事件表、退出事件表三者进行匹配，得到最终的完整样本。第四，为保证数据匹配过程的准确性，分别选取 2001 ~ 2012 年的样本与前人研究进行对比，具体对比情况见表 4 – 1。由表 4 – 1 可知，投资事件数目多出 6.11%，投资企业数目多出 2.75%，被投资企业数目多出 9.55%。可见，这三个变量的误差较小。但因本书的退出表的时间已经更新到 2018 年 12 月 31 日，因此，2000 ~ 2012 年投资企业的投资事件的退出状态大多已得到更新，因此本书的 IPO 数目和并购数目会增长很多。总体来说，本书对于原始数据的匹配不存在重大误差。第五，考虑到各个层面对投资绩效的影响，本书的控制变量选取较多，相应的控制变量的缺失值也较多。因此，在得到三个表匹配后的最终表格，对相应的控制变量进行计算及缺失值的处理。

表4-1　　　　　　　　　　数据处理对比

名称	对比数据	本书	增加或减少百分比（%）
投资事件数目	11809	12530	6.11
投资企业数目	1418	1457	2.75
被投资企业数目	6081	6662	9.55
IPO 数目	1231	2670	116.89
并购	325	803	147.07

资料来源：Zheng Y, Xia J. Resource dependence and network relations：A test of venture Capital investment termination in China ［J］. Journal of Management Studies, 2018, 55 （2）：295 –319.

二、模型设定与变量测量

为了检验不同组织形式下投资经验对投资绩效的影响，建立如下计量模型。

当被解释变量为单独投资绩效时：

$$Perf\_alo = \beta_0 + \beta_1 Exp\_syn + \beta_i \sum Control_i + \varepsilon \qquad (4-1)$$

$$Perf\_alo = \beta_0 + \beta_1 Exp\_syn + \beta_2 Exp\_alo + \beta_3 Exp\_alo^2 + \beta_i \sum Control_i + \varepsilon$$
$$(4-2)$$

当被解释变量为联合投资绩效时：

$$Perf\_syn = \beta_0 + \beta_1 Exp\_alo + \beta_i \sum Control_i + \varepsilon \qquad (4-3)$$

$$Perf\_syn = \beta_0 + \beta_1 Exp\_alo + \beta_2 Exp\_syn + \beta_3 Exp\_syn^2 + \beta_i \sum Control_i + \varepsilon$$
$$(4-4)$$

其中，Perf_alo 为单独投资情形下，风险投资企业的投资绩效；Perf_syn 为联合投资情形下，风险投资企业的投资绩效；Exp_syn 为联合投资的经验；Exp_alo 为单独投资的经验；β_0 为常数项；β_i 为各项系数；$Control_i$ 为各控制变量；ε 为残差项。

（一）被解释变量

本章的被解释变量有两个：风险投资企业的单独投资绩效（Perf_alo）和联合投资绩效（Perf_syn），分别指的是单独投资情形下风险投资企业的投资绩效和联合投资情形下风险投资企业的投资绩效。通过前人研究可知，联合投资具有狭义和广义之分。狭义的联合投资指的是两个及两个以上风险投资企业共同投资于某一特定项目或企业的特定轮次，具有被投资对象和投资时间的限制；广义的联合投资是指两个及两个以上风险投资企业共同投资于某一特定项目或被投资企业，不受限于同一投资时间或投资轮次（Brander et al.，2002）。为保证研究的稳健和严谨，本书采用狭义的联合投资概念。同理，单独投资指的是仅有单独一个投资企业投资于某一特定项目或企业的特定轮次。

通过阅读前人的相关研究可知，已有研究对风险投资企业投资绩效的度量通常可以分为两类。第一类是风险投资企业的投资收益。主要包括账面内部收益率（IRR）和账面回报倍数（BR）两类代理变量。账面内部收益率(IRR) = (1 + BR)^(1/t) − 1，其中 t 是年化的投资期（精确到月）。账面回报倍数(BR) = (该项目的累计账面退出回报 − 累计投资金额)/累计投资金额。第二类是与退出方式有关的代理变量。由于风险投资企业的财务数据往往是非公开的，国内外众多学者就将退出方式作为投资绩效的表征。风险资本的退出有 IPO、并购、股权转让和清算等，而 IPO 和并购是风险投资企业能够获取丰厚收益的两种退出方式。因此，沿用前人的做法，本书定义 IPO 退出和并购退出为风险投资企业的成功退出。通过对样本分析可知，因大多风险投资企业对现金流数据未披露，账面内部收益率（IRR）和账面回报倍数（BR）数据缺失严重，为避免样本缺失造成的估计偏误，本书沿用前人的做法，选取与退出方式有关的代理变量对投资绩效进行表征。

本书选取投资企业的退出速度（Exitpace）作为投资绩效的代理变量。退出速度的计算方法：若投资企业在样本观察期内成功退出，退出速度 = （成功退出日期 − 首次投资日期）÷ 365；若投资企业在样本观察期内未退出，退出速度 = (样本观察期截止时间 − 首次投资日期) ÷ 365。采用滚动时间窗，以 4 年为一个时间窗，用 t + 1 ~ t + 4 年为时间窗观测风险投资企业退出速度（Exitpace）。选用 2004 年 1 月 1 日至 2014 年 12 月 31 日的中国风险投资企业的投资数据作为样本，留有 2015 年 1 月 1 日至 2018 年 12 月 31 日 4 年时间来观察投资结果。

（二）解释变量

本章的解释变量有两个，分别是风险投资企业的单独投资经验（Exp_alo）和联合投资经验（Exp_syn）。联合投资经验（Exp_syn）为截止样本观察年前一年风险投资企业所参与过的联合投资次数，该处的联合投资取狭义联合投资概念。单独投资经验（Exp_alo）为截止样本观察年前一年风险投资企业所参与过的单独投资次数。

（三）控制变量

在已有研究的基础上，本章对以下变量进行了控制：（1）投资企业年龄（Age），指的是风险投资企业从成立到投资事件发生时的总年数。（2）投资企业规模（Size），以投资企业管理资金加 1 的对数作为投资企业规模的代理变量。（3）资金来源（Fund），样本中风险投资资金来源有三种：中资、外资、合资，分别取值为 1、2、3。（4）当年投资数（Num_year），投资企业在样本观察年所投资的总轮数。（5）后向 5 年投资数（Num_5year），投资企业在样本观察年的前 5 年（包括当年）的总投资轮数。（6）融资企业所处地理位置（Pc_location）。当融资企业位于信息流动快、资源充沛、市场相对成熟、技术卓越的北京、上海、广州等时，融资企业的发展前景相对较好，也较易上市，即风险投资企业较易成功退出。因此当融资企业位于北京、上海、广州时，将 Pc_location 设定为 1，反之为 0。（7）本土 VC 可用性（local VC availability，Local_VC），沿用前人的做法，计算同一省份中风险投资企业的数量，将其作为控制变量。（8）地理邻近（geographic proximity，GeoPro），借鉴学者的做法，本章构造了虚拟变量地理邻近，即当投资企业和被投资企业在同一省份时，将 GeoPro 设定为 1，反之为 0。（9）是否为高科技行业（High_ind），当风险投资企业所处行业为电子、医药生物和信息技术时，将 High_ind 定义为 1，其余为 0，行业类别按照证监会对风险投资企业所属行业进行划分。（10）退出条件。勒纳（Lerner，1994）指出，投资企业会选择更好的市场条件退出。因此，本书采用退出条件变量来控制资本市场波动对风险投资企业投资绩效的影响。为保证研究结果的稳健性，本书同时控制了投资当年的退出条件（Exit_year）和后向 4 年窗口的退出条件（Exit_4year）。沿用学者的做法，投资当年的退出条件（Exit_year）计算方式为：若风险投资企业通过 IPO 和并购退出投资，则使用其退出时所在年份的 IPO 和并购退出总数度量；对没有通过 IPO 和并购退出的投资，则使用从投资年至样本观察截止年年度平均 IPO 和并购退出总数度量（Nahata，2008）。同理，后向 4 年窗口的退出条件（Exit_4year）计算方式为：若风险投资企业在 4 年时间窗内通过 IPO 和并购退出投资，则使用其退出时所在时间窗的 IPO 和并购退出总数度量；对没有在时间窗通过 IPO 和并购退出的投资，则使用从投资活动所在时间窗至样本观察截止年的所有时间窗平均 IPO 和并购退出总数度量。（11）行业虚拟变量（industry）。本书按照证监会对风险投资所属行业进行分类，并构造相应的虚拟变量。（12）时间虚拟变量（Year），控制风险投资在时间维度上的变化和外部宏观经济环境的变化。

综上所述，本章研究设计的主要核心变量、测量及说明可以归纳为表 4 -2。

表 4 -2　　　　　　　　　投资经验与投资绩效变量定义

变量名称	英文代码	测量及说明
被解释变量		
联合投资绩效	Perf_syn	在联合投资情况下，风险投资企业的投资绩效，用退出速度（Exitpace）进行测量
单独投资绩效	Perf_alo	在单独投资情况下，风险投资企业的投资绩效，用退出速度（Exitpace）进行测量
解释变量		
联合投资经验	Exp_ally	截止样本观察年前一年风险投资企业所参与过的联合投资次数，该处的联合投资取狭义联合投资概念

变量名称	英文代码	测量及说明
单独投资经验	Exp_alone	截止样本观察年前一年风险投资企业所参与过的单独投资次数
控制变量		
投资企业年龄	Age	从投资企业成立到投资项目时的总年数
投资企业规模	Size	ln（管理资金 +1）
资金来源	Fund	样本中风险投资资金来源有三种：中资、外资、合资，分别取值为 1、2、3
当年投资数	Num_year	投资企业在样本观察年所投资的总轮数
后向 5 年投资数	Num_5year	投资企业在样本观察年的前 5 年（包括当年）的总投资轮数
融资企业所处地理位置	Pc_location	当融资企业处于北京、上海、广州时，取值为 1，其他为 0
本土 VC 可用性	Local_VC	同一省份中风险投资企业的数量
地理邻近	GeoPro	当投资企业和被投资企业在同一省份时，将 GeoPro 设定为 1，反之为 0
是否为高科技行业	High_ind	当风险投资企业所处行业为电子、医药生物和信息技术时，将 High_ind 定义为 1，其余为 0
当年的退出条件	Exit_year	若风险投资企业通过 IPO 和并购退出投资，则使用其退出时所在年份的 IPO 和并购退出总数度量；对没有通过 IPO 和并购退出的投资，则使用从投资年至样本观察截止年年度平均 IPO 和并购退出总数度量
后向 4 年窗口的退出条件	Exit_4year	若风险投资企业在 4 年时间窗内通过 IPO 和并购退出投资，则使用其退出时所在时间窗的 IPO 和并购退出总数度量；对没有在时间窗通过 IPO 和并购退出的投资，则使用从投资活动所在时间窗至样本观察截止年的所有时间窗平均 IPO 和并购退出总数度量

三、U 型关系检验

由于本章假设的主效应涉及"U"型或倒"U"型关系，为保证研究的科学性和可靠性，本章采用学者提出的证实"U"型关系的三步法（Haans et al.，2016；Lind & Mehlum，2010）对假设中的"U"型和倒

"U"型进行检验。具体模型及检验步骤如下：

$$Y = \beta_0 + \beta_1 X + \beta_2 X^2 \qquad (4-5)$$

在公式（4-5）中，β_2 显著且为负值就意味着倒"U"型关系，显著且为正值则意味着"U"型关系。有学者指出，仅 β_2 系数显著为正并不能够充分证实样本中的"U"型关系，为保证研究的科学稳健性，应采用三步法（Lind & Mehlum，2010）。第一，β_2 显著为正值。第二，自变量 X 在相应取值范围内两端的斜率应足够陡峭。换言之，如果用 X_L 表示 X 取值的低（尾）端部分，X_H 表示高端部分，那么第二个条件应该是要保证：$\beta_1 + 2\beta_2 X_H$ 的值显著且为正，而 $\beta_1 + 2\beta_2 X_L$ 的值显著且为负。第三，"U"型曲线的转折点（turning point）必须位于 X 的样本数据变化范围之内。这个条件的检验可以通过如下方法：通过公式（4-5）产生拐点的对应 X 值 $-\beta_1/2\beta_2$，在科学的置信水平上落在 X 的数据范围内。只有同时满足上述三个条件，才能推断出 X 与 Y 之间存在"U"型关系。同理，可推导出证实倒"U"型的三个条件：一是 β_2 必须显著且为负值；二是 $\beta_1 + 2\beta_2 X_H$ 的值显著且为负，$\beta_1 + 2\beta_2 X_L$ 的值显著且为正；三是拐点的对应 X 值 $-\beta_1/2\beta_2$ 在一定的置信水平落在 X 的样本数据变化范围内。

第四节 中国风险投资企业投资经验 与投资绩效研究结果与分析

一、描述性统计与相关性分析

表4-3和表4-4分别是被解释变量为单独投资绩效和联合投资绩效时的核心变量描述性统计表。由表4-3可知，当投资企业采取单独投资时，有效观测值为1428个，退出速度（Exitpace）的均值为3.19，标准差为4.33，说明单独投资绩效的样本差异性较大。在单独投资的样本中，单独投资经验（Exp_alo）的均值为10.89，标准差为23.68，最小值为0，最

大值为299，联合投资经验（Exp_syn）的均值为7.04，标准差为15.43，最小值为0，最大值为161，说明该样本中投资企业的单独投资经验和联合投资经验的差异也较大。

表4－3　　　　　　因变量为单独投资绩效时的变量描述性统计

变量	观测值	Mean	Std. Dev.	Min	Max
Exitpace	1428	3.19	4.33	0	19.98
Exp_alo	1428	10.89	23.68	0	299
Exp_syn	1428	7.04	15.43	0	161
Age	1428	10.11	15.04	0	148
Size	1428	6.28	1.02	2	7.37
Fund	1428	1.31	0.51	1	3
Num_year	1428	5.64	13.13	1	381
Num_5year	1428	16.57	27.98	1	399
Pc_location	1428	0.06	0.24	0	1
Local_VC	1428	432.40	277.17	0	725
Geopro	1428	0.53	0.22	0	1
High_ind	1428	0.46	0.49	0	1
Exit_year	1428	115.02	72.10	26	263
Exit_4year	1428	476.20	240.93	53	841

表4－4　　　　　　因变量为联合投资绩效时的变量描述性统计

变量	观测值	Mean	Std. Dev.	Min	Max
Exitpace	1838	2.97	3.82	0	19.98
Exp_alo	1838	6.70	13.86	0	269
Exp_syn	1838	6.83	10.53	0	133
Age	1838	8.65	12.95	0	147
Size	1838	6.12	1.15	2.3	7.37
Fund	1838	1.31	0.50	1	3
Num_year	1838	3.64	5.96	1	111
Num_5year	1838	10.21	22.24	1	460
Pc_location	1838	0.11	0.32	0	1
Local_VC	1838	419.15	283.31	0	725
Geopro	1838	0.06	0.24	0	1
High_ind	1838	0.46	0.50	0	1
Exit_year	1838	116.28	74.45	26	263
Exit_4year	1838	418.71	244.31	26	841

由表4-4可知，当投资企业采取联合投资时，有效观测值为1838个，退出速度（Exitpace）的均值为2.97，标准差为3.82，说明联合投资绩效的样本差异性较大。在联合投资的样本中，单独投资经验（Exp_alo）的均值为6.70，标准差为13.86，最小值为0，最大值为269，联合投资经验（Exp_syn）的均值为6.83，标准差为10.53，最小值为0，最大值为133，说明该样本中投资企业的单独投资经验和联合投资经验的差异也较大。与单独投资相比，联合投资样本中，单独投资经验和联合投资经验的均值均降低，样本的差异化进一步凸显。

表4-5和表4-6分别是被解释变量为单独投资绩效和联合投资绩效时的变量相关系数矩阵及VIF。由表4-5可知，当被解释变量为单独投资绩效时，单独投资经验、联合投资经验与退出速度之间均表现为显著的正相关关系。当被解释变量为单独投资绩效时，各变量的方差膨胀因子（VIF）均小于阈值10，说明模型估计不会受到多重共线性的干扰。由表4-6可知，当被解释变量为联合投资绩效时，单独投资经验、联合投资经验与退出速度之间均表现为显著的正相关关系。当被解释变量为联合投资绩效时，各变量的方差膨胀因子（VIF）均小于阈值10，说明模型估计不会受到多重共线性的干扰。

二、回归结果与分析

（一）初步回归结果

表4-7报告了本研究的初步回归结果。模型1、模型2是投资绩效为单独投资绩效时的回归结果，模型3、模型4是投资绩效为联合投资绩效时的回归结果。四个模型的投资绩效均选用了退出速度（Exitpace）为代理变量。

由表4-7中模型1至模型4中的异方差检验Wald Test的估计结果可知，这4个模型均在1%的水平上显著存在异方差，因此，选用FGLS可以有效修正因异方差产生的估计偏误。模型1至模型4的Wald chi2统计量均在1%的水平显著，说明各估计模型设定良好。

表 4－5　因变量为单独投资绩效时的变量相关系数矩阵及 VIF

变量	1	2	3	4	5	6	7	8	9	10	11	12	13	14
Exitpace	1													
Exp_alo	0.201***	1												
Exp_syn	0.196***	0.853***	1											
Age	−0.123***	0.214***	0.265***	1										
Size	−0.005	0.079***	0.085***	0.010	1									
Fund	0.025	0.211***	0.309***	0.397***	0.051*	1								
Num_year	0.189***	0.376***	0.343***	0.053*	0.035	0.062**	1							
Num_5year	0.343***	0.571***	0.541***	0.142***	0.051*	0.154***	0.776***	1						
Pc_location	−0.060**	0.001	0.015	−0.001	−0.013	0.021	−0.012	−0.024	1					
Local_VC	0.074***	−0.013	−0.037	−0.318***	−0.022	−0.306***	0.044	0.019	0.037	1				
Geopro	−0.023	−0.096***	−0.097***	−0.088***	0.008	−0.130***	−0.034	−0.068**	0.468***	−0.007	1			
High_ind	0.096***	0.091***	0.072***	−0.029	0	0.047	0.045*	0.071***	−0.021	−0.006	−0.042	1		
Exit_year	0.039	0.086***	0.109***	−0.031	0.095***	0.068**	−0.034	−0.061**	0.143***	−0.058**	0.173***	−0.114***	1	
Exit_4year	−0.026	0.254***	0.248***	0.120***	0.057*	0.107***	0.048	0.202***	−0.015	−0.041	−0.006	−0.012	0.191***	1
VIF	1.29	3.57	3.61	1.33	1.01	1.34	2.72	3.82	1.31	1.22	1.34	1.04	1.16	1.19

注：*、**、***分别表示10%、5%、1%的显著性水平。

表 4—6　　　　　　　　　　因变量为联合投资绩效时的变量相关系数矩阵及 VIF

变量	1	2	3	4	5	6	7	8	9	10	11	12	13	14
Exitpace	1													
Exp_alo	0.087***	1												
Exp_syn	0.061**	0.836***	1											
Age	-0.103***	0.206***	0.237***	1										
Size	-0.023	0.122***	0.112***	0.120***	1									
Fund	0.023	0.262***	0.342***	0.398***	0.113***	1								
Num_year	0.196***	0.459***	0.439***	0.135***	0.030	0.131***	1							
Num_5year	0.201***	0.484***	0.452***	0.152***	0.045*	0.126***	0.862***	1						
Pc_location	-0.082***	0.080***	0.089***	0.036	0.023	0.104***	-0.067***	-0.059**	1					
Local_VC	0.082***	-0.046*	-0.064***	-0.292***	-0.011	-0.301***	0.044*	0.031	0.001	1				
Geopro	-0.015	-0.037	-0.044*	-0.081***	0.012	-0.075***	-0.059***	-0.052***	0.385***	0.031	1			
High_ind	-0.010	0.090***	0.082***	0.045*	0	0.147***	0.080***	0.085***	0.017	-0.001	-0.066***	1		
Exit_year	0.054**	0.051**	0.054*	-0.045*	0.100***	0.025	-0.055**	-0.066***	0.135***	-0.012	0.196***	-0.199***	1	
Exit_4year	-0.131***	0.220***	0.199***	0.198***	0.128***	0.107***	0.154***	0.197***	-0.039	-0.103***	-0.007	-0.013	0.216***	1
VIF	1.16	3.2	3.21	1.3	1.04	1.39	3.9	4.07	1.28	1.23	1.27	1.08	1.18	1.23

注：*、 **、 ***分别表示10%、5%、1%的显著性水平。

表4－7 投资经验与投资绩效关系的初步回归结果（FGLS）

变量	单独投资绩效（Exitpace）		联盟投资绩效（Exitpace）	
	1	2	3	4
Exp_syn	0.3233 (0.1282)	0.1466 (0.1230)	−0.3572 *** ·(0.0231)	−0.4191 *** (0.0332)
Exp_syn^2				0.0848 *** (0.0236)
Exp_alo	0.1334 *** (0.0253)	0.6202 (0.2415)	0.4146 *** (0.0158)	0.3112 *** (0.0200)
Exp_alo^2		0.2592 (0.1151)		
Age	−0.0308 *** (0.0015)	−0.0327 *** (0.0018)	−0.0196 *** (0.0014)	0.0115 (0.0117)
Size	0.0025 (0.0114)	0.0375 *** (0.0079)	0.0045 (0.0028)	0.6801 *** (0.0738)
Fund	0.6227 *** (0.0254)	0.5816 *** (0.0620)	0.9277 *** (0.0366)	−0.0044 (0.0114)
Num_year	−0.0437 *** (0.0052)	−0.0342 *** (0.0071)	0.0065 (0.0041)	0.0296 *** (0.0030)
Num_5year	0.0609 *** (0.0013)	0.0491 *** (0.0032)	0.0497 *** (0.0030)	−0.7591 *** (0.0732)
Pc_location	−0.8169 *** (0.1638)	−1.0815 *** (0.1360)	−0.9266 *** (0.0616)	0.0005 *** 0.0000
Local_VC	0.0003 *** (0.0001)	0.0003 *** 0.0000	0.0006 *** 0.0000	0.4486 *** (0.0494)
Geopro	0.4454 *** (0.0673)	0.4758 *** (0.1153)	0.3115 *** (0.0225)	0.1359 * (0.0737)
High_ind	0.3003 *** (0.0608)	0.2876 *** (0.0691)	0.042 (0.0338)	0.0195 *** (0.0010)
Exit_year	0.0381 (0.0501)	0.0323 (0.0504)	0.0030 *** (0.0010)	−0.0070 *** (0.0001)
Exit_4year	−0.0039 *** (0.0001)	−0.0035 *** (0.0001)	−0.0040 *** 0.0000	−0.0038 *** 0.0000

续表

变量	单独投资绩效（Exitpace）		联盟投资绩效（Exitpace）	
	1	2	3	4
行业效应	Yes	Yes	Yes	Yes
年份效应	Yes	Yes	Yes	Yes
cons	0.7082 (1.8553)	1.125 (1.8658)	1.3748 *** (0.0630)	1.6388 *** (0.1253)
Wald 检验 P 值	0.00	0.00	0.00	0.00
Wald chi2	26901.13 ***	71251.91 ***	224495.20 ***	46660.92 ***
N	1428	1428	1838	1838

注：对 Exp_alo 和 Exp_syn 进行了对数化处理；*、**、*** 分别表示 10%、5%、1% 的显著性水平，回归系数下方括号内的数值为 z 值。

假设 H4 - 2a 预期因联合投资经验的高度复杂属性带来的因果模糊性会导致经验学习的偏差及在单独投资活动中的运用。由表 4 - 7 中模型 1 可知，联合投资经验与单独投资退出速度为不显著正相关关系（β = 0.3233），假设 H4 - 2a 未得到支持；假设 H4 - 1a 预期单独投资的企业因单独投资经验的相似性会在初期对单独投资绩效产生正面影响，但随着对单独投资经验的过度开发学习，会使单独投资经验的学习逐渐僵化，从而对单独投资绩效带来负面影响。由模型 2 可知，单独投资经验单次项与单独投资退出速度为不显著正相关关系（β = 0.6202），单独投资经验平方项与单独投资退出速度为不显著正相关关系（β = 0.2592），假设 H4 - 1a 未得到支持。假设 H4 - 2b 预期因单独投资经验的因果关系简单，更有利于投资企业经验学习的深入挖掘，从而有利于投资企业联合投资绩效的提升。由模型 3 可知，单独投资经验与联合投资退出速度为显著正相关关系（β = 0.4146，p < 1%），假设 H4 - 2b 得到支持。假设 H4 - 1b 预期联合投资企业因联合投资经验的复杂性导致行为—结果的模糊性，因此会在初期导致负面的迁移效果，而随着经验的积累及学习能力的提升，会在后期为联合投资绩效带来正面的迁移效果。由模型 4 可知，联合投资经验单次项与联合投资退出速度为显著负相关关系（β = - 0.4191，p < 1%），联合投资经验平方项与联合投资退出速度为显著正相关关系（β = 0.0848，p < 1%），假设

H4 - 1b 得到初步验证，还需对倒 U 型关系进行进一步检验。

（二）U 型检验

如前所述，为确保模型的有效性及稳健性，进一步采用三步法对表 4 - 7 中模型 4 的倒"U"型进行进一步检验，具体检验结果见表 4 - 8。

表 4 - 8　　　　　　初步回归结果中的"U"型检验

被解释变量	联合投资绩效
	Exitpace
X_1 slope	- 0. 4190 *** （ - 12. 6136）
X_h slope	0. 4111 ** （1. 9805）
Appropriate u test	1. 98 **
Turning point	2. 4722
90% Fieller confidence interval	［1. 8350；4. 1450］

注：* 、** 、*** 分别表示 10% 、5% 、1% 的显著性水平，回归系数下方括号内的数值为 z 值。

由表 4 - 8 可知，在联合投资经验与联合投资绩效的"U"型关系检验中，自变量的低端斜率为 - 0. 4190，在 1% 的统计水平显著，高端斜率为 0. 4111，在 5% 的统计水平显著；倒"U"型曲线拐点为 2. 4722，落在 90% Fieller 置信区间 ［1. 8350；4. 1450］ 内；倒"U"型适用性检验为 1. 98，在 5% 的统计水平显著，说明联合投资经验与联合投资绩效的"U"型关系成立。此时，假设 H4 - 1b 得到支持。

综上所述，假设 H4 - 1b 和假设 H4 - 2b 得到实证支持，假设 H4 - 1a 和假设 H4 - 2a 未得到实证支持。

三、稳健性检验

目前大量研究中通常采用两种方法对研究结果进行稳健性检验：一是

改变回归模型，用以克服由于模型设定所带来的估计偏误；二是改变被解释变量的度量方法，用以降低由于代理变量选用而产生的估计偏误。本章采用这两种方法对相关假设进行稳健性检验。

（一）改变回归模型

系统广义矩估计（systerm generalized method of moments，S-GMM）作为被众多学者采用的方法，可以识别和解决内生性问题，将因变量的滞后一期放入回归中，体现上一期的因变量对当期的影响，还可以解决每个截面个体的扰动项存在的异方差和序列相关性。本书采用系统广义矩估计（S-GMM）对模型进行稳健性检验，最终回归结果见表4-9。模型1、模型2是投资绩效为单独投资绩效时的回归结果，模型3、模型4是投资绩效为联合投资绩效时的回归结果。四个模型的投资绩效均选用了退出速度（Exitpace）为代理变量。

表4-9　　　　投资经验与投资绩效关系的回归结果（S-GMM）

变量	单独投资绩效（Exitpace）		联合投资绩效（Exitpace）	
	1	2	3	4
Exitpace 滞后一期	0.0916 ** (0.0327)	0.8675 ** (0.0513)	0.5124 (0.5576)	0.2221 * (0.0531)
Exp_syn	0.1299 (0.1369)	0.0571 (0.1334)	−0.1789 (0.4515)	−0.7647 *** (0.1340)
Exp_syn^2				0.0671 ** (0.0508)
Exp_alo	0.6416 ** (0.2704)	0.2692 (0.2309)	0.3381 (1.0932)	0.7841 ** (0.3565)
Exp_alo^2		−0.1301 (1.0708)		
Age	−0.0108 * (0.0063)	−0.0121 ** (0.0056)	−0.0177 *** (0.0033)	−0.0178 *** (0.0032)
Size	−0.1467 (0.1352)	−0.1618 (0.1346)	0.1065 *** (0.0207)	0.1085 *** (0.0195)
Fund	−0.2621 (0.2687)	−0.1062 (0.3072)	−0.3356 ** (0.1634)	−0.3814 ** (0.1668)

续表

变量	单独投资绩效（Exitpace）		联合投资绩效（Exitpace）	
	1	2	3	4
Num_year	0.0976 *** （0.0274）	0.0985 *** （0.0285）	0.1202 *** （0.0452）	0.1227 *** （0.0450）
Num_5year	− 0.0444 *** （0.0120）	− 0.0544 *** （0.0139）	− 0.0135 （0.0153）	− 0.022 （0.0171）
Pc_location	− 0.4946 * （0.2527）	− 0.5641 ** （0.2608）	− 0.1169 （0.1203）	− 0.1127 （0.1204）
Local_VC	− 0.0008 * （0.0004）	− 0.0007 （0.0004）	− 0.0003 * （0.0002）	− 0.0004 * （0.0002）
Geopro	0.8038 *** （0.2187）	0.8866 *** （0.2203）	0.7642 *** （0.0885）	0.7527 *** （0.0890）
High_ind	− 1.0594 （0.6796）	− 0.8046 （0.6789）	− 1.3609 *** （0.1790）	− 1.3749 *** （0.1728）
Exit_year	0.0054 *** （0.0018）	0.0047 ** （0.0024）	− 0.001 （0.0016）	− 0.0007 （0.0017）
Exit_4year	0.0005 （0.0004）	0.0007 * （0.0004）	0 （0.0002）	0.0002 （0.0003）
行业效应	Yes	Yes	Yes	Yes
年份效应	Yes	Yes	Yes	Yes
cons	5.7612 *** （1.2393）	5.6911 *** （1.2452）	5.0946 *** （0.4278）	5.1222 *** （0.4374）
Wald chi2 统计量	11054.35 ***	19938.70 ***	3114.29 ***	9928.73 ***
AR（1）	− 1.8121	− 1.8011	− 1.7821	− 1.8933
AR（1）P 值	0.0765	0.0768	0.0798	0.0499
AR（2）	− 1.5221	0.2622	1.1122	1.3164
AR（2）P 值	0.1745	0.8119	0.2835	0.2842
Sargan 检验值	38.5135	37.9818	33.3861	33.8236
Sargan 检验P 值	0.9996	0.9997	1	1
N	1222	1222	1625	1625

注：（1） *、**、*** 分别表示10%、5%、1%的显著性水平；（2）回归系数下方括号内的数值为z值；（3）AR（1）的原始假设为"差分后的残差项不存在一阶序列相关"；（4）AR（2）的原始假设为"差分后的残差项不存在二阶序列相关"。

由模型 1 可知，联合投资经验与单独投资退出速度为不显著正相关关系（$\beta = 0.1299$），假设 H4 - 2a 未得到支持；由模型 2 可知，单独投资经验单次项与单独投资退出速度为不显著正相关关系（$\beta = 0.2692$），单独投资经验平方项与单独投资退出速度为不显著负相关关系（$\beta = -0.1301$），假设 H4 - 1a 未得到支持。由模型 3 可知，单独投资经验与联合投资退出速度为不显著正相关关系（$\beta = 0.3381$），假设 H4 - 2b 得到部分支持；由模型 4 可知，联合投资经验单次项与联合投资退出速度为显著负相关关系（$\beta = -0.7647$，$p < 1\%$），联合投资经验平方项与联合投资退出速度为显著正相关关系（$\beta = 0.0671$，$p < 5\%$），假设 H4 - 1b 得到初步验证，还需对倒 U 型关系进行进一步检验。

对表 4 - 9 中模型 4 中联合投资经验与联合投资绩效的"U"型关系检验结果见表 4 - 10。由表 4 - 10 可知，在联合投资经验与联合投资绩效的"U"型关系检验中，自变量的低端斜率为 - 0.2691，在 1% 的统计水平显著，高端斜率为 1.2146，在 5% 的统计水平显著；倒"U"型曲线拐点为 1.0346，落在 90% Fieller 置信区间 [0.9918；1.8525] 内；倒"U"型适用性检验为 1.17，在 5% 的统计水平显著，说明联合投资经验与联合投资绩效的"U"型关系成立。此时，假设 H4 - 1b 得到稳健支持。

表 4 - 10　　　改变回归模型后投资经验与投资绩效的"U"型检验

被解释变量	联合投资绩效
	Exitpace
X_1 slope	- 0.2691 *** (- 3.8501)
X_h slope	1.2146 ** (1.8576)
Appropriate u test	1.17 **
Turning point	1.0346
90% Fieller confidence interval	[0.9918；1.8525]

注：*、**、*** 分别表示 10%、5%、1% 的显著性水平，回归系数下方括号内的数值为 z 值。

（二）替代变量法

本章采用时间窗内投资企业成功退出的数量（Perfor）作为投资绩效的代理变量进行稳健性检验，选用 Wald Test 进行组间异方差的检验，若存在异方差，仍选用能有效解决大样本中异方差问题的广义最小二乘法（FGLS）。替代变量后投资经验与投资绩效关系的回归结果见表 4 - 11。模型 1、模型 2 是投资绩效为单独投资绩效时的回归结果，模型 3、模型 4 是投资绩效为联合投资绩效时的回归结果。

表 4 - 11　　　　替代变量后投资经验与投资绩效关系的回归结果

变量	单独投资绩效（Perfor）		联盟投资绩效（Perfor）	
	1	2	3	4
Exp_syn	0.5761 (0.0057)	0.5742 (0.0048)	- 0.6454 *** (0.0213)	- 0.5153 *** (0.0251)
Exp_syn^2				0.2953 *** (0.0189)
Exp_alo	0.0517 * (0.0311)	0.3075 (0.1312)	0.3508 *** (0.0122)	0.0752 *** (0.0141)
Exp_alo^2		0.0544 (0.0325)		
Age	0.0356 *** (0.0022)	0.0267 *** (0.0029)	0.0886 *** (0.0024)	0.0648 *** (0.0030)
Size	0.0666 *** (0.0112)	0.0566 *** (0.0073)	- 0.1031 *** (0.0037)	- 0.0605 *** (0.0031)
Fund	- 0.7249 *** (0.0375)	- 0.4410 *** (0.0342)	- 0.9800 *** (0.0462)	- 0.8280 *** (0.0363)
Num_year	0.0134 *** (0.0050)	- 0.0016 (0.0041)	0.0693 *** (0.0057)	0.0502 *** (0.0037)
Num_5year	0.0099 *** (0.0033)	0.0036 ** (0.0014)	0.0195 *** (0.0040)	0.0108 *** (0.0029)
Pc_location	1.4239 *** (0.1232)	1.3719 *** (0.1243)	1.0876 *** (0.0322)	1.1230 *** (0.0364)

续表

变量	单独投资绩效（Perfor）		联盟投资绩效（Perfor）	
	1	2	3	4
Local_VC	0.0007 ***	0.0005 ***	0.0009 ***	0.0007 ***
	(0.0001)	(0.0000)	0.0000	0.0000
Geopro	0.4701 ***	0.5661 ***	0.8097 ***	0.8837 ***
	(0.0958)	(0.1219)	(0.0361)	(0.0539)
High_ind	0.0045	−0.0397	−0.6046 ***	−0.4152 ***
	(0.0722)	(0.0451)	(0.0370)	(0.0424)
Exit_year	0.0068	0.0006	0.0174 ***	0.0106 ***
	(0.0091)	(0.0061)	(0.0045)	(0.0013)
Exit_4year	0.0009 ***	0.0006 ***	0.0004 ***	0.0008 ***
	(0.0001)	(0.0000)	(0.0000)	(0.0000)
行业效应	Yes	Yes	Yes	Yes
年份效应	Yes	Yes	Yes	Yes
cons	−0.9268 ***	−0.4943 **	−0.2301	0.1152 *
	(0.3541)	(0.2357)	(0.1784)	(0.0677)
Wald 检验 P 值	0.00	0.00	0.00	0.00
Wald chi2	1412.74 ***	2199.30 ***	27497.93 ***	4072.94 ***
N	1428	1428	1838	1838

注：对 Exp_alo 和 Exp_syn 进行了对数化处理；*、**、*** 分别表示 10%、5%、1% 的显著性水平，回归系数下方括号内的数值为 z 值。

表 4-11 中四个模型的投资绩效均选用了时间窗内投资企业成功退出的数量（Perfor）为代理变量。由模型 1~模型 4 中的异方差检验 Wald Test 的估计结果可知，这 4 个模型均在 1% 的水平上显著存在异方差，因此，选用 FGLS 可以有效修正因异方差产生的估计偏误。模型 1~模型 4 的 Wald chi2 统计量均在 1% 的水平显著，说明各估计模型设定良好。

由模型 1 可知，联合投资经验与单独投资退出数量为不显著正相关关系（β=0.5761），假设 H4-2a 未得到支持；由模型 2 可知，单独投资经验单次项与单独投资退出数量为不显著正相关关系（β=0.3075），单独投资经验平方项与单独投资退出数量为不显著正相关关系（$\beta = 0.0544$），假设 H4 – 1a 未得到支持。由模型 3 可知，单独投资经验与联合投资退出数量为显著正相关关系（$\beta = 0.3508$，$p < 1\%$），假设 H4 – 2b 得到支持；由模型 4 可知，联合投资经验单次项与联合投资退出数量为显著负相关关系（$\beta = -0.5153$，$p < 1\%$），联合投资经验平方项与联合投资退出数量为显著正相关关系（$\beta = 0.2953$，$p < 1\%$），假设 H4 – 1b 得到初步验证，还需对倒"U"型关系进行进一步检验。

对表 4 – 11 中模型 4 中联合投资经验与联合投资绩效的"U"型关系检验结果见表 4 – 12。由表 4 – 12 可知，在联合投资经验与联合投资绩效的"U"型关系检验中，自变量的低端斜率为 – 0.5152，在 1% 的统计水平显著，高端斜率为 2.3775，在 1% 的统计水平显著；倒"U"型曲线拐点为 0.8724，落在 90% Fieller 置信区间［0.8237；0.9283］内；倒"U"型适用性检验为 14.40，在 1% 的统计水平显著，说明联合投资经验与联合投资绩效的"U"型关系成立。此时，假设 H4 – 1b 得到稳健支持。

表 4 – 12　　　　替代变量后投资经验与投资绩效关系的 U 型检验

被解释变量	联合投资绩效
	Perfor
X_l slope	– 0.5152 *** （– 20.5543）
X_h slope	2.3775 *** （14.3969）
Appropriate u test	14.40 ***
Turning point	0.8724
90% Fieller confidence interval	［0.8237；0.9283］

注：*、**、*** 分别表示 10%、5%、1% 的显著性水平，回归系数下方括号内的数值为 z 值。

总体而言，采用改变回归模型和替代变量法的稳健性检验，均得到与前文一致的结论，联合投资经验与联合投资绩效之间为"U"型关系，单独投资经验对联合投资绩效有促进作用。

第五节 中国风险投资企业投资经验
与投资绩效研究结论

和已有文献对经验与绩效关系的研究不同，本章关注了组织形式的转化中组织经验对绩效的作用。以2000年1月1日~2018年12月31日中国风险投资企业为样本，对作为组织内部知识、信息和资源来源通道的投资经验属性进行划分，探讨了单独投资和联合投资下的经验对投资绩效的作用机理。由组织经验学习的相似—相异框架可知，组织学习效果取决于学习者和学习对象之间的相似程度以及经验中的行为—结果关系的明确程度。研究结果表明，不同的组织形式下组织经验对组织绩效有多种影响。主要结论如下。

第一，联合投资经验与联合投资绩效之间为"U"型关系。由于联合投资活动的高度复杂属性，各联合投资表面的相似性会掩盖两者本质上的差异性，从而对联合投资活动产生经验误用，继而负向影响联合投资绩效。但随着经验的积累及联合投资活动的学习反馈，联合投资经验会给联合投资带来经验反思效应，导致联合投资活动绩效的边际效应上升。

第二，单独投资经验对联合投资活动有促进作用。单独投资由于更低的复杂性和更全面、丰富的因果关系推断信息，会为联合投资活动提供有价值的信息，促进联合投资活动绩效的提升。

基于以上的研究结论，对不同组织形式下经验的学习有如下启示：首先，不同组织形式的经验学习皆不容忽视。组织在学习经验时，不仅应注意到单干模式下的组织经验，还要注意合作模式下的组织经验。其次，正确区别对待不同组织形式的经验学习。若想从不同组织形式的经验中得到经验学习效应，提高组织的绩效，必须提高组织的甄别能力、开发能力、学习能力，对有价值的经验进行甄别，从而有针对性地进行开发和学习。最后，全面学习不同类型的经验，但也要有学习的重点，正确识别并合理运用组织经验，才能提升组织的经验学习效应。

 第五章

中国风险投资企业关系嵌入
与投资绩效

本章主要研究中国风险投资企业关系嵌入与投资绩效的关系。以中国风险投资企业为研究对象，首先从理论层面探讨关系嵌入对投资绩效的作用机理；其次从投资经验、网络密度及其交互关系入手，对其在关系嵌入与投资绩效之间关系的调节效应进行理论分析；再次通过建立数据模型对样本进行实证研究；最后对研究结果进行分析讨论。

第一节　问题提出

战略联盟已成为组织在竞争激烈及不确定性风险高的环境下取得竞争优势和获取有利竞争位置的重要战略选择。尤其是在风险投资领域，战略联盟非常普遍（Lerner，1994；Wright & Lockett，2003）。研究发现，联盟战略是风险投资企业获取资源、分担风险、共享信息、降低成本、提高可靠性等的重要方式（Hochberg et al.，2010；Guler & Guillén，2010）。因此战略联盟是风险投资企业预防、分散、降低战略风险，获取信息，取得竞

争优势，成功退出所投创业项目，提高投资绩效的重要机制（Gulati，1998）。战略联盟是组织间动态的关联互动过程（Zollo et al.，2002），包括战略联盟的形成、治理机制的选择、联盟的演进动态、绩效表现及联盟对创业企业绩效的影响等（Gulati，1998）。其中，关于战略联盟的绩效研究是作为评估战略决策正确性、有效性的重要部分，也是对于组织战略选择的重要反馈。

联合投资是风险投资企业普遍采用的组织形式。在联合投资模式下，风险投资企业可以获得更多的信息、资金，对融资企业和项目进行更好的筛选，从而极大地降低不确定性因素所带来的风险。关系嵌入作为风险投资企业重要的外部知识来源，与组织绩效之间的关系也引起了学者们的广泛关注。有学者认为，组织间的强关系有利于合作双方信任机制、共享机制和共同解决问题机制的建立与完善，从而有利于组织绩效的提高（Moran，2005）。也有学者认为组织间弱关系能够带来更多异质化知识，并且能够减少管理和维持组织间关系所花费的交易成本，因此有利于组织绩效的提升（Granovetter，1973）。因此，关系嵌入与组织绩效之间的关系尚未有统一定论，即"关系嵌入悖论"（Uzzi，1997）。随着关系嵌入理论的广泛运用，已有学者对中国风险投资企业的关系嵌入与投资绩效的关系进行了研究，并探讨了专业化程度、网络规模等的调节作用（王曦等，2015；王育晓等，2015），揭示了关系嵌入对投资绩效的作用机制。但现有研究还鲜有从投资经验、网络密度及其关系切入，对其在关系嵌入与投资绩效之间关系的调节效应进行剖析。这使联合投资网络中投资企业的关系嵌入与投资绩效之间的复杂关系难以得到充分的解释，因此，本章拟从投资经验、网络密度及其交互入手，深入分析关系嵌入对投资绩效的调节作用机理。基于此，本章以中国风险投资企业为研究对象，在分析关系嵌入与投资绩效关系的基础上，对在不同的投资经验、网络密度及其交互作用的影响下，关系嵌入与投资绩效之间关系的变化进行深入研究。

第二节　中国风险投资企业关系嵌入与投资绩效理论分析与研究假设

一、关系嵌入与投资绩效

关系嵌入关注的是以直接联结为纽带的二元交易问题，即直接交易双方之间互相理解、信任和承诺的程度（Granovetter，1992；Uzzi，1997）。换句话说，关系嵌入指的是行动者与合作伙伴通过建立非正式关系实现彼此关联的行为模式，强调在组织间互动中如何识别和满足彼此的需求和目标（Granovetter，1985）。

蒂斯（Teece，1992）将战略联盟定义为两个或两个以上企业通过一定的方式形成合作，从而达到优势互补、要素匹配和多向流动的目的，继而共享市场、共用资源、共担风险，取得竞争优势和核心竞争力。格兰诺维特（1973）将企业间联盟关系划分为强关系和弱关系，用以表征合作伙伴间关系的频繁、紧密强度，从而反映从合作伙伴处获得资源的难易程度和多寡程度。

风险投资企业战略联盟间强关系能有效提升投资绩效的原因如下：第一，投资企业间高度的关系嵌入意味着双方之间的高度信任，促进合作双方复杂知识与信息的共享、沟通和交流（Rindfleisch & Moorman，2001），提高投资企业成功退出的概率；第二，随着投资企业关系嵌入程度的加深，合作双方信息共享的程度增大，更有利于彼此间资源、信息、知识的转移，尤其是隐性知识和复杂知识的转移、转化（Moran，2005），且更有可能相互激励、鼓励和推动投资活动的开展，从而提高投资绩效；第三，当投资企业双方拥有强连接时，更可能通过反复沟通、交流及协商解决问题，从而对投资过程、结果有共同的理解（Halinen & Tornroos，1998），对复杂知识和隐性知识有共同的编码及认知，更有利于挖掘、利用能够获得战略优势的有价值的知识，从而提高投资绩效；第四，关系嵌入大大减少了网络个体机会主义行为的发生。罗利等（Rowley et al.，2000）认为在联系密切网络中，声誉损失的威胁能有效防止伙伴间机会主义行为的发生，从而促进绩效的提升。第五，中国是一个讲究"人脉""人情""礼尚往来"的集体主义国家，中国风险投资企业更是深谙"关系"对获取投资回报的重要性（郭晴等，2019）。由于中国风险投资市场起步晚，风险投资市场发育不完全，相应的监管体制和治理机制不完善、信息透明度低、产权保护体系缺失，因此，利用非正式制度、依靠关系就成为中国风险投资企业获得资源、解决纠纷、提高投资回报的极佳办法（罗家德等，2014）。

尽管有研究表明，与有限数量的熟悉伙伴的合作会阻碍风险投资企业获得新的机会，增加同质化、冗余信息的交流（Uzzi，1997），降低风险投资企业对资源的整合效率和战略决策效率，但本书认为，在中国文化情境下，关系嵌入对投资绩效的促进作用要更大。基于此，本书提出如下假设：

假设 H5 - 1：风险投资企业的关系嵌入对投资绩效有正向影响。

二、投资经验的调节作用

关系嵌入涉及亲密的社会关系、相互信任和合作伙伴之间的互惠关系（Cook & Emerson，1978；Granovetter，1985），关系到合作伙伴之间信息交换的数量和质量（De Clercq & Sapienza，2006）。另外，关系嵌入提高了合作伙伴之间信息共享的程度，减少了冗余、复杂的监督机制的建立及管理，降低了合作双方对机会主义风险的感知程度（Gulati，1998），促进了合作双方广泛的信息交流（Granovetter，1985；Robinson et al.，2014）。尽管如此，与有限数量的熟悉伙伴的合作会阻碍风险投资企业获得新的机会，增加同质化、冗余信息的交流（Uzzi，1997），降低风险投资企业对资源的整合效率和战略决策效率。因此，风险投资企业投资经验所形成的内部化知识和能力与关系嵌入所带来的外部知识、信息和资源所形成的潜在协同效应对投资绩效有重要作用。

组织学习理论指出，不同的组织经验影响了组织的机会感知能力。丰富的组织经验有助于组织对潜在机会的识别、理解和利用。组织经验的价值不仅体现在组织所熟悉的领域，还可扩展到组织经验在新领域的应用（Haleblian & Finkelstein，1999；Helfat & Lieberman，2002）。组织经验的积累是对知识、信息、资源等识别、获取和吸收的重要过程，是组织价值创造的基础，也是风险投资企业企业能力的重要信号（Zhang & Pezeshkan，2016）。随着风险投资企业投资经验的积累，伴随着企业内部知识储存的丰富以及内部能力的提高，从而形成投资企业价值创造的重要推动力（De Clercq & Dimov，2007）以及竞争优势的重要来源（Grant，1996），有利于风险投资企业对创业企业的筛选、识别、价值增值服务。若投资企业仅与有限的伙伴合作，投资企业获得冗余信息的可能性增大，且有限的合作伙伴及限定的投资领域会影响投资企业的信息转介交换能力，从而增加投资风险。当投资企业的投资经验丰富时，对多行业及多领域的知识就与特定关系嵌入所带来的有限知识产生互补效应，分散因投资行业的高度不确定性所带来的风险，从而提高投资绩效。基于此，本书提出如下假设：

假设 H5-2：风险投资企业投资经验加强关系嵌入对投资绩效的正向影响。

三、网络密度的调节作用

网络密度用来描述组织所处的联盟网络内组织间相互联系的紧密程度。在由相同数目企业构成的联盟网络中，企业间联系越多，则其联盟网络的密度越高。

首先，在高密度的联盟网络内，作为网络节点的风险投资企业间大多具有直接或间接的联系，风险投资企业通过强关系获得的资源与通过密集网络获得的知识资源会有重合；其次，高度密集的网络内互相竞争的风险投资企业获得信息、技术和资源差异性较小，但强关系所带来的信息与密集网络带来的信息的重合性不利于风险投资企业竞争优势的获得和提升；

最后，由于高度密集的联盟网络为风险投资企业带来的信息差异性较小，风险投资企业可能建立更多的强关系来获得更有价值的信息，从而导致风险投资企业对联盟网络的过度嵌入，也不利于投资绩效的提升。相反，在稀疏的战略联盟网络内，弱联结可以带来更丰富的异质化知识，强联结可以提高知识的转移，从而提高投资绩效。因此，网络密度与关系嵌入对投资绩效的作用机制具有替代作用。基于此，本书提出如下假设：

假设 H5 - 3：风险投资企业网络密度削弱关系嵌入对投资绩效的正向影响。

四、网络密度与投资经验的交互调节作用

当联合投资网络密度较低时，如果风险投资企业的投资经验匮乏，虽然投资企业有机会接触、获取到多样化的异质性信息和资源，但由于企业的投资经验匮乏，组织的知识储备不足，知识基础薄弱，对市场知识和有效投资机会信息的感知和捕捉能力薄弱，无法对多样化的异质性资源进行有效筛选及吸收，从而不利于充分发挥网络中异质化知识与关系嵌入所带来的隐性知识之间的协同效用。相反，如果风险投资企业的投资经验丰富，拥有丰富的对项目筛选、调查、评估、监督及服务的经验，能更好地识别及利用稀疏网络中所带来的异质化知识，先于竞争者获得有价值的投资机会和资源，选取与伙伴资源相匹配的异质化知识，获得"先行者"优势，提升网络资源的配置效率，从而促进伙伴间知识的共享和传递，有利于开发新的知识，促进信任机制的进一步巩固及个体机会主义行为的发生，提升投资回报，促进投资绩效的提升。综上所述，在网络密度较小时，随着风险投资企业投资经验的积累，更有利于关系嵌入效能的发挥，企业能够获得更高的投资回报。即投资经验对关系嵌入与投资绩效的正向调节作用将变得更强。

当联合投资网络密度较高时，如果风险投资企业的投资经验匮乏，企业对网络资源的选取、配置能力不足，在可能存在密度冗余和结构冗余的密集网络中，会进一步限制企业能力的发挥，难以高效地获取与伙伴资源

相匹配的资源和信息，无法充分发挥伙伴间的共享机制和传递机制，还可能增加机会主义行为，不利于关系嵌入效能的发挥。如果风险投资企业的投资经验丰富，虽然企业拥有丰富的知识基础，但由于密集网络的封闭和僵化，伙伴间知识出现趋同化，不利于异质化知识的获取，难以获得与合作伙伴所带来的知识有协同效率的知识，从而阻碍了关系嵌入效能的发挥。综上，在网络密度较大时，无论投资经验丰富与否，都不利于合作伙伴间关系嵌入效能的发挥，不利于提升投资企业的退出绩效。即投资经验的正向调节作用将失效或变弱。

基于此，本书提出如下假设：

假设 H5 - 4：相较于密集网络，稀疏网络中投资经验对风险投资企业关系嵌入与投资绩效关系的正向调节效应将变强。

根据以上分析，本章的研究框架如图 5 - 1 所示。

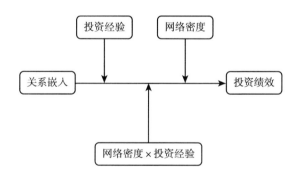

图 5 - 1　关系嵌入与投资绩效研究框架

第三节　中国风险投资企业关系嵌入与投资绩效研究设计

一、样本与数据

本章样本与数据同第四章，在此不予赘述。

二、变量测量

（一）被解释变量

本章的被解释变量是风险投资企业的投资绩效，选取已被学者们广泛应用的成功退出比例（Ratio）作为投资绩效的代理变量，成功退出比例的计算方法为用风险投资企业时间窗内 IPO 或并购成功退出的次数，除以前一个时间窗内总投资轮次。采用滚动时间窗，以 4 年为一个时间窗，用 t + 1 ~ t + 4 年为时间窗观测风险投资企业的成功退出比例，即选用 2004 年 1 月 1 日至 2014 年 12 月 31 日的中国风险投资企业的投资数据作为样本，留有 2015 年 1 月 1 日至 2018 年 12 月 31 日 4 年时间来观察投资结果。

（二）解释变量

关系嵌入（Relation）是风险投资企业基于互惠预期而发生的双边关系，是网络关系的特征。借鉴德克莱尔等（De Clercq et al.，2006）的研究成果，用伙伴联系次数表示，即风险投资企业在时间窗内，与各合作伙伴的总合作投资次数全部相加得到的总数为关系嵌入。为避免因反向因果关系带来的内生性问题，本书采用风险投资企业在前一个时间窗内，与各合作伙伴的总合作投资次数全部相加得到的总数表征关系嵌入。采用滚动时间窗，以 4 年为一个时间窗，以 t – 4 ~ t – 1 年为时间窗观测风险投资企业的关系嵌入。

（三）调节变量

1. 投资经验（Experience）

为避免投资经验与投资绩效研究中出现反向因果关系，投资经验为截止样本观察年前一年风险投资企业所参与过的总投资轮数。

2. 网络密度（Density）

用行动者联合伙伴次数与最大可能联系次数之比进行测量，采用

Ucinet 6.645 对该指标进行测算。

（四）控制变量

参考前人的研究，本章选用以下控制变量：投资企业年龄、投资企业规模、资金来源、当年投资数、后向 5 年投资数、融资企业所处地理位置、本土 VC 可用性、地理邻近、是否为高科技行业、当年的退出条件、后向 4 年窗口的退出条件、行业效应、时间效应。

本章的变量定义表见表 5 - 1。

表 5 - 1　　　　　　　　　　关系嵌入与投资绩效变量定义

变量名称	英文代码	测量及说明
被解释变量		
成功退出比例	Ratio	用风险投资企业时间窗内 IPO 或并购成功退出的次数，除以前一个时间窗内总投资轮次
解释变量		
关系嵌入	Relation	风险投资企业在前一个时间窗内，与各合作伙伴的总合作投资轮次全部相加得到的总数
调节变量		
投资经验	Experience	截止样本观察年前一年风险投资企业所参与过的总投资轮次
网络密度	Density	联合伙伴联系次数与最大可能联系次数之比
控制变量		
风险投资企业年龄	Age	从风险投资企业成立到投资项目时的总年数
风险投资企业规模	Size	ln（管理资金 +1）
资金来源	Fund	样本中风险投资资金来源有三种：中资、外资、合资，分别取值为 1、2、3
当年投资数	Num_year	风险投资企业在样本观察年所投资的总轮数
后向 5 年投资数	Num_5year	风险投资企业在样本观察年的前 5 年（包括当年）的总投资轮数
融资企业所处地理位置	Pc_location	当融资企业处于北京、上海、广州时，取值为 1，其他为 0

续表

变量名称	英文代码	测量及说明
本土风险投资企业可用性	Local_VC	同一省份中风险投资企业的数量
地理邻近	Geopro	当风险投资企业和创业企业在同一省份时，将 Geopro 设定为 1，反之为 0
是否为高科技行业	High_ind	当风险投资企业所处行业为电子、医药生物和信息技术时，将 High_ind 定义为 1，其余为 0
当年的退出条件	Exit_year	若风险投资企业通过 IPO 和并购退出投资，则使用其退出时所在年份的 IPO 和并购退出总数度量；对没有通过 IPO 和并购退出的投资，则使用从投资年至样本观察期截止年年度平均 IPO 和并购退出总数度量
后向 4 年窗口的退出条件	Exit_4year	若风险投资企业在 4 年时间窗内通过 IPO 和并购退出投资，则使用其退出时所在时间窗的 IPO 和并购退出总数度量；对没有在时间窗通过 IPO 和并购退出的投资，则使用从投资活动所在时间窗至样本观察期截止年的所有时间窗平均 IPO 和并购退出总数度量

三、模型设定

为了保证估计结果的准确性和可靠性，本书用 Wald Test 进行组间异方差的检验，选用能有效解决大样本中异方差问题的广义最小二乘法（FGLS），保证模型选用的恰当性。

为了检验关系嵌入对投资绩效的影响，本书构建如下基准模型：

$$\text{Ratio} = \beta_0 + \beta_1 \text{Relation} + \beta_i \sum \text{Control}_i + \varepsilon \quad (5-1)$$

$$\text{Ratio} = \beta_0 + \beta_1 \text{Relation} + \beta_2 MV_1 \times \text{Relation} + \beta_3 MV_1 + \beta_4 MV_2$$
$$\times \text{Relation} + \beta_5 MV_2 + \beta_6 MV_1 \times MV_2 + \beta_i \sum \text{Control}_i + \varepsilon \quad (5-2)$$

$$\text{Ratio} = \beta_0 + \beta_1 \text{Relation} + \beta_2 MV_1 \times \text{Relation} + \beta_3 MV_1 + \beta_4 MV_2$$
$$\times \text{Relation} + \beta_5 MV_2 + \beta_6 MV_1 \times MV_2 + \beta_7 MV_1 \times MV_2$$
$$\times \text{Relation} + \beta_i \sum \text{Control}_i + \varepsilon \quad (5-3)$$

在公式中，β_0 为常数项，β_i 为各项系数，MV 为调节变量，Control_i 为各控制变量，ε 为残差项。

第四节　中国风险投资企业关系嵌入与投资绩效研究结果与分析

一、描述性统计与相关性分析

（一）描述性统计

表 5-2 报告了样本中核心变量的描述性统计。

表 5-2　　　　　关系嵌入与投资绩效变量描述性统计

变量	观察值	Mean	Std. Dev.	Min	Max
Ratio	3266	0.26	0.64	0	12
Relation	3266	3.48	3.24	0	21
Experience	3266	17.21	39.51	1	609
Density	3266	0.68	0.71	0	16
Age	3266	9.45	13.94	0	149
Size	3266	6.20	1.10	2	8.52
Fund	3266	1.31	0.51	1	3
Num_year	3266	4.39	9.57	1	381
Num_5year	3266	14.10	27.84	1	462
Pc_location	3266	0.09	0.29	0	1
Local_VC	3266	425.50	281.10	0	725
Geopro	3266	0.06	0.23	0	1
High_ind	3266	0.46	0.50	0	1
Exit_year	3266	110.60	75.64	18	263
Exit_4year	3266	378.70	345.40	26	841

由表5-2可知，（1）成功退出比例（Ratio）的均值为0.26，标准差为0.64，最小值为0，最大值为12，说明中国风险投资企业的成功退出比例较低，差异较大。（2）风险投资企业的平均投资轮数为17.21次，最大值则高达609次，说明中国风险投资企业投资次数较多，差异较大。（3）从关系嵌入（Relation）可知，中国风险投资企业4年时间窗口内平均联合投资高达4次，进一步说明中国风险投资企业的网络化。（4）从网络密度（Density）可知，风险投资企业的网络特征差异明显。（5）在控制变量方面，需要指出的是，本土风险投资企业可用性的均值高达425.50，说明投资市场的火热；而当年退出条件（Exit_year）和后向4年退出条件（Exit_4year）均值分别为110.60和378.70，与我国风险投资企业日益活跃且表现优异的投资市场现实相吻合。

（二）相关性分析

表5-3报告了样本中各变量之间的Pearson相关系数和变量的方差膨胀因子（VIF）。由表5-3可知，投资经验（Experience）与成功退出比例（Ratio）显著正相关（相关系数为0.24，显著性水平为1%）。关系嵌入（Relation）与成功退出比例（Ratio）显著正相关（相关系数为0.16，显著性水平为1%），与前文理论推导基本一致。网络密度（Density）与成功退出比例（Ratio）表现为显著的正相关关系。各变量的VIF值均小于阈值10，表明模型估计不会出现因变量多重共线性而导致的估计偏误。

二、单变量均值与中位数检验

在正式回归前，本书对样本中的变量进行了单变量均值和中位数检验。首先按照投资绩效的均值将样本分为低和高两组，接着对分组后子样本的均值和中位数进行独立样本T检验和独立样本非参数Mann-Whiney U检验，初步判断变量之间的相关关系。

表 5 - 3　　关系嵌入与投资绩效变量相关系数矩阵

变量	1	2	3	4	5	6	7	8	9	10	11	12	13	14	15
Ratio	1														
Experience	0.24***	1													
Relation	0.16***	0.05***	1												
Density	0.11***	-0.12***	-0.03*	1											
Age	0.24***	0.19***	0.09***	-0.03*	1										
Size	0.05***	0.04***	0	-0.01	0.07***	1									
Fund	0.07***	0.15***	0.14***	0.01	0.39***	0.08***	1								
Num_year	0.17***	0.46***	-0.01	-0.10***	0.07***	0.03**	0.08***	1							
Num_5year	0.24***	0.91***	0.05***	-0.14***	0.15***	0.05***	0.13***	0.68***	1						
Pc_location	0.11***	-0.06***	0.08***	0.04**	0.01	0	0.06***	-0.03**	-0.06***	1					
Local_VC	0.01	0	-0.08***	-0.02	-0.3***	-0.01	-0.30***	0.04**	0.033*	0.01	1				
Geopro	0.05***	-0.06***	0.01	-0.01	-0.08***	0.01	-0.09***	-0.04*	-0.06***	0.41***	0.01	1			
High_ind	-0.04**	0.07***	0.04**	0.01	0.01	0	0.10***	0.05***	0.08***	0	0	-0.05***	1		
Exit_year	0.09***	-0.13***	-0.01	0.02	-0.05***	0.08***	0.03**	-0.02	-0.11***	0.15***	-0.03*	0.19***	-0.16***	1	
Exit_4year	0.18***	0.33***	0.09***	-0.17***	0.28***	0.16***	0.22***	0.20***	0.33***	-0.05***	-0.08***	-0.06***	0.05***	0.04**	1
VIF	1.25	4.95	1.14	1.55	1.41	1.04	1.42	1.93	3.52	1.28	1.19	1.27	1.05	1.17	2.53

注：*、**、*** 分别表示10%、5%、1% 的显著性水平。

　　表5-4为对退出比例按均值进行分组，并进行独立样本 T 检验和独立样本 Mann-Whitney U 检验。由表5-4中低退出比例组和高退出比例组两组均值和中位数差异的检验结果可知，在高退出比例的样本中，关系嵌入、投资经验和网络密度的均值（4.75、2.60、0.7）均高于低退出比例的样本（3.14、1.90、0.57）。所有解释变量关系嵌入（Relation）、投资经验（Experience）、网络密度（Density）的独立样本 T 检验和 Mann-Whitney U 检验结果均表现为1%的显著性水平。就控制变量而言，地理邻近（Geopro）和当年退出条件（Exit_year）的独立样本 T 检验和 Mann-Whitney U 检验均在1%的统计水平显著，说明投资企业和融资企业的地理位置越近，越有利于投资企业投资收益的提高，且当年退出条件越好，投资市场越活跃，越有利于投资企业投资收益的提高。企业年龄（Age）、资金来源（Fund）、融资企业的地理位置（Pc_locatio）、是否为高科技行业（High_ind）的独立样本 T 检验和 Mann-Whitney U 检验均表现为显著的稳健性。除了当年投资数（Num_year）和当地 VC 可得性（Local_VC）独立样本 T 检验和 Mann-Whitney U 检验结果不稳健，其余控制变量的检验结果均显著且稳健。

表5-4　　　　　关系嵌入与投资绩效中变量的单变量均值和中位数检验

变量	低 Ratio 组 均值	高 Ratio 组 均值	独立样本 T 检验	Mann-Whitney U 检验
Relation	3.14	4.75	-11.68***	-10.01***
Experience	1.90	2.60	-14.08***	-15.54***
Density	0.57	0.70	-4.41***	-6.47***
Age	8.58	12.76	-6.99***	-7.79***
Size	6.16	6.34	-3.74***	-3.50***
Fund	1.28	1.41	-5.82***	-5.88***
Num_year	4.08	5.60	-3.69***	-11.55
Num_5year	12.76	19.24	-5.41***	-15.95***
Pc_location	0.06	0.20	-11.86***	-11.61***
Local_VC	424.89	427.62	-0.22	0.75
Geopro	0.04	0.11	-7.08***	-7.03***

续表

变量	低 Ratio 组	高 Ratio 组	独立样本 T 检验	Mann-Whitney U 检验
	均值	均值		
High_ind	0.41	0.48	3.29 ***	3.29 ***
Exit_year	102.03	143.53	-13.03 ***	-14.19 ***
Exit_4year	343.29	514.14	-11.69 ***	-12.75 ***

注：对 Experience 进行对数化处理；* 、** 、*** 分别表示 10% 、5% 、1% 的显著性水平。

综上所述，单变量的均值和中位数检验的结果表明：风险投资企业的关系嵌入越深，越有利于提高企业的成功退出比例。就控制变量而言，控制变量的检验结果大多通过显著性检验。但由于单变量检验仅考虑所考察变量的影响，可能引起估计偏误，因此需要通过多元回归分析得到更为科学稳健的研究结论。

三、回归结果与分析

表 5 - 5 报告了本书研究的模型估计结果。模型 1 至模型 3 依次检验了关系嵌入对投资绩效的直接作用、投资经验的调节作用和网络密度的调节作用、投资经验与网络密度的交互调节作用。由模型 1 至模型 3 中的异方差检验 Wald Test 的估计结果可知，这 3 个模型均在 1% 的水平上显著存在异方差，因此，选用 FGLS 可以有效修正因异方差产生的估计偏误。模型 1 至模型 3 的 Wald chi2 统计量均在 1% 的水平显著，说明各估计模型设定良好。由模型 1 可知，关系嵌入与投资企业的成功退出比例表现为显著的正相关关系（$\beta = 0.1346$，$p < 1\%$），此时假设 H5 - 1 得到支持。由模型 2 可知，投资经验与关系嵌入的交互项（Experience × Relation）在 1% 的水平上显著为正（$\beta = 0.1203$，$p < 1\%$），说明投资企业积累的投资经验更有利于关系亲密的合作企业间的信息共享和问题解决，从而提高投资企业时间窗内的成功退出比例。因此，假设 H5 - 2 得到支持。由模型 2 可知，网络密度与关系嵌入的交互项（Density × Relation）在 1% 的水平显著为负（$\beta = -0.0385$，$p < 1\%$），说明高密度网络中的流通的信息会取代关系嵌

入所带来的信息，在一定程度上会降低关系嵌入对投资绩效的促进作用。假设 H5 - 3 得到支持。由模型 3 可知，投资经验、网络密度与关系嵌入三者的交互（β = - 0. 1159，p < 1%）显著为负，假设 H5 - 4 得到支持。

表 5 - 5　　　　　　关系嵌入与投资绩效关系的初步回归结果（FGLS）

变量	1	2	3
	被解释变量：Ratio（FGLS）		
Relation	0. 1346 ***	0. 0798 ***	0. 0405 ***
	(0. 0031)	(0. 0044)	(0. 0049)
Experience		1. 2780 ***	0. 9393 ***
		(0. 0322)	(0. 0341)
Density		- 0. 2317 ***	- 0. 1996 ***
		(0. 0275)	(0. 0360)
Experience × Relation		0. 1203 ***	0. 0782 ***
		(0. 0048)	(0. 0048)
Density × Relation		- 0. 0385 ***	- 0. 018
		(0. 0050)	(0. 0127)
Density × Experience		- 0. 3264 ***	- 0. 3325 ***
		(0. 0242)	(0. 0282)
Density × Experience × Relation			- 0. 1159 ***
			(0. 0105)
Age	0. 0559 ***	0. 0516 ***	0. 0402 ***
	(0. 0020)	(0. 0019)	(0. 0018)
Size	- 0. 0053 **	- 0. 0383 ***	- 0. 0390 ***
	(0. 0024)	(0. 0031)	(0. 0028)
Fund	- 0. 7982 ***	- 0. 8567 ***	- 0. 7650 ***
	(0. 0343)	(0. 0361)	(0. 0358)
Num_year	0. 0081 **	0. 0382 ***	0. 0095
	(0. 0039)	(0. 0064)	(0. 0065)
Num_5year	0. 0184 ***	- 0. 0276 ***	- 0. 0063 *
	(0. 0024)	(0. 0039)	(0. 0034)
Pc_location	1. 4603 ***	1. 1181 ***	1. 1851 ***
	(0. 0283)	(0. 0412)	(0. 0254)

变量	1	2	3
	被解释变量：Ratio（FGLS）		
Local_VC	0. 0010 *** （0. 0000）	0. 0008 *** （0. 0000）	0. 0006 *** （0. 0000）
Geopro	0. 5462 *** （0. 0358）	0. 6668 *** （0. 0247）	0. 6029 *** （0. 0264）
High_ind	− 0. 2667 *** （0. 0456）	− 0. 4090 *** （0. 0214）	− 0. 2903 *** （0. 0484）
Exit_year	0. 0052 （0. 0038）	0. 0256 * （0. 0151）	0. 0215 （0. 0166）
Exit_4year	0. 0011 *** （0. 0000）	− 0. 0011 *** （0. 0000）	− 0. 0007 *** （0. 0000）
行业效应	Yes	Yes	Yes
年份效应	Yes	Yes	Yes
cons	− 0. 7517 *** （0. 1502）	− 2. 2627 *** （0. 5623）	− 1. 5865 ** （0. 6199）
Wald 检验 P 值	0. 00	0. 00	0. 00
N	3266	3266	3266

注：对 Experience 进行对数化处理；＊、＊＊、＊＊＊分别表示10%、5%、1%的显著性水平，回归系数下方括号内的数值为 z 值。

　　就控制变量而言，投资企业的年龄稳健显著正向提高成功退出比例，说明随着投资企业经营年限的提高，组织经验、能力、资源等方面均显著提高，有利于提高投资企业的成功退出比例；投资企业规模则稳健显著负向影响成功退出比例；融资企业的地理位置稳健显著正向影响投资企业成功退出比例，说明当融资企业处于优越地理位置时，更有利于 IPO 和并购；当年退出条件与成功退出比例表现为不稳健的正相关关系，而后向 4 年窗口的退出条件与成功退出比例则表现为稳健的正相关关系，说明考虑到时间效应，退出市场越好时，越有利于投资企业成功退出比例的提高；其余控制变量的回归结果则无显著变化。

　　本书研究的各调节作用效果见图 5 - 2。图 5 - 2（a）斜率表明，投资经验高时的风险投资企业关系嵌入对投资绩效的正向关系大于投资经验低

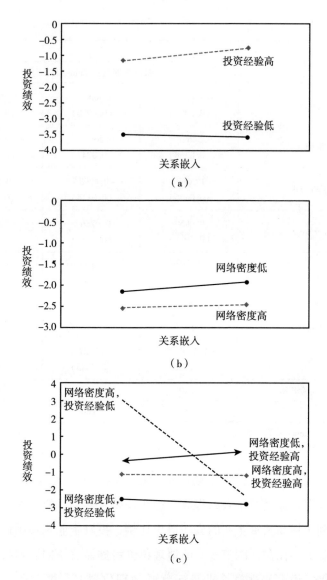

图5-2 关系嵌入与投资绩效关系的调节效应

时相应的关系，投资经验对关系嵌入与投资绩效间的正向调节作用得以验证。图5-2（b）斜率表明，稀疏网络中，风险投资企业关系嵌入对投资绩效的正向关系大于密集网络中相应的关系，印证了网络密度对关系嵌入与投资绩效间的负向调节作用。分别取网络密度与投资经验各自均值上下一个标准，关系嵌入任取两个数值，得出图5-2（b）所示的投资经验与网络密度组合的四条直线，结果表明，在网络密度低—投资经验高的情境下，关系嵌入对投资绩效的影响最大，网络密度与投资经验的交互对关系嵌入与投资绩效关系的负向影响得以验证。

四、内生性偏误检验

内生性问题在战略管理等领域中普遍存在，而内生性问题产生的原因主要有三个：一是解释变量和被解释变量互为因果关系，即解释变量会引起被解释变量的变化，反过来被解释变量也会引起解释变量发生变化；二是遗漏重要变量。当模型估计时未考虑重要的解释变量时，估计模型无法反映遗漏变量与被解释变量之间的关系，会引起内生性问题；三是由变量测量的误差所引起的。当对核心解释变量的测量有偏误时，测量误差就会引起计量模型回归中误差的部分，从而引起内生性问题，导致模型估计产生偏误。

第一，讨论反向因果关系，在本书研究中，从理论上讲，投资企业的关系嵌入会促进投资绩效的提升，从而增加伙伴间合作次数，此外投资绩效的提升会提高投资企业的声誉，吸引更多的合作伙伴，因此关系嵌入与投资绩效间会存在因果关系。但本书的关系嵌入的测量采用的时间窗是 $t-4 \sim t-1$ 年，不包括本年，考虑了合作伙伴之间关系建立所需的时间，以及关系嵌入可能因时间效应而对投资绩效产生的伪回归问题。

第二，讨论遗漏重要变量引起的内生性问题。本章在进行模型设定时，以现有研究为基础，尽可能考虑了可能影响投资绩效的重要因素。控制变量包括了投资企业自身特征的影响因素，如投资企业的年龄、规模、资金来源；包括了融资企业特征的因素，如融资企业所处的地理位置；包括了投资企业和融资企业两者之间的特征，如二者的地理位置邻近性；包括了市场和行业的特点，如退出条件、当地 VC 可得性、是否为高科技行业等；最后在所有回归模型中还加入了行业和时间双向固定效应，这在很大程度上降低了因遗漏变量而引起内生性问题的风险。

第三，讨论因核心变量测量偏误而引起的内生性问题。首先，就解释变量而言，关系嵌入的测量已在学术界得到统一认可，本章也是沿用前人广泛采用的测量方法对其进行测量；其次，就被解释变量而言，投资绩效因财务数据的公开受限等原因，在学术界尚未有统一的测量方法，所以本书在稳健性检验部分，采用替代变量法，降低由于变量测量所带来的估计偏误。

为保证研究的科学性和稳健性，本书首先检验计量模型是否存在内生性问题。工具变量法是解决内生性问题的重要方法。有效的工具变量应与内生解释变量存在相关关系（相关性），与扰动项无相关关系（外生性）。沿用前人做法，本书选用解释变量关系嵌入的滞后一期作为工具变量，并选用能有效解决样本组间异方差的"杜宾—吴—豪斯曼检验"（Durbin-Wu-Hausman Test，DWH）对计量模型的内生性进行检验（连玉君等，2008）。具体的检验结果见表 5-6。

表 5-6　　　　　　　关系嵌入与投资绩效内生性偏误检验

变量	模型 1
	Ratio
Relation	0.215 ***
	(0.0563)
Age	0.119 ***
	(0.0113)
Size	-0.0834
	(0.1710)
Fund	-1.814 ***
	(0.3580)
Num_year	-0.00448
	(0.0176)
Num_5year	0.0403 ***
	(0.0066)
Pc_location	2.289 ***
	(0.6930)
Local_VC	0.00270 ***
	(0.0006)

续表

变量	模型 1
	Ratio
Geopro	1. 158 (0. 8990)
High_ind	− 0. 71 (1. 1030)
Exit_year	0. 00936 (0. 1230)
Exit_4year	0. 00275 *** (0. 0007)
行业效应	Yes
年份效应	Yes
cons	− 1. 453 (0. 4785)
R^2	0. 197
Durbin-Chi2 值	2. 1707
Durbin-Chi2 P 值	0. 1407
Wu-Hausman − F 值	2. 1226
Wu-Hausman P 值	0. 1453
N	3215

注：（1）DWH 的原假设为：所有解释变量均为外生变量；（2）模型 1 的解释变量均为关系嵌入的滞后一期作为工具变量，以 Ratio 为被解释变量；（3）*、**、***分别表示 10%、5%、1% 的显著性水平，回归系数下方括号内的数值为 z 值。

由表 5 – 6 中模型可知，当投资绩效为成功退出比例（Ratio）时，Durbin-Chi2 值为 2. 1707，Durbin-Chi2 P 值为 0. 1407，Wu-Hausman – F 值为 2. 1226，Wu-Hausman P 值为 0. 1453，Wu-Hausman P 值均大于临界值 0. 1，说明无法拒绝"所有解释变量均为外生变量，即模型不存在内生变量。

综上所述，本章通过理论分析及 DWH 方法的检验，证明计量模型不存在内生性问题，因此，前文的整体回归模型和方法的选取是良好的，结果具有稳健性。

五、稳健性检验

目前大量研究中通常采用两种方法对研究结果进行稳健性检验：一是改变回归模型，用以克服由于模型设定所带来的估计偏误；二是改变被解释变量的度量方法，用以降低由于代理变量选用而产生的估计偏误。本章采用这两种方法对相关假设进行稳健性检验。

（一）改变回归模型

本书参考众多学者的做法，采用多元回归方法对模型进行估计，并控制模型中的标准误（党兴华等，2014；王曦等，2014）。回归结果见表 5 - 7。模型 1 至模型 3 依次检验了关系嵌入对投资绩效的直接作用、投资经验的调节作用和网络密度的调节作用、投资经验与网络密度的交互调节作用。模型 1 至模型 3 的 Wald chi2 统计量均在 1% 的水平显著，说明各估计模型设定良好。

表 5 - 7   改变回归模型后关系嵌入与投资绩效的稳健性检验

变量	1	2	3
	被解释变量：Ratio（OLS）		
Relation	0. 1974 ***	0. 1025 ***	0. 0753 ***
	（0. 0272）	（0. 0276）	（0. 0282）
Experience		1. 6299 ***	1. 6279 ***
		（0. 1609）	（0. 1605）
Density		- 0. 4675 ***	- 0. 4744 ***
		（0. 1332）	（0. 1329）
Experience × Relation		0. 1676 ***	0. 1423 ***
		（0. 0245）	（0. 0251）
Density × Relation		- 0. 0435 *	- 0. 0412
		（0. 0574）	（0. 0573）
Experience × Density		- 0. 5699 ***	- 0. 6672 ***
		（0. 1144）	（0. 1164）

续表

变量	1	2	3
	被解释变量：Ratio（OLS）		
Experience × Density × Relation			−0.2178*** (0.0519)
Age	0.0861*** (0.0071)	0.0721*** (0.0070)	0.0705*** (0.0070)
Size	−0.0087 (0.0801)	−0.0528 (0.0778)	−0.0601 (0.0776)
Fund	−1.1863*** (0.2049)	−1.3742*** (0.1997)	−1.3619*** (0.1992)
Num_year	−0.0008 (0.0128)	0.0112 (0.0125)	0.0111 (0.0124)
Num_5year	0.0428*** (0.0047)	0.0034 (0.0057)	0.0034 (0.0057)
Pc_location	1.2826*** (0.3459)	1.4852*** (0.3362)	1.4593*** (0.3354)
Local_VC	0.0015*** (0.0003)	0.0012*** (0.0003)	0.0012*** (0.0003)
Geopro	0.6238 (0.4171)	0.6488 (0.4049)	0.6594 (0.4038)
High_ind	−0.4063 (0.4968)	−0.5805 (0.4821)	−0.5635 (0.4809)
Exit_year	0.0101 (0.0661)	0.0532 (0.0642)	0.0545 (0.0640)
Exit_4year	0.0016*** (0.0003)	−0.0013*** (0.0004)	−0.0013*** (0.0004)
行业效应	Yes	Yes	Yes
年份效应	Yes	Yes	Yes
R^2	0.1863	0.2362	0.2403
cons	−1.1797 (2.5330)	−3.39 (2.4669)	−3.3347 (2.4606)
N	3266	3266	3266

　　注：对 Experience 进行对数化处理；*、**、***分别表示 10%、5%、1% 的显著性水平，回归系数下方括号内的数值为 z 值。

由表 5 - 7 可知，改变回归方法后，由模型 1 可知，关系嵌入与投资企业的成功退出比例表现为显著的正相关关系（β = 0.1974，p < 1%），此时假设 H5 - 1 得到支持。由模型 2 可知，投资经验与关系嵌入的交互项（Experience × Relation）在 1% 的水平上显著为正（β = 0.1676，p < 1%），假设 H5 - 2 得到支持。由模型 2 可知，网络密度与关系嵌入的交互项（Density × Relation）在 1% 的水平上显著为负（β = - 0.0435，p < 10%），假设 H5 - 3 得到支持。由模型 3 可知，投资经验、网络密度与关系嵌入三者的交互（β = - 0.2178，p < 1%）显著为负，假设 H5 - 4 得到支持。

（二）改变被解释变量的度量方法

由以往研究可知，IPO 是企业投资收益最高的退出方式（Cumming et al.，2010），考虑到现金收益数据获取的困难，国内外很多研究用成功 IPO 对投资绩效进行度量。本书参考以往研究的做法（李严等，2012；王曦等，2014），将 IPO 率作为投资绩效的代理变量，具体计算公式为 IPO 率 = IPO 数/总投资轮数。表 5 - 8 报告了对被解释变量进行替换后的模型估计结果。模型 1 ~ 模型 3 的 Wald chi2 统计量均在 1% 的水平显著，说明各估计模型设定良好。

表 5 - 8　　　　　替代变量后关系嵌入与投资绩效的稳健性检验

变量	1	2	3
	被解释变量：IPO 率（FGLS）		
Relation	0.0016 *** (0.0003)	0.0029 *** (0.0005)	0.0026 *** (0.0004)
Experience		0.0072 *** (0.0020)	0.0069 *** (0.0021)
Density		- 0.004 (0.0027)	- 0.0054 ** (0.0025)
Experience × Relation		0.0013 *** (0.0004)	0.0012 *** (0.0003)
Density × Relation		- 0.0029 *** (0.0008)	- 0.0027 * (0.0010)

续表

变量	1	2	3
	被解释变量：IPO 率（FGLS）		
Experience × Density		− 0. 0023 （0. 0022）	− 0. 0028 （0. 0020）
Experience × Density × Relation			− 0. 0001 * （0. 0008）
Age	0. 0007 *** （0. 0002）	0. 0008 *** （0. 0002）	0. 0008 *** （0. 0002）
Size	− 0. 0025 *** （0. 0005）	− 0. 0030 *** （0. 0006）	− 0. 0029 *** （0. 0006）
Fund	− 0. 0197 *** （0. 0041）	− 0. 0258 *** （0. 0037）	− 0. 0268 *** （0. 0041）
Num_year	0. 0004 （0. 0003）	0. 0008 ** （0. 0003）	0. 0008 *** （0. 0003）
Num_5year	− 0. 0001 （0. 0001）	− 0. 0003 ** （0. 0001）	− 0. 0003 ** （0. 0001）
Pc_location	0. 4178 *** （0. 0187）	0. 4283 *** （0. 0188）	0. 4274 *** （0. 0188）
Local_VC	0. 0000 *** （0. 0000）	0. 0000 *** （0. 0000）	0. 0000 *** （0. 0000）
Geopro	0. 4864 *** （0. 0191）	0. 4755 *** （0. 0191）	0. 4738 *** （0. 0192）
High_ind	− 0. 0121 * （0. 0068）	− 0. 0164 ** （0. 0071）	− 0. 0164 ** （0. 0070）
Exit_year	0. 0006 （0. 0008）	0. 0006 （0. 0004）	0. 0007 * （0. 0003）
Exit_4year	0 （0. 0000）	− 0. 0000 * （0. 0000）	− 0. 0000 * （0. 0000）
行业效应	Yes	Yes	Yes
年份效应	Yes	Yes	Yes
cons	0. 0093 （0. 0322）	0. 0062 （0. 0169）	0. 0086 （0. 0149）
Wald 检验 P 值	0. 00	0. 00	0. 00
N	3266	3266	3266

注：对 Experience 进行对数化处理；*、**、*** 分别表示10% 、5% 、1% 的显著性水平，回归系数下方括号内的数值为 z 值。

由表 5 −8 中模型 1 可知，关系嵌入与 IPO 率的关系显著为正（β ＝ 0.0016，p ＜1％），说明随着投资企业联盟次数的增多，有利于投资企业以较低的成本获得知识、信息和资源，尤其在中国讲究"关系"和"人情"的社会情境下，更有利于投资企业退出速度的提升。此时假设 H5 −1 得到实证支持。由模型 2 可知，投资经验与关系嵌入的交互项（Experience × Relation）在 1％的水平上显著为正（β ＝0.0013，p ＜1％），说明投资企业积累的投资经验有利于提高投资企业与合作伙伴更好的亲密关系的维持，也更有利于快捷、高效地获取信息，减少交易成本和管理成本，从而提高投资企业的成功退出速度。因此，假设 H5 −2 得到支持。由模型 2 可知，网络密度与关系嵌入的交互项（Density × Relation）在 1％的水平显著为负（β ＝ −0.0029，p ＜1％），表明网络密度在一定程度上会降低关系嵌入对投资企业成功退出的促进作用。假设 H5 −3 进一步得到支持。由模型 3 可知，投资经验、网络密度与关系嵌入三者的交互（β ＝ −0.0001，p ＜ 10％）显著为负，假设 H5 −4 得到支持。

综上所述，采用改变回归模型和替代变量法的稳健性检验，均得到与前文完全一致的结论，投资企业的关系嵌入对投资绩效有正向影响；投资经验加强了关系嵌入与投资绩效的正向关系；网络密度削弱了关系嵌入与投资绩效的正相关关系；相较于密集网络，稀疏网络中投资经验对关系嵌入与投资绩效关系的正向调节效应变强。因此，本章的研究结论获得有效支持，具备很好的稳健性。

第五节　中国风险投资企业关系嵌入与投资绩效研究结论

本章基于 2000 年 1 月 1 日至 2018 年 12 月 31 日 CVSource 和 Zero2IPO 两大中国风险投资数据库的样本，采用广义最小二乘法（FGLS）方法，从关系嵌入作为风险投资企业重要外部知识来源之一的视角出发，实证研究了风险投资企业关系嵌入对投资绩效的作用机理，并分析了投资经验、网络密度以及二者的交互调节效用。研究结果表明，关系嵌入对投资绩效有稳健的促进作用，投资经验对关系嵌入与投资绩效的关系有正向调节效应；网络密度对关系嵌入与投资绩效有负向调节效应；与密集网络相比，稀疏网络中投资经验对关系嵌入与投资绩效关系的正向调节效应变强。

本章的贡献在于：第一，以中国风险投资企业为研究对象，丰富了新兴市场风险投资的研究体系，对现有研究形成补充；第二，在研究设计上，不仅采用独立样本 T 检验和独立样本非参数 Mann-Whiney U 检验分别为两组子样本的均值和中位数差异进行检验，而且采用了能有效解决大样本中异方差问题的广义最小二乘法（FGLS），并进一步对样本的内生性问题和稳健性问题进行探讨，极大地避免了因不可观测因素和模型设定所带来的估计偏误，保证研究结论的科学性和可靠性；第三，对估计模型进行内生性和稳健性检验，进一步保证了研究结果的科学性。

基于研究结论，可以得到如下启示：首先，应建立与联盟伙伴的联系与交流机制，经营与维持良好的伙伴关系，发挥联盟伙伴关系对投资绩效的积极作用；其次，注重投资经验的积累，扩充知识结构，奠定良好的知识基础；最后，在联盟网络发展迅速的时代背景下，进一步发挥联盟网络对投资绩效的积极作用；此外，还应关注不同维度影响因素的交互效应。在中国经济转型升级的背景下，风险投资作为金融体系的重要组成部分，对经济发展的推动作用日益凸显。随着风险投资企业的网络化特征的凸显，关系嵌入作为风险投资企业外部知识、资源和信息来源的重要通道，具有学习、信息流通和知识转移的优势，降低企业对信息流、知识流和技术流的获取成本，实现投资企业竞争能力的提升和投资绩效的改善。投资经验作为企业竞争优势的重要体现，在一定程度上决定了投资企业能否充分利用关系嵌入所带来的信息优势。网络密度作为投资企业运营和发展的重要外部环境，形成了网络中投资企业间知识、信息交流的平台，影响网络中投资企业对信息获得的效率，继而影响投资绩效的提升。同时，投资企业应权衡考虑关系嵌入各维度之间的交互作用。

第六章

中国风险投资企业结构
嵌入与投资绩效

本章主要研究中国风险投资企业结构嵌入与投资绩效的关系。以中国风险投资企业为研究对象，首先从理论层面探讨了中心性、结构洞对投资绩效的作用机理；其次分别分析了投资经验、关系嵌入的调节作用；再次进行了相应的实证研究；最后对研究结果进行了讨论。

第一节　问题提出

随着风险投资企业间联盟关系的迅速发展，逐渐促进了联盟网络的形成。在联盟网络中，一方面，投资企业通过与社会网络中的其他企业进行联盟，可以获得更多的信息和资源优势；另一方面，投资企业嵌入社会网络也可以获得信息和资源优势（Granovetter，1985）。因此，从社会网络嵌入的视角出发，组织的嵌入性可以分为关系嵌入和结构嵌入（Gulati，1998）。中心性和结构洞用以表征组织结构嵌入的网络位置属性，已得到广大学者的认同（Zaheer & Bell，2005；Burt，2004）。中心性、结构洞等作为社会网络嵌入的重要因素，其与组织绩效之间的关系也得到了学者们

的广泛关注。在风险投资行业，埃布尔等（Abell et al., 2007）认为中心性对投资绩效有显著的促进作用；党兴华等（2011）指出，处于网络中心位置的风险投资企业可以获得更高的投资收益，但拥有丰富结构洞的风险投资企业的投资收益却并未得到明显提高；石琳等（2016）研究发现结构嵌入与投资绩效为倒"U"型关系。由此可知，学者们对于风险投资企业的结构嵌入与绩效之间的相关关系及作用机理尚未有统一定论，尤其在中国文化情境下，西方发达国家的研究结果可能并不适用于中国企业。

投资经验作为风险投资企业扩充组织知识储备、提高组织吸收能力、改善组织战略的重要因素，决定了组织能否充分识别、利用组织结构嵌入所带来的信息和资源优势，那么，其对结构嵌入与投资绩效的关系是否有影响？如果有，作用机制是什么？

在联合投资网络中，结构嵌入和关系嵌入作为网络嵌入研究的两个重要分支，结构嵌入强调了风险投资企业基于网络位置搜索信息的优势，关系嵌入则强调与合作伙伴之间通过共享关系对信息有甄别和吸收优势。换言之，结构嵌入性衡量了风险投资企业的信息搜索范围，关系嵌入性则衡量了风险投资企业在信息搜索范围内抓取有效信息的能力。因此风险投资企业的关系嵌入性会提高该企业对网络位置的信息效能的利用程度，即关系嵌入会对结构嵌入与投资绩效之间的关系产生调节效应。

因此，本章基于社会网络理论，将风险投资企业的三个维度的知识来源——结构嵌入、关系嵌入、投资经验置于同一研究框架下，从理论和实证经验层面分析了结构嵌入对投资绩效的作用机制，并分析了投资经验和关系嵌入的调节作用。

第二节 中国风险投资企业结构嵌入与投资绩效理论分析与研究假设

一、结构嵌入与投资绩效

结构嵌入指的是行动者通过与合作伙伴建立正式的直接或间接的联系

来实现彼此关联的行为模式，强调的是群体机制对组织间关系的影响（Granovetter，1985）。结构嵌入用来表示行动者在社会网络中所处的网络位置。网络位置是行动者建立直接与间接关系的结果，网络位置的不同代表行动者在网络中获得知识、信息和资源等机会的差异性，占据良好网络位置的组织更具有优势地位（Zaheer & Bell，2005），也有学者认为企业获取的资源可以被解释为企业网络位置的函数。学术界认为最能反映并衡量网络位置的变量是中心性（centrality）和结构洞（structure hole）（Zaheer & Bell，2005；Burt，2004；Uzzi，1997）。

中心性用来描述组织是否位于或接近社会网络的核心位置，指组织在网络结构中占据中心位置的程度（Ahuja et al.，2003；Freeman，1979）。中心性高的投资企业的绩效较高，原因主要有以下几个方面。首先，投资企业会因中心位置而获得大量的信息优势。中心性代表了投资企业获取资源、控制资源的可能性（罗家德，2014）。位于中心位置的风险投资企业拥有更多的知识和信息来源（Coleman，1988）。更多的信息来源不仅增加了企业可利用知识的选择性，更增加了企业获得有价值信息和互补性信息的可能性，从而获得其他投资企业及竞争对手所没有的信息，获得竞争优势。占据中心位置的风险投资企业因拥有的信息流通渠道较多，比其他位置的风险投资企业能够更迅速地到达社会网络的其他节点，也意味着可以对网络知识更大范围和更快速度地搜索与评估，因此可以更快、更有效识别联盟机会、选择匹配的合作伙伴（Gulati，1998）。其次，处于中心位置的企业地位更高，随之享有的声誉及特权更多。中心性是评价投资企业网络中投资企业重要与否，衡量投资企业地位优越性、特权性、身份及声誉的重要指标。投资企业的中心性越高，地位越高，获得信息与资源的机会就越多，就更有利于提高投资企业的投资收益。对投资绩效的正面促进作用就越大。最后，投资企业会因中心位置而提高组织的学习能力。由组织学习理论可知，处于中心位置的投资企业接触到新信息的机会更多，视野更开阔，组织学习的可能性更高，更易促进组织内外部知识的交换、整合，从而开发新的知识，提高技术能力、运营能力及管理能力（Brown & Duguid，2001），提高投资绩效。

结构洞是指网络中个体之间非冗余联系的现象（Burt，1992）。现有研究普遍认为位于结构洞位置的企业有更多机会获得异质性资源，从而获得信息优势；还可以利用位置优势控制"桥"两端企业之间信息的流动而获利，具有控制优势（McEvily & Zaheer，1999；Burt，1992；Gnyawali & Madhavan，2001；Soda et al.，2004）。但是，在中国文化情境下，风险投资企业的结构洞位置未必对投资绩效产生促进作用，原因如下：首先，在中国文化情境下，基于"人脉""人情""礼尚往来"形成"自己人"和"圈内人"对企业绩效具有非常重要的意义，中国风险投资企业深谙"关系"对于投资成功的重要性（罗家德等，2014）。因此，处于结构洞位置的企业，由于处在两个"圈子"的交界位置，面临被相邻两个"圈子"中的企业视为"圈外人"的风险，不易取得合作伙伴的信任，从而弱化结构洞位置的信息优势和控制优势。其次，由于中国风险投资市场起步晚，相应的监管制度和治理机制尚不完善，依靠非正式制度对合作伙伴的行为进行监管就成为正式制度失灵时的极佳选择（文金艳等，2020）。因此，当网络内企业间联系紧密、结构洞缺乏时，网络内企业彼此间都有直接或间接的联系，道德监督作用得以充分发挥，企业间的承诺关系稳固，会减少合作伙伴的机会主义行为，提高伙伴间的知识分享意愿，有利于隐性知识的转移，提高投资回报。基于此，本书提出如下假设：

假设 H6－1a：风险投资企业的中心性正向影响投资绩效。

假设 H6－1b：风险投资企业的结构洞负向影响投资绩效。

二、投资经验的调节作用

同一联盟网络中不同组织的战略、决策和绩效差异化凸显，究其根本主要是由异质性资源引起的。一方面是由于组织间对网络嵌入所带来的资源搜索、获取存在差异。良好的网络位置能为组织带来优质的知识、资源和信息，提高组织间信息交流的速率，从而可以提高组织绩效（Cross & Cumming，2004）。另一方面则是由于组织对资源的利用能力存在差异。法里纳（Farina，2010）认为优质的网络关系和有利的网络位置为组织提供获得信息的机会，但组织的企业属性则决定了组织能否充分利用这些机会。因此，联盟网络中的风险投资企业投资绩效的差异，部分来自网络属性方面的差异，即网络嵌入对投资绩效的影响；同时投资绩效还与风险投资企业的企业属性特征息息相关。处于联合投资网络中的风险投资企业由于网络位置的原因会获得大量接触异质化、有价值的外部知识、信息和资源的机会，但能够对这些外部知识、信息和资源识别、吸收，转化为投资企业的竞争优势，则取决于投资企业的企业属性特征。组织经验作为重要的企业属性（Gompers et al.，2009），决定了企业内部的知识基础和学习能力，对风险投资企业的网络嵌入与投资绩效的关系有重要的调节作用。

风险投资企业主要是通过筛选有潜力的创业企业，为创业企业提供资金，利用各种资源为创业企业提供指导，并提供一系列的增值服务帮助创业企业成长（Dimov & Shepherd，2005）。因此，风险投资企业形成的联合投资网络在网络属性层面为风险投资企业带来了网络资源，而风险投资企业的组织经验则在企业属性层面决定了风险投资企业对网络资源的转化、吸收水平。对中心性来说，投资经验的调节作用主要表现如下。

首先，丰富的投资经验可以提高风险投资企业对网络资源、信息筛选的质量和效率。占据中心位置的风险投资企业因与外部联结较多，可以获得丰富的信息，而过于丰富的信息会造成信息的冗余。当投资企业拥有丰富的投资经验时，意味着投资企业已经在多个投资领域开展业务，从而积累了丰富的专业化知识，能够有效地识别和译码由中心位置带来的大量信息。其次，丰富的投资经验有利于提高风险投资企业对有价值的网络信息的学习和吸收能力。由组织学习理论可知，通过组织学习获得的直接经验和间接经验会内部化为组织的知识（Nonaka & Takeuchi，1995），发展为组织的惯例和信念，指导组织未来的行动（Huber，1991；Levitt & March，1988），决定组织的行为能力。而风险投资企业从先前的投资中积累经验，获得知识，并最终在评估、选择和管理投资机会方面表现为具体的吸收能力（De Clercq & Dimov，2007）。研究表明，风险投资企业投资的有效性取决于它们从投资经验中的学习（Gupta & Sapienza，1992），以及他们从与其他风险投资企业合作投资（联合投资）中的学习（Wright & Lockett，

2003）。德克莱尔等（De Clercq et al.，2006）指出投资经验可以增加投资企业的价值贡献，并提高投资绩效。这些经验包括，监督和管理投资组合公司的行为（Sapienza & Korsgaard，1996），提供专业的战略建议和网络关联（Busenitz et al.，2004），以及人才招聘管理等（Hellmann & Puri，2002）。因此，具有丰富的投资经验的企业具有更高、更灵活的学习能力，更有利于企业从网络中心位置获益。最后，丰富的投资经验有利于处于中心位置的风险投资企业识别新的发展机会。当企业的投资经验较为匮乏时，会降低其在不同专业领域的转介交换能力，也会影响企业受益于网络间信息交换的能力。处于中心位置的企业，因位置优势获得大量多样化信息，当企业的投资经验丰富时，其在不同专业领域的转介交换能力较强，更有机会识别多样化信息所带来的细分市场，获得新的发展机会（Pollock et al.，2004），从而提高投资绩效。基于此，本书提出如下假设：

假设 H6 - 2a：风险投资企业投资经验越丰富，中心性对投资绩效的正向效应越强。

由于受到中国文化情境因素的影响，处于结构洞位置的企业易被列为"圈外人"而不被信任，合作伙伴分享知识的意愿降低，机会主义行为增多，信息优势和控制优势得到弱化。对结构洞来说，投资经验的调节作用表现如下：首先，当投资企业的投资经验丰富时，意味着企业拥有丰富的知识基础，具有一定的竞争优势，对合作伙伴的资源依赖减弱，从而使得合作伙伴对焦点企业的依赖性增强，基于中华文化的"礼尚往来"，合作伙伴会倾向于分享知识、信息和资源以换取焦点企业的知识、信息和资源，从而降低机会主义行为发生的概率，增强焦点企业的信息优势和控制优势；其次，在中国文化情境下，处于结构洞位置的企业面临伙伴机会主义行为的可能性增大，出现经济纠纷等问题的可能性也更大。而拥有丰富投资经验的企业积累了丰富的异质性资源，对信息的掌控力度更大，极大减少投资中不确定性事件发生的同时，也更有能力对已发生的纠纷、问题等进行妥善处理，降低对投资的损失。基于此，本书提出如下假设：

假设 H6 - 2b：风险投资企业投资经验越丰富，结构洞对投资绩效的负向效应越弱。

三、关系嵌入的调节作用

中心性反映了网络中节点组织充当网络信息枢纽的程度，影响组织对于网络资源收集的范围和可能性。因此，风险投资企业占据中心性位置的主要优势在于扩大了企业对外部信息的搜索范围，拓宽了从外部获取资源和信息的渠道，提升企业资源的广度。在风险投资企业与联盟企业合作关系频繁、信任程度较高的情况下，即关系嵌入程度较高的情况下，企业更容易获得具有黏滞性、默会性和难以模仿性的隐性知识，加深企业资源的深度。因此，在关系嵌入程度较高的情况下，占据中心性位置的风险投资企业更容易在收集到的广泛网络资源中抓取、吸收和利用与从合作伙伴处转移来的有价值的资源，即提高对网络资源获取的质量，从而对相匹配的两类资源进行融合、整合和重组，形成难以模仿、复制的新资源，促进投资绩效的提升。基于此，本书提出如下假设：

假设 H6-3a：风险投资企业与联盟伙伴的关系越密切，中心性对投资绩效的正向效应越强。

结构洞反映了网络中节点企业获取异质化信息的能力以及控制与其有联系的企业之间信息交换的能力。占据结构洞位置的企业具有信息优势和控制优势。然而，在中国的集体主义文化和高承诺组织情境下，结构洞也会有一定的弊端。在中国文化情境下，由于受到"关系""礼尚往来"等理念的影响，网络成员对处于结构洞位置的企业信任程度较低，容易产生隔阂，从而导致机会主义行为的发生。因此，当联盟伙伴间的合作程度频繁、信任机制和共享机制完善时，占据结构洞位置的投资企业可以使得因网络位置不同引起的伙伴间不平衡感知和隔阂变弱，增强伙伴彼此间的信任程度，使得伙伴间协调关系更加融洽，不仅有利于降低合作伙伴机会主义行为发生的概率，还可以增强伙伴间的分享意愿，促进伙伴间缄默知识的转移，从而有利于更好地利用伙伴的资源禀赋，促进内外部资源的整合，建立竞争壁垒，促进投资绩效的提升。基于此，本书提出如下假设：

假设 H6-3b：风险投资企业与联盟伙伴的关系越密切，结构洞对投资绩效的负向效应越弱。

根据以上分析，本章研究框架如图 6 - 1 所示。

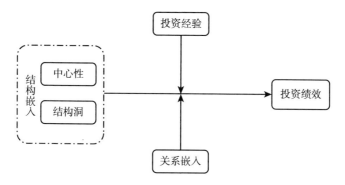

图 6 - 1　结构嵌入与投资绩效研究框架

第三节　中国风险投资企业结构嵌入 与投资绩效研究设计

一、样本与数据

本章样本与数据同第四、五章，在此不予赘述。

二、变量测量

（一）被解释变量

本章的被解释变量是风险投资企业的投资绩效，选取已被学者们广泛应用的成功退出比例（Ratio）作为投资绩效的代理变量，成功退出比例的计算方法为用风险投资企业时间窗内 IPO 或并购成功退出的次数，除以前一个时间窗内总投资轮次。采用滚动时间窗，以 4 年为一个时间窗，用 $t +$ $1 \sim t + 4$ 年为时间窗观测风险投资企业的成功退出比例（Ratio），即选用 2004 年 1 月 1 日至 2014 年 12 月 31 日的中国风险投资企业的投资数据作为样本，留有 2015 年 1 月 1 日至 2018 年 12 月 31 日 4 年时间来观察投资结果。

（二）解释变量

1. 中心性（Centrality）

社会网络分析中，程度中心性（Degree）、接近中心性（Closeness）、特征向量中心性（Eigenvector）是用来表征企业网络中心性的重要指标。本书首先采用 Ucinet 6.645 对这三个指标进行测算。采用滚动时间窗，以 4 年为一个时间窗，以 t − 4 ∼ t − 1 年为时间窗观测风险投资企业中心性的三个测量指标。由于以 4 年为时间窗对风险投资企业的相关变量进行测量，则若风险投资企业在该次投资的前四年（不包括投资当年）与其他投资企业发生联合投资，则视为有网络联结。为保留更多的测量中心性的信息，本书采用主成分分析对这三个指标进行分析，按照累计贡献率大于 85% 或特征值大于 1 的原则，选取主要成分构建综合评价指标，尽可能保留更多的指标信息，具体见表 6 − 1。中心性主成分分析的碎石图见图 6 − 2。

表 6 − 1　　　　　　　　　　中心性的主成分分析

成分	特征值	方差的百分比（%）	累计百分比（%）
Degree	1.9938	66.46	66.46
Closeness	0.7559	25.20	91.66
Eigenvector	0.2502	8.34	100.00

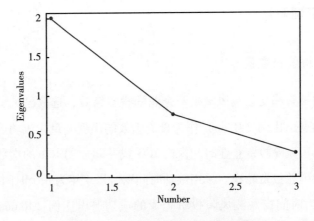

图 6 − 2　中心性主成分分析的碎石图

由表 6-1 可知，在中心性主成分分析中，第一个主成分的特征值为 1.9938，解释了总变异的 66.46%；第二个主成分的特征值为 0.7559，解释了总变异的 25.20%，此时前两个主成分的累计贡献率为 91.66%；第三个主成分的特征值为 0.2502，解释了总变异的 8.34%，此时所有成分的累计贡献率为 1。由图 6-1 可知，第一个主成分特征值大于 1。因此，按照累计贡献率大于 85% 的原则，本书选取前两个主成分替代原有的 3 个变量。为保留更多的指标信息，按照所选取的每个主成分的贡献率加权平均后进行标准化处理，得到综合评价指标 Centrality 作为中心性的代理变量。

2. 结构洞（Hole）

结构洞的测量指标主要有 4 个，包括有效规模（Effsize）、效率（Efficiency）、限制度（Constraint）和等级（Hierarchy）。各指标对结构洞测量的侧重点不同，有效规模侧重于对企业资源层面的测量，而效率、约束水平和层级侧重于对企业效率层面的测量。这四个指标均可采用 Ucinet 6.645 进行测算。采用滚动时间窗，以 4 年为一个时间窗，以 t-4~t-1 年为时间窗观测风险投资企业的结构洞。为保留更多的测量结构洞的信息，本书采用主成分分析对这四个指标进行分析，按照累计贡献率大于 85% 或特征值大于 1 的原则，选取主要成分构建综合评价指标，尽可能保留更多的指标信息，具体见表 6-2。结构洞主成分分析的碎石图见图 6-3。

表 6-2　　　　　　　　　结构洞的主成分分析

成分	特征值	方差的百分比（%）	累计百分比（%）
Effsize	2.3924	59.81	59.81
Efficiency	1.1468	28.67	88.48
Constraint	0.2725	6.81	95.29
Hierarchy	0.1883	4.71	100

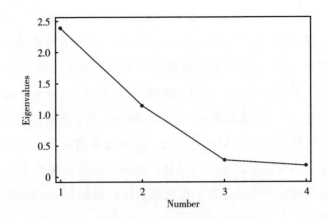

图 6 - 3　结构洞主成分分析的碎石图

由表 6 - 2 可知，在结构洞主成分分析中，第一个主成分的特征值为 2.3924，解释了总变异的 59.81%；第二个主成分的特征值为 1.1468，解释了总变异的 28.67%，此时前两个主成分的累计贡献率为 88.48%；第三个主成分的特征值为 0.2725，解释了总变异的 6.81%，此时前三个主成分的累计贡献率为 95.29%；第四个主成分的特征值为 0.1883，解释了总变异的 4.71%，此时所有成分的累计贡献率为 1。由图 6 - 3 可知，第一个主成分和第二个主成分的特征值大于 1，且这两个主成分之间的斜率最大。因此，按照累计贡献率大于 85% 或特征值大于 1 的原则，本书选取前两个主成分替代原有的 4 个变量。为保留更多的指标信息，按照所选取的每个主成分的贡献率加权平均后进行标准化处理，得到综合评价指标 hole 作为结构洞的代理变量。

（三）调节变量

1. 投资经验（Experience）

为避免投资经验与投资绩效研究中出现反向因果关系，投资经验为截止样本观察年前一年风险投资企业所参与过的总投资轮数。

2. 关系嵌入（Relation）

关系嵌入为风险投资企业基于互惠预期而发生的双边关系，是网络关系的特征。借鉴德克莱尔等（De Clercq et al., 2006）的研究成果，用伙伴联系次数表示，即风险投资企业在时间窗内，与各合作伙伴的总合作投资次数全部相加得到的总数为关系嵌入。为避免因反向因果关系带来的内生性问题，本书采用风险投资企业在前一个时间窗内，与各合作伙伴的总合作投资次数全部相加得到的总数表征关系嵌入。以 4 年为一个滚动时间窗，以 $t-4 \sim t-1$ 年为时间窗观测风险投资企业的关系嵌入。

（四）控制变量

在已有研究的基础上，本章对以下变量进行了控制：投资企业年龄、投资企业规模、资金来源、当年投资数、后向 5 年投资数、融资企业所处地理位置、本土 VC 可用性、地理邻近、是否为高科技行业、当年的退出条件、后向 4 年窗口的退出条件，此外，本章还对行业效应和年份效应进行了控制。

本章的核心变量定义及说明见表 6-3。

表 6-3　　　　　　　　　　结构嵌入与投资绩效变量定义

变量名称	英文代码	测量及说明
被解释变量		
成功退出比例	Ratio	用风险投资企业时间窗内 IPO 或并购成功退出的次数，除以前一个时间窗内总投资轮次
解释变量		
中心性	Centrality	本书对程度中心性、接近中心性、特征向量中心性进行主成分分析
结构洞	Hole	借鉴 Burt（2004）的做法，有四种测量方法：有效规模、效率、限制度和等级度，本书对其进行主成分分析
调节变量		
投资经验	Experience	截止样本观察年前一年风险投资企业所参与过的总投资轮数
关系嵌入	Relation	风险投资企业在前一个时间窗内，与各合作伙伴的总合作投资次数全部相加得到的总数
控制变量		
投资企业年龄	Age	从投资企业成立到投资项目时的总年数
投资企业规模	Size	ln（管理资金 +1）

变量名称	英文代码	测量及说明
资金来源	Fund	样本中风险投资资金来源有三种：中资、外资、合资，分别取值为 0、1、2
当年投资数	Num_year	投资企业在样本观察年所投资的总轮数
后向 5 年投资数	Num_5year	投资企业在样本观察年的前 5 年（包括当年）的总投资轮数
融资企业所处地理位置	Pc_location	当融资企业处于北京、上海、广州时，取值为 1，其他为 0
本土 VC 可用性	Local_VC	同一省份中风险投资企业的数量
地理邻近	Geopro	当投资企业和被投资企业在同一省份时，将 Geoprox 设定为 1，反之为 0
是否为高科技行业	High_ind	当风险投资企业所处行业为电子、医药生物和信息技术时，将 High_ind 定义为 1，其余为 0
当年的退出条件	Exit_year	若风险投资企业通过 IPO 和并购退出投资，则使用其退出时所在年份的 IPO 和并购退出总数度量；对没有通过 IPO 和并购退出的投资，则使用从投资年至样本观察期截止年年度平均 IPO 和并购退出总数度量
后向 4 年窗口的退出条件	Exit_4year	若风险投资企业在 4 年时间窗内通过 IPO 和并购退出投资，则使用其退出时所在时间窗的 IPO 和并购退出总数度量；对没有在时间窗通过 IPO 和并购退出的投资，则使用从投资活动所在时间窗至样本观察期截止年的所有时间窗平均 IPO 和并购退出总数度量

三、模型设定

为了保证估计结果的准确性和可靠性，在模型设定时应根据数据的特征和模型成立的限定条件进行科学决策。本章用 Wald Test 进行组间异方差的检验，选用能有效解决大样本中异方差问题的广义最小二乘法（FGLS），保证模型选用的恰当性。

为了检验结构嵌入对投资绩效的影响，本书构建如下基准模型：

$$Ratio = \beta_0 + \beta_1 Centrality + \beta_i \sum Control_i + \varepsilon \qquad (6-1)$$

$$Ratio = \beta_0 + \beta_1 Hole + \beta_i \sum Control_i + \varepsilon \qquad (6-2)$$

$$Ratio = \beta_0 + \beta_1 Centrality + \beta_2 Centrality \times MV + \beta_3 MV + \beta_i \sum Control_i + \varepsilon$$
$$(6-3)$$

$$Ratio = \beta_0 + \beta_1 Hole + \beta_2 Hole \times MV + \beta_3 MV + \beta_i \sum Control_i + \varepsilon$$
$$(6-4)$$

在公式中，β_0 为常数项，β_i 为各项系数，MV 为控制变量，$Control_i$ 为各控制变量，ε 为残差项。

第四节　中国风险投资企业结构嵌入与投资绩效研究结果与分析

一、描述性统计与相关性分析

（一）描述性统计

首先，本书对样本中的核心变量进行了描述性统计，见表6–4。

表6–4　　　　结构嵌入与投资绩效核心变量描述性统计

变量	观察值	Mean	Std. Dev.	Min	Max
Ratio	3266	0.26	0.64	0	12
Centrality	3266	0.01	0.03	0	0.3
Hole	3266	0.69	0.21	0.09	1
Experience	3266	17.21	39.51	1	609
Relation	3266	3.48	3.24	0	21
Age	3266	9.45	13.94	0	149
Size	3266	6.20	1.10	2	8.52
Fund	3266	1.31	0.51	1	3
Num_year	3266	4.39	9.57	1	381

续表

变量	观察值	Mean	Std. Dev.	Min	Max
Num_5year	3266	14.10	27.84	1	462
Pc_location	3266	0.09	0.29	0	1
Local_VC	3266	425.50	281.10	0	725
Geopro	3266	0.06	0.23	0	1
High_ind	3266	0.46	0.50	0	1
Exit_year	3266	110.60	75.64	18	263
Exit_4year	3266	378.70	345.40	26	841

由表 6-4 可知，（1）成功退出比例（Ratio）的均值为 0.26，标准差为 0.64，最小值为 0，最大值为 12，说明中国风险投资企业的成功退出比例较低，且差异较大。（2）投资企业的平均投资轮数为 17.21 次，最大值则高达 609 次，说明中国风险投资企业投资次数较多，差异较大。（3）从中心性（Centrality）、结构洞（Hole）可知，投资企业的网络特征差异明显。（4）从关系嵌入（Relation）可知，中国风险投资企业 4 年时间窗口内平均联合投资高达 4 次，进一步说明中国风险投资企业的网络化。（5）在控制变量方面，需要指出的是，当地 VC 可得性的均值高达 425.50，说明投资市场的火热；而当年退出条件（Exit_year）和后向 4 年退出条件（Exit_4year）均值分别为 110.6 和 378.7，与我国风险投资企业日益活跃且表现优异的投资市场现实相吻合。

（二）相关性分析

表 6-5 样本中各变量之间的 Pearson 相关系数。由表 6-5 可知，中心性（Centrality）与成功退出比例（Ratio）表现为显著的正相关关系，与前文推断相符；结构洞（Hole）与成功退出比例（Ratio）表现为显著的正相关关系，与前文推断相反。此外，本章计算了变量的方差膨胀因子（VIF），VIF 值均小于阈值 10，排除因变量间多重共线性而引起的模型估计偏误可能。

表 6 - 5　结构嵌入与投资绩效变量相关系数矩阵

变量	1	2	3	4	5	6	7	8	9	10	11	12	13	14	15	16
Ratio	1															
Centrality	0.242***	1														
Hole	0.034*	0.680***	1													
Experience	0.241***	0.443***	0.521***	1												
Relation	0.163***	0.203***	0.041***	0.055***	1											
Age	0.241***	0.138***	0.062***	0.198***	0.098***	1										
Size	0.051*	0.014	-0.021	0.049***	0.002	0.077***	1									
Fund	0.071***	0.223***	0.102***	0.151***	0.145***	0.398***	0.087***	1								
Num_year	0.170***	0.315***	0.309***	0.461***	-0.007	0.078***	0.036**	0.081***	1							
Num_5year	0.245***	0.454***	0.473***	0.914***	0.054***	0.153***	0.054***	0.134***	0.684***	1						
Pc_location	0.115***	0.069***	-0.009	-0.060***	0.080***	0.012	0.004	0.069***	-0.038***	-0.061***	1					
Local_VC	0.006	-0.060***	-0.037***	0.004	-0.081***	-0.302***	-0.013	-0.308***	0.042**	0.033*	0.012	1				
Geopro	0.058	-0.026	-0.020	-0.065***	0.006	-0.085***	0.009	-0.096***	-0.040**	-0.064***	0.416***	0.015	1			
High_ind	-0.041**	0.066**	0.030**	0.077***	0.040**	0.017	0.001	0.100***	0.051***	0.082***	0	-0.004	-0.058***	1		
Exit_year	0.090***	0.011	-0.047***	-0.139***	-0.019	-0.054***	0.088***	0.039*	-0.022	-0.114***	0.150***	-0.032*	0.191***	-0.164***	1	
Exit_4year	0.180***	0.066***	0.074***	0.335***	0.096***	0.289***	0.160***	0.224***	0.206***	0.336***	-0.059***	-0.089***	-0.061***	0.055***	0.042**	1
VIF	1.29	2.42	2.28	4.95	1.11	1.41	1.04	1.38	1.93	4.12	1.27	1.19	1.27	1.05	1.18	2.5

注：*、**、***分别表示10%、5%、1%的显著性水平。

二、单变量均值与中位数检验

在正式回归前，首先对样本中的变量进行了单变量均值和中位数检验。首先按照投资绩效的均值将样本分为低和高两组，对分组后子样本的均值和中位数进行独立样本 T 检验和独立样本非参数 Mann-Whiney U 检验，初步判断变量之间的相关关系。

由表 6 – 6 中低退出比例组和高退出比例组两组均值与中位数差异的检验结果可知，在高退出比例组的样本中，中心性（Centrality）、结构洞（Hole）、投资经验（Experience）、关系嵌入（Relation）的均值（0.03、0.74、2.60、4.74）均高于低退出比例组的样本（0.01、0.68、1.90、3.14）。结构洞（Hole）的独立样本 T 检验和 Mann-Whitney U 检验结果不稳健。中心性（Centrality）、投资经验（Experience）以及关系嵌入（Relation）的独立样本 T 检验和 Mann-Whitney U 检验均在 1% 的统计水平显著。

表 6 – 6　　　　结构嵌入与投资绩效变量的单变量均值和中位数检验

变量	低 Ratio 组 均值	高 Ratio 组 均值	独立样本 T 检验	Mann-Whitney U 检验
Centrality	0.01	0.03	− 12.87 ***	− 14.261 ***
Hole	0.68	0.74	0.0239	− 9.826 ***
Experience	1.90	2.60	− 14.08 ***	− 15.54 ***
Relation	3.14	4.74	− 11.69 ***	− 10.01 ***
Age	8.58	12.76	− 6.99 ***	− 7.79 ***
Size	6.16	6.34	− 3.74 ***	− 3.50 ***
Fund	1.28	1.41	− 5.82 ***	− 5.88 ***
Num_year	4.08	5.60	− 3.69 ***	− 11.55
Num_5year	12.76	19.24	− 5.41 ***	− 15.95 ***
Pc_location	0.06	0.20	− 11.86 ***	− 11.61 ***
Local_VC	424.89	427.62	− 0.22	0.75
Geopro	0.04	0.11	− 7.08 ***	− 7.03 ***
High_ind	0.41	0.48	3.29 ***	3.29 ***
Exit_year	102.03	143.53	− 13.03 ***	− 14.19 ***
Exit_4year	343.29	514.14	− 11.69 ***	− 12.75 ***

注：对 Experience 进行对数化处理；*、**、*** 分别表示 10%、5%、1% 的显著性水平。

对于控制变量，地理邻近（Geopro）和当年退出条件（Exit_year）的独立样本 T 检验和 Mann-Whitney U 检验的显著性水平为 1%，说明投资企业和融资企业的地理位置越近，越有利于投资企业成功退出比例（Ratio）的提高，当年退出条件越好，投资市场越活跃，越有利于投资企业成功退出比例（Ratio）的提高。当年投资数（Num_year）和当地 VC 可得性（Local_VC）独立样本 T 检验和 Mann-Whitney U 检验结果不稳健。企业年龄（Age）、企业规模（Size）、资金来源（Fund）、融资企业的地理位置（Pc_locatio）、是否为高科技行业（High_ind）等其余控制变量的独立样本 T 检验和 Mann-Whitney U 检验均表现为显著的稳健性，与前文的推断一致。通过对样本中变量的单变量均值和中位数检验可知，部分结论支持了前文的理论假设，但由于单变量检验仅考虑所考察变量的影响，可能引起估计偏误，因此需要通过多元回归分析得到更为科学稳健的研究结论。

三、回归结果与分析

（一）自变量为中心性时的模型估计

表 6 - 7 报告了自变量为中心性时的模型估计结果。模型 1 ~ 模型 3 依次检验了中心性对投资绩效的直接作用、投资经验对中心性与投资绩效的调节作用、关系嵌入对中心性与投资绩效的调节作用。模型 4 为加入所有变量后的回归结果。由模型 1 ~ 模型 4 中的异方差检验 Wald Test 的估计结果可知，这 4 个模型均在 1% 的水平上显著存在异方差，因此，选用 FGLS 可以有效修正因异方差产生的估计偏误。模型 1 ~ 模型 4 的 Wald chi2 统计量均在 1% 的水平显著，说明各估计模型设定良好。

表 6 - 7 　　　　　　　　　　自变量为中心性时的模型估计

变量	1	2	3	4
	被解释变量：Ratio（FGLS）			
Centrality	0. 2300 ***	0. 2165 ***	0. 1143 ***	0. 1406 ***
	（0. 0087）	（0. 0220）	（0. 0087）	（0. 0217）

续表

变量	1	2	3	4
	被解释变量：Ratio（FGLS）			
Experience		1. 3783 ***		1. 3641 ***
		(0. 0335)		(0. 0359)
Experience × Centrality		0. 0209		0. 0442 **
		(0. 0187)		(0. 0189)
Relation			0. 1009 ***	0. 0809 ***
			(0. 0032)	(0. 0034)
Relation × Centrality			0. 0699 ***	0. 0224 ***
			(0. 0037)	(0. 0035)
Age	0. 0653 ***	0. 0408 ***	0. 0635 ***	0. 0550 ***
	(0. 0026)	(0. 0023)	(0. 0020)	(0. 0019)
Size	− 0. 0311 ***	− 0. 0278 ***	0. 0205 ***	− 0. 0383 ***
	(0. 0035)	(0. 0033)	(0. 0027)	(0. 0036)
Fund	− 0. 8086 ***	− 0. 8720 ***	− 0. 9372 ***	− 0. 9335 ***
	(0. 0367)	(0. 0262)	(0. 0284)	(0. 0358)
Num_year	0. 0107 ***	0. 0306 ***	0. 0076 *	0. 0392 ***
	(0. 0038)	(0. 0059)	(0. 0040)	(0. 0065)
Num_5year	0. 0198 ***	− 0. 0299 ***	0. 0192 ***	− 0. 0329 ***
	(0. 0020)	(0. 0040)	(0. 0016)	(0. 0038)
Pc_location	1. 1217 ***	1. 2299 ***	1. 0672 ***	1. 0540 ***
	(0. 0548)	(0. 0445)	(0. 0231)	(0. 0550)
Local_VC	0. 0012 ***	0. 0008 ***	0. 0012 ***	0. 0010 ***
	(0. 0000)	(0. 0000)	(0. 0000)	(0. 0000)
Geopro	0. 5042 ***	0. 8240 ***	0. 5443 ***	0. 7670 ***
	(0. 0494)	(0. 0320)	(0. 0235)	(0. 0265)
High_ind	− 0. 3822 ***	− 0. 3760 ***	− 0. 3466 ***	− 0. 4572 ***
	(0. 0264)	(0. 0351)	(0. 0258)	(0. 0279)
Exit_year	0. 0134 **	0. 0268	0. 0115 **	0. 0247 *
	(0. 0059)	(0. 0184)	(0. 0051)	(0. 0132)
Exit_4year	0. 0013 ***	− 0. 0012 ***	0. 0012 ***	− 0. 0011 ***
	(0. 0000)	(0. 0000)	(0. 0000)	(0. 0001)
行业效应	Yes	Yes	Yes	Yes
年份效应	Yes	Yes	Yes	Yes
cons	− 0. 4445 **	− 1. 9797 ***	− 0. 9030 ***	− 2. 3894 ***
	(0. 2229)	(0. 6818)	(0. 1925)	(0. 4928)
Wald 检验 P 值	0. 00	0. 00	0. 00	0. 00
Wald chi2	85523. 24 ***	43263. 61 ***	1296645 ***	19873. 57 ***
N	3266	3266	3266	3266

注：对 Experience 进行对数化处理；＊ 、＊＊ 、＊＊＊ 分别表示 10%、5%、1% 的显著性水平。

　　由表 6 - 7 中模型 1 可知，中心性与投资企业的成功退出比例表现为显著的正相关关系（β = 0.2300，p < 1%），说明处于中心位置的投资企业拥有更多的信息和资源优势，从而有利于投资企业的成功退出比例。假设 H6 - 1a 得到实证支持。假设 H6 - 2a 显示，投资经验有利于处于网络中心位置的风险投资企业对信息进行更好的收集、筛选，有利于投资企业为融资企业提供增值服务和非增值服务，从而对投资绩效产生促进作用。由模型 2 可知，投资经验与中心性的交互项（Experience × Centrality）不显著为正（β = 0.0209），假设 H6 - 2a 未得到支持。假设 H6 - 3a 显示，关系嵌入有利于处于中心位置的风险投资企业对搜索到的网络信息有选择性地进行传递，获取隐性、缄默知识，从而获得竞争优势。由模型 3 可知，关系嵌入与中心性的交互项（Relation × Centrality）在 1% 的统计水平显著为正（β = 0.0699，p < 1%），说明关系嵌入更有利于处于中心位置的投资企业在获得外部知识的基础上，与从伙伴处获得的隐性知识进行匹配重组，获得竞争优势，从而提高投资绩效。假设 H6 - 3a 得到实证支持。由模型 4 可知，在加入所有变量后，假设 H6 - 1a、假设 H6 - 3a 仍得到实证支持，投资经验与中心性的交互项（Experience × Centrality）显著为正（β = 0.0442，p < 1%），此时假设 H6 - 2a 得到实证支持。假设 H6 - 2a 之所以未得到稳健支持，可能是由于风险投资本身的复杂性导致调节因素被某些因素所掩盖，也可能与样本选择有关。

　　关系嵌入对中心性与投资绩效之间的调节效果见图 6 - 4。图 6 - 4 斜率表明，关系嵌入高时的风险投资企业的中心性与投资绩效之间的正向关系大于关系嵌入低时相应的关系，关系嵌入对中心性与投资绩效间的正向调节作用得以验证。

（二）自变量为结构洞时的模型估计

　　表 6 - 8 报告了自变量为结构洞时的模型估计结果。模型 1 ~ 模型 3 依次检验了结构洞对投资绩效的直接作用、投资经验对结构洞与投资绩效的调节作用、关系嵌入对结构洞与投资绩效的调节作用。模型 4 为加入所有变量后的回归结果。由模型 1 ~ 模型 4 中的异方差检验 Wald Test 的估计结

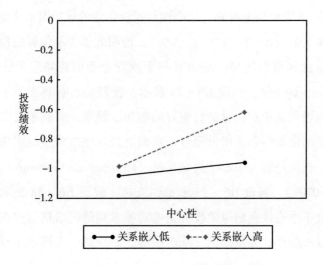

图6-4 关系嵌入对中心性与绩效的调节效应

果可知，这4个模型均在1%的水平上显著存在异方差，因此，选用FGLS可以有效修正因异方差产生的估计偏误。模型1~模型4的Wald chi2统计量均在1%的水平显著，说明各估计模型设定良好。

表6-8　　　　　　　　　　自变量为结构洞时的模型估计

变量	1	2	3	4
	被解释变量：Ratio（FGLS）			
Hole	-0.0068 *** (0.0011)	-0.0008 (0.0006)	-0.0037 *** (0.0011)	-0.0011 (0.0012)
Experience		0.8977 *** (0.0416)		0.9800 *** (0.0379)
Experience × Hole		0.0619 *** (0.0005)		0.051 * (0.0008)
Relation			0.1324 *** (0.0034)	0.0947 *** (0.0037)
Relation × Hole			0.0321 *** (0.0003)	0.0211 ** (0.0004)
Age	0.0576 *** (0.0019)	0.0348 *** (0.0021)	0.0531 *** (0.0020)	0.0410 *** (0.0020)

续表

变量	1	2	3	4
	被解释变量：Ratio（FGLS）			
Size	−0.0323 *** (0.0046)	−0.0380 *** (0.0033)	−0.0133 *** (0.0032)	−0.0284 *** (0.0044)
Fund	−0.7012 *** (0.0284)	−0.6036 *** (0.0324)	−0.7279 *** (0.0359)	−0.6269 *** (0.0389)
Num_year	0.0070 * (0.0037)	0.0028 (0.0056)	0.0052 (0.0038)	0.0166 ** (0.0076)
Num_5year	0.0255 *** (0.0020)	0.0004 (0.0045)	0.0239 *** (0.0025)	−0.0148 *** (0.0043)
Pc_location	1.0998 *** (0.0501)	1.1326 *** (0.0413)	1.3942 *** (0.0418)	1.0341 *** (0.0413)
Local_VC	0.0009 *** (0.0000)	0.0004 *** (0.0000)	0.0009 *** (0.0000)	0.0006 *** (0.0000)
Geopro	0.5518 *** (0.0440)	0.7485 *** (0.0370)	0.5314 *** (0.0432)	0.4313 *** (0.0358)
High_ind	−0.2318 *** (0.0279)	−0.2197 *** (0.0308)	−0.3172 *** (0.0423)	−0.2689 *** (0.0422)
Exit_year	0.0114 * (0.0066)	0.0177 (0.0190)	0.0048 (0.0049)	0.0198 (0.0132)
Exit_4year	0.0010 *** (0.0000)	−0.0009 *** (0.0001)	0.0009 *** (0.0000)	−0.0008 *** (0.0000)
行业效应	Yes	Yes	Yes	Yes
年份效应	Yes	Yes	Yes	Yes
cons	−0.4354 * (0.2469)	−1.3871 ** (0.7053)	−0.6337 *** (0.1882)	−2.0080 *** (0.4941)
Wald 检验 P 值	0.00	0.00	0.00	0.00
Wald chi2	8418.03 ***	29421.14 ***	68924.73 ***	44654.67 ***
N	3266	3266	3266	3266

注：对 Experience 进行对数化处理；*、**、*** 分别表示10%、5%、1%的显著性水平。

　　由表6-8中模型1可知，结构洞与成功退出率之间的关系显著负相关（$\beta = -0.0068$，$p < 1\%$），说明在中国情境下，占据结构洞位置的风险投资企业由于合作伙伴信任度较低，伙伴分享意愿较低，更容易产生机会主义行为。假设H6-1b得到支持。假设H6-2b显示，占据结构洞位置的风险投资企业若拥有丰富的投资经验，可以有效减轻对合作伙伴的依赖，提高合作伙伴的分享意愿，也更有能力处理风险投资中的不确定事件，增强信息优势和控制优势。由模型2可知，投资经验与结构洞的交互项（Experience × Hole）在1%的统计水平上显著为正（$\beta = 0.0619$，$p < 1\%$），假设H6-2b得到支持。假设H6-3b显示，在中国情境下，合作伙伴之间的强关系可以完善结构洞位置的企业与合作伙伴之间的信任机制和共享机制，促进竞争壁垒的建立，提高投资绩效。由模型3可知，投资经验与结构洞的交互项（Relation × Hole）在1%的统计水平上显著为正（$\beta = 0.0321$，$p < 1\%$），假设H6-3b得到支持。由模型4可知，相应假设仍基本得到实证支持。

　　投资经验、关系嵌入对结构洞与投资绩效之间的调节效果见图6-5。图6-5（a）斜率表明，投资经验低时的风险投资企业的结构洞与投资绩效之间的负向效应大于投资经验高时相应的关系，投资经验对结构洞与投资绩效间的调节效应得到验证。图6-5（b）斜率表明，关系嵌入低时的风险投资企业的结构洞与投资绩效之间的负向效应大于关系嵌入高时相应的关系，关系嵌入对结构洞与投资绩效间的调节效应得到验证。

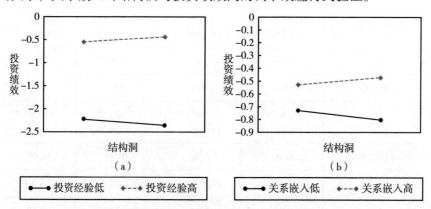

图6-5　投资经验、关系嵌入对中心性与绩效的调节效应

四、内生性偏误检验

本节仍然考虑了引起内生性的三个原因：一是解释变量和被解释变量互为因果关系，即解释变量会引起被解释变量的变化，反过来被解释变量也会引起解释变量发生变化；二是遗漏重要变量。当模型估计未考虑重要的解释变量时，估计模型无法反映遗漏变量与被解释变量之间的关系，会引起内生性问题；三是由变量测量的误差所引起的。当对核心解释变量的测量有偏误时，测量误差就会引起计量模型回归中误差的部分，从而引起内生性问题，导致模型估计产生偏误。

首先，针对因反向因果关系造成的内生性问题，本书对中心性和结构洞的测量采用的时间窗是 t - 4 年至 t - 1 年，不包括本年，考虑了联盟网络建立所需的时间，以及网络位置可能因时间效应而对投资绩效产生的伪回归问题。其次，关于因遗漏重要变量而引起的内生性问题。本章的控制变量尽可能考虑了可能影响投资绩效的重要因素，控制变量包括了投资企业自身特征的影响因素，如投资企业的年龄、规模、资金来源；包括了融资企业特征的因素，如融资企业所处的地理位置；包括了投资企业和融资企业两两之间的特征，而二者的地理位置邻近性；包括了市场和行业的特点，如退出条件、当地 VC 可得性、是否高科技行业等；在所有回归模型中还加入了行业和时间双向固定效应，这在很大程度上降低了因遗漏变量而引起内生性问题的风险。最后，关于因核心变量测量偏误而引起的内生性问题。就解释变量而言，中心性和结构洞的测量目前已得到学术界的统一，本章也是沿用前人广泛采用的测量方法对其进行测量。另外就被解释变量而言，投资绩效因财务数据的公开受限等原因，在学术界尚未有统一的测量方法，在稳健性检验部分，本书将替换被解释变量的测量方法，降低由于被解释变量测量偏误所引起的内生性问题。

为保证研究的科学性和稳健性，本书首先检验计量模型是否存在内生性问题。工具变量法是解决内生性问题的重要方法。有效的工具变量应与内生解释变量存在相关关系（相关性），与扰动项无相关关系（外生性）。

沿用前人做法，本书选用解释变量关系嵌入的滞后一期作为工具变量，并选用能有效解决样本组间异方差的"杜宾－吴－豪斯曼检验"（Durbin-Wu-Hausman Test，DWH）对计量模型的内生性进行检验（连玉君等，2008）。具体的检验结果见表6－9。

表6－9　　　　　　　　　　结构嵌入与投资绩效内生性偏误检验

变量	1	2
	Ratio	Ratio
Centrality	0.284 ** (0.1100)	
Hole		−0.00980 *** (0.0029)
Age	0.119 *** (0.0114)	0.118 *** (0.0113)
Size	−0.082 (0.1720)	−0.164 (0.1710)
Fund	−1.727 *** (0.3570)	−1.611 *** (0.3570)
Num_year	−0.0078 (0.0176)	−0.0102 (0.0176)
Num_5year	0.0302 *** (0.0075)	0.0505 *** (0.0073)
Pc_location	2.437 *** (0.6930)	2.516 *** (0.6910)
Local_VC	0.00253 *** (0.0006)	0.00235 *** (0.0006)
Geopro	1.258 (0.9000)	1.263 (0.8980)
High_ind	−0.723 (1.1040)	−0.679 (1.1020)
Exit_year	0.00389 (0.1230)	0.00521 (0.1230)

续表

变量	1	2
	Ratio	Ratio
Exit_4year	0.00283 ***	0.00250 ***
	(0.0007)	(0.0007)
行业效应	Yes	Yes
时间效应	Yes	Yes
cons	−0.155	0.00601
	(4.7810)	(4.7710)
R^2	0.195	0.198
Wald chi2	379.39 ***	385.70 ***
Durbin-Chi2 值	0.1414	0.0067
Durbin-Chi2 P 值	0.7069	0.9346
Wu-Hausman – F 值	0.1381	0.0066
Wu-Hausman P 值	0.7102	0.9353
N	1572	1572

注：（1）DWH 的原假设为：所有解释变量均为外生变量；（2）模型 1 的解释变量均为中心性的滞后一期作为工具变量；模型 2 的解释变量均为结构洞的滞后一期作为工具变量，均以 Ratio 为被解释变量；（3）＊、＊＊、＊＊＊分别表示 10%、5%、1% 的显著性水平，回归系数下方括号内的数值为 z 值。

由表 6 – 9 中模型 1 可知，当投资绩效为成功退出比例（Ratio）时，中心性（Centrality）的滞后一期作为工具变量时，Durbin-Chi2 值为 1.1414，Durbin-Chi2 P 值为 0.7069，Wu-Hausman – F 值为 0.1381，Wu-Hausman P 值为 0.7102，P 值均大于临界值 0.1，说明无法拒绝"所有解释变量均为外生变量"的原假设，模型 1 不存在内生变量。同理，采用结构洞（Hole）的滞后一期作为工具变量时，Durbin-Chi2 值为 0.0067，Durbin-Chi2 P 值为 0.9346，Wu-Hausman – F 值为 0.0066，Wu-Hausman P 值为 0.9353，Wu-Hausman P 值均大于临界值 0.1，说明无法拒绝"所有解释变量均为外生变量"的原假设，模型 2 不存在内生变量。

综上所述，本章通过分析及 DWH 方法的检验，证明检验结果不存在内生性问题，因此，前文的整体回归模型和方法的选取是良好的，结果具有稳健性。

五、稳健性检验

目前大量研究中通常采用两种方法对研究结果进行稳健性检验：一是改变回归模型，用以克服由于模型设定所带来的估计偏误；二是改变被解释变量的度量方法，用以降低由于代理变量选用而产生的估计偏误。在改变回归模型方面，本书参考众多学者的做法，采用多元回归方法对模型进行估计，并控制模型中的标准误（党兴华等，2014；王曦等，2014）；选用替代变量方面，本书参考以往研究的做法，选用退出速度（Exitpace）对投资绩效进行度量，具体算法如下：若投资企业在样本观察期内成功退出，退出速度 =（成功退出日期 − 首次投资日期）÷365；若投资企业在样本观察期内未退出，退出速度 =（样本观察期截止时间 − 首次投资日期）÷365，沿用前文做法，将 IPO 和并购定义为成功退出，回归模型在进行组间异方差检验的基础上，选用 FGLS 方法。

（一）改变回归模型

1. 自变量为中心性时改变回归模型后稳健性检验

表 6 − 10 报告了自变量为中心性时的多元回归模型后的估计结果。模型 1 至模型 3 依次检验了中心性对投资绩效的直接作用、投资经验对中心性与投资绩效的调节作用、关系嵌入对中心性与投资绩效的调节作用。模型 4 为加入所有变量后的回归结果。模型 1 至模型 4 的 Wald chi2 统计量均在 1% 的水平显著，说明各估计模型设定良好。

表 6 − 10　　改变回归模型后中心性与投资绩效的稳健性检验

变量	1	2	3	4
	被解释变量：Ratio（OLS）			
Centrality	0. 3335 ***	0. 3040 ***	0. 2333 ***	0. 1615 *
	（0. 0614）	（0. 0868）	（0. 0629）	（0. 0919）
Experience		1. 7945 ***		1. 7154 ***
		（0. 1663）		（0. 1661）

续表

变量	1	2	3	4
	被解释变量：Ratio（OLS）			
Experience × Centrality		0.0262		0.0091
		(0.0318)		(0.0328)
Relation			0.1559 ***	0.1289 ***
			(0.0285)	(0.0282)
Relation × Centrality			0.0341 ***	0.0253 **
			(0.0114)	(0.0115)
Age	0.0862 ***	0.0768 ***	0.0868 ***	0.0777 ***
	(0.0071)	(0.0070)	(0.0071)	(0.0070)
Size	−0.0029	−0.054	0.0069	−0.0389
	(0.0804)	(0.0790)	(0.0798)	(0.0787)
Fund	−1.1468 ***	−1.3181 ***	−1.2430 ***	−1.3853 ***
	(0.2055)	(0.2021)	(0.2044)	(0.2015)
Num_year	−0.0037	0.003	−0.0013	0.0057
	(0.0129)	(0.0127)	(0.0128)	(0.0126)
Num_5year	0.0333 ***	−0.0012	0.0362 ***	0.0012
	(0.0051)	(0.0063)	(0.0051)	(0.0063)
Pc_location	1.4133 ***	1.4857 ***	1.2881 ***	1.3794 ***
	(0.3464)	(0.3398)	(0.3445)	(0.3389)
Local_VC	0.0014 ***	0.0010 ***	0.0015 ***	0.0011 ***
	(0.0003)	(0.0003)	(0.0003)	(0.0003)
Geopro	0.6629	0.7557 *	0.6856 *	0.7536 *
	(0.4187)	(0.4108)	(0.4156)	(0.4089)
High_ind	−0.4526	−0.547	−0.453	−0.529
	(0.4986)	(0.4891)	(0.4949)	(0.4868)
Exit_year	0.0161	0.0459	0.0121	0.041
	(0.0663)	(0.0651)	(0.0658)	(0.0648)
Exit_4year	0.0019 ***	−0.0016 ***	0.0017 ***	−0.0016 ***
	(0.0003)	(0.0004)	(0.0003)	(0.0004)
行业效应	Yes	Yes	Yes	Yes
年份效应	Yes	Yes	Yes	Yes
R^2	0.2204	0.1933	0.2126	0.1806
Wald 检验 P 值	0.00	0.00	0.00	0.00
cons	−0.5538	−3.0076	−0.9596	−3.315
	(2.5413)	(2.5058)	(2.5232)	(2.4948)
N	3266	3266	3266	3266

注：对 Experience 进行对数化处理；*、**、*** 分别表示 10%、5%、1% 的显著性水平。

更换回归模型后，由表 6-10 中模型 1 可知，中心性与投资企业的成功退出比例表现为显著的正相关关系（β=0.3335，p<1%），假设 H6-1a 得到实证支持。由模型 2 可知，投资经验与中心性的交互项（Experience × Centrality）不显著为正（β=0.0262），假设 H6-2a 未得到支持。由模型 3 可知，关系嵌入与中心性的交互项（Relation × Centrality）在 1% 的统计水平上显著为正（β=0.0341，p<1%），假设 H6-3a 得到实证支持。由模型 4 可知，在加入所有变量后，假设 H6-1a、假设 H6-3a 仍得到实证支持，假设 H6-2a 未得到实证支持。

2. 自变量为结构洞时改变回归模型后稳健性检验

表 6-11 报告了自变量为结构洞时多元回归模型后的估计结果。模型 1 至模型 3 依次检验了结构洞对投资绩效的直接作用、投资经验对结构洞与投资绩效的调节作用、关系嵌入对结构洞与投资绩效的调节作用。模型 4 为加入所有变量后的回归结果。模型 1 至模型 4 的 Wald chi2 统计量均在 1% 的水平上显著，说明各估计模型设定良好。

表 6-11　　　　　改变回归模型后结构洞与投资绩效的稳健性检验

变量	1	2	3	4
	被解释变量：Ratio（OLS）			
Hole	-0.0101 ***	-0.0033	-0.0093 ***	-0.0019
	(0.0020)	(0.0070)	(0.0020)	(0.0071)
Experience		1.7744 ***		1.6570 ***
		(0.1648)		(0.1651)
Experience × Hole		0.0127 *		0.0113
		(0.0017)		(0.0018)
Relation			0.1915 ***	0.1552 ***
			(0.0274)	(0.0272)
Relation × Hole			0.0118 **	0.011
			(0.0008)	(0.0008)
Age	0.0861 ***	0.0770 ***	0.0855 ***	0.0770 ***
	(0.0071)	(0.0070)	(0.0071)	(0.0070)
Size	-0.0415	-0.0783	-0.0171	-0.0584
	(0.0804)	(0.0789)	(0.0798)	(0.0786)

续表

变量	1	2	3	4
	被解释变量：Ratio（OLS）			
Fund	− 1. 0428 ***	− 1. 2551 ***	− 1. 1559 ***	− 1. 3194 ***
	(0. 2055)	(0. 2024)	(0. 2043)	(0. 2017)
Num_year	− 0. 0067	− 0. 0002	− 0. 0041	0. 0023
	(0. 0129)	(0. 0127)	(0. 0128)	(0. 0127)
Num_5year	0. 0537 ***	0. 0134 **	0. 0533 ***	0. 0156 **
	(0. 0051)	(0. 0062)	(0. 0051)	(0. 0062)
Pc_location	1. 4547 ***	1. 5174 ***	1. 3128 ***	1. 3948 ***
	(0. 3466)	(0. 3398)	(0. 3443)	(0. 3389)
Local_VC	0. 0013 ***	0. 0009 ***	0. 0014 ***	0. 0010 ***
	(0. 0003)	(0. 0003)	(0. 0003)	(0. 0003)
Geopro	0. 6198	0. 7170 *	0. 6308	0. 7174 *
	(0. 4188)	(0. 4107)	(0. 4151)	(0. 4085)
High_ind	− 0. 4113	− 0. 5246	− 0. 4169	− 0. 5103
	(0. 4988)	(0. 4892)	(0. 4944)	(0. 4866)
Exit_year	0. 0152	0. 0452	0. 0106	0. 0392
	(0. 0663)	(0. 0651)	(0. 0658)	(0. 0648)
Exit_4year	0. 0016 ***	− 0. 0018 ***	0. 0014 ***	− 0. 0017 ***
	(0. 0003)	(0. 0004)	(0. 0003)	(0. 0004)
行业效应	Yes	Yes	Yes	Yes
年份效应	Yes	Yes	Yes	Yes
cons	− 0. 642	− 3. 1029	− 1. 1391	− 3. 3358
	(2. 5425)	(2. 5033)	(2. 5210)	(2. 4904)
R^2	0. 1797	0. 212	0. 1945	0. 2208
Wald 检验 P 值	0. 00	0. 00	0. 00	0. 00
N	3266	3266	3266	3266

注：对 Experience 进行对数化处理；*、**、*** 分别表示10%、5%、1%的显著性水平。

更改回归模型后，由表6－11中模型1可知，结构洞与成功退出率之间的关系显著负相关（$\beta = -0.0101$，$p < 1\%$），假设 H6－1b 得到支持。由模型2可知，投资经验与结构洞的交互项（Experience × Hole）在1%的统计水平上显著为正（$\beta = 0.0127$，$p < 10\%$），假设 H6－2b 得到支持。由

模型3可知，投资经验与结构洞的交互项（Relation × Hole）在5%的统计水平上显著为正（β = 0.0118，p < 5%），假设 H6 – 3b 得到支持。

（二）替换变量

1. 自变量为中心性时替代变量后稳健性检验

当自变量为中心性时，采用退出速度（Exitpace）替代原来的投资绩效的代理变量后的模型估计结果见表6 – 12。

表6 – 12　　　　　　替代变量后中心性与投资绩效的稳健性检验

变量	1	2	3	4
	被解释变量：Exitpace（FGLS）			
Centrality	0.1849 *** (0.0071)	0.0817 *** (0.0149)	0.1296 *** (0.0109)	0.1000 *** (0.0224)
Experience		1.4830 *** (0.0230)		1.4547 *** (0.0296)
Experience × Centrality		0.0673 *** (0.0111)		0.0744 *** (0.0191)
Relation			0.1029 *** (0.0031)	0.0891 *** (0.0036)
Relation × Centrality			0.0450 *** (0.0034)	0.0351 *** (0.0043)
Age	− 0.0268 *** (0.0009)	− 0.0344 *** (0.0010)	− 0.0257 *** (0.0012)	− 0.0309 *** (0.0015)
Size	0.0216 *** (0.0021)	− 0.0032 (0.0023)	0.0352 *** (0.0018)	− 0.0112 ** (0.0044)
Fund	0.7314 *** (0.0452)	0.4335 *** (0.0434)	0.5185 *** (0.0478)	0.4285 *** (0.0426)
Num_year	− 0.0241 *** (0.0032)	− 0.0188 *** (0.0036)	− 0.0184 *** (0.0041)	− 0.0182 *** (0.0067)
Num_5year	0.0540 *** (0.0024)	0.0164 *** (0.0037)	0.0498 *** (0.0028)	0.0130 *** (0.0041)
Pc_location	− 1.1329 *** (0.0338)	− 1.1569 *** (0.0451)	− 0.9560 *** (0.0773)	− 0.9983 *** (0.0605)

续表

变量	1	2	3	4
	被解释变量：Exitpace（FGLS）			
Local_VC	0.0006 *** (0.0000)	0.0004 *** (0.0000)	0.0006 *** (0.0000)	0.0004 *** (0.0000)
Geopro	0.2206 *** (0.0344)	0.1235 *** (0.0460)	0.3444 *** (0.0798)	0.0882 (0.0633)
High_ind	0.1789 *** (0.0352)	0.1887 *** (0.0147)	0.2620 *** (0.0129)	0.2178 *** (0.0145)
Exit_year	0.043 (0.0466)	0.0462 (0.0346)	0.0379 (0.0451)	0.0363 (0.0315)
Exit_4year	− 0.0035 *** (0.0001)	− 0.0059 *** (0.0000)	− 0.0033 *** (0.0000)	− 0.0059 *** (0.0001)
行业效应	Yes	Yes	Yes	Yes
年份效应	Yes	Yes	Yes	Yes
cons	0.3108 (1.7235)	− 1.0735 (1.2821)	0.1989 (1.6709)	− 0.9746 (1.1669)
Wald 检验 P 值	0.00	0.00	0.00	0.00
Wald chi2	176275.06 ***	1645892 ***	8492869 ***	236517.58 ***
N	3266	3266	3266	3266

注：对 Experience 进行对数化处理；*、**、*** 分别表示 10%、5%、1% 的显著性水平。

表 6 - 12 中模型 1 至模型 3 依次检验了中心性对投资绩效的直接作用、投资经验对中心性与投资绩效的调节作用、关系嵌入对中心性与投资绩效的调节作用。模型 4 为加入所有变量后的回归结果。由模型 1 至模型 4 中的异方差检验 Wald Test 的估计结果可知，这 4 个模型均在 1% 的水平上显著存在异方差，因此，选用 FGLS 可以有效修正因异方差产生的估计偏误。模型 1 至模型 4 的 Wald chi2 统计量均在 1% 的水平上显著，说明各估计模型设定良好。

由表 6 - 12 中模型 1 可知，中心性与退出速度之间的关系显著为正（$\beta = 0.1849$，$p < 1\%$），说明处于中心位置的投资企业拥有更多的信息和资源优势，更加有针对性地为融资企业提供增值服务和非增值服务，显著缩短投资间隔时间，提高退出速度。此时假设 H6 - 1a 得到实证支持。由

模型2可知，投资经验与中心性的交互项（Experience × Centrality）在1%的水平上显著为正（β=0.0673，p<1%），说明位于网络中心位置的投资企业，丰富的投资经验有利于其对因位置优势而带来的信息进行筛选，也使得投资企业拥有更高的抑价能力，从而提高投资企业的退出速度。假设H6-2a得到实证支持。由模型3可知，关系嵌入与中心性的交互项（Relation × Centrality）在1%的统计水平上显著为正（β=0.0450，p<1%），关系嵌入更有利于位于中心位置的风险投资企业获得信息优势，假设H6-3a得到实证支持。由模型4可知，相应假设仍得到实证支持。

2. 自变量为结构洞时替代变量后稳健性检验

当自变量为结构洞时，采用退出速度（Exitpace）替代原来的投资绩效的代理变量后的模型估计结果见表6-13。模型1至模型3依次检验了结构洞对投资绩效的直接作用、投资经验对结构洞与投资绩效的调节作用、关系嵌入对结构洞与投资绩效的调节作用。模型4为加入所有变量后的回归结果。由模型1至模型4中的异方差检验Wald Test的估计结果可知，这4个模型均在1%的水平上显著存在异方差，因此，选用FGLS可以有效修正因异方差产生的估计偏误。模型1至模型4的Wald chi2统计量均在1%的水平显著，说明各估计模型设定良好。

表6-13　　　　　　替代变量后结构洞与投资绩效的稳健性检验

变量	1	2	3	4
	被解释变量：Exitpace（FGLS）			
Hole	-0.0016 ** (0.0012)	-0.001 * (0.0013)	-0.0021 * (0.0011)	-0.0005 (0.0012)
Experience		1.4736 *** (0.0199)		1.4404 *** (0.0279)
Experience × Hole		0.0730 *** (0.0082)		0.1147 *** (0.0126)
Relation			0.1239 *** (0.0026)	0.0870 *** (0.0038)
Relation × Hole			0.0130 *** (0.0024)	0.0330 *** (0.0053)

续表

变量	1	2	3	4
	被解释变量：Exitpace（FGLS）			
Age	− 0. 0294 *** （0. 0009）	− 0. 0318 *** （0. 0012）	− 0. 0238 *** （0. 0010）	− 0. 0308 *** （0. 0015）
Size	0. 0117 *** （0. 0028）	0. 0017 （0. 0025）	0. 0246 *** （0. 0028）	− 0. 0106 ** （0. 0048）
Fund	0. 9403 *** （0. 0476）	0. 3760 *** （0. 0490）	0. 4888 *** （0. 0450）	0. 4286 *** （0. 0442）
Num_year	− 0. 0305 *** （0. 0037）	− 0. 0241 *** （0. 0036）	− 0. 0196 *** （0. 0044）	− 0. 0166 ** （0. 0069）
Num_5year	0. 0606 *** （0. 0024）	0. 0156 *** （0. 0036）	0. 0533 *** （0. 0027）	0. 0100 ** （0. 0039）
Pc_location	− 1. 1009 *** （0. 0368）	− 1. 1029 *** （0. 0505）	− 1. 2755 *** （0. 0688）	− 1. 0030 *** （0. 0626）
Local_VC	0. 0006 *** （0. 0000）	0. 0003 *** （0. 0000）	0. 0007 *** （0. 0000）	0. 0004 *** （0. 0000）
Geopro	0. 1814 *** （0. 0107）	0. 1695 *** （0. 0512）	0. 4192 *** （0. 0828）	0. 0446 （0. 0674）
High_ind	0. 2206 *** （0. 0211）	0. 1419 *** （0. 0163）	0. 2581 *** （0. 0250）	0. 2283 *** （0. 0185）
Exit_year	0. 0428 （0. 0467）	0. 0466 （0. 0349）	0. 037 （0. 0451）	0. 0375 （0. 0319）
Exit_4year	− 0. 0035 *** （0. 0001）	− 0. 0059 *** （0. 0000）	− 0. 0034 *** （0. 0000）	− 0. 0059 *** （0. 0001）
行业效应	Yes	Yes	Yes	Yes
年份效应	Yes	Yes	Yes	Yes
cons	0. 0028 （1. 7294）	− 0. 9257 （1. 2933）	0. 1358 （1. 6692）	− 0. 9345 （1. 1815）
Wald 检验 P 值	0. 00	0. 00	0. 00	0. 00
Wald chi2	61863. 34 ***	273180. 89 ***	1513901 ***	79788. 93 ***
N	3266	3266	3266	3266

注：对 Experience 进行对数化处理；* 、 ** 、 *** 分别表示10% 、5% 、1% 的显著性水平。

替代变量后，由表 6-13 中模型 1 可知，结构洞与成功退出率之间的关系显著负相关（β = -0.0016，p < 5%），假设 H6-1b 得到支持。由模型 2 可知，投资经验与结构洞的交互项（Experience × Hole）在 1% 的统计水平上显著为正（β = 0.0730，p < 1%），假设 H6-2b 得到支持。由模型 3 可知，投资经验与结构洞的交互项（Relation × Hole）在 1% 的统计水平上显著为正（β = 0.0130，p < 1%），假设 H6-3b 得到支持。

综上所述，通过采用多元回归方法和替代变量法的稳健性测试，本章仍旧得出与前文完全一致的结论：中心性对投资绩效有促进作用，关系嵌入对前两者的关系起到正向调节作用；结构洞与投资绩效之间存在负相关关系，投资经验、关系嵌入有利于处于结构洞位置的风险投资企业获得信息优势和控制优势，建立竞争壁垒，提高投资绩效。因此，本章的研究结论得到稳健支持。

第五节　中国风险投资企业结构嵌入与投资绩效研究结论

本章基于 2000 年 1 月 1 日至 2018 年 12 月 31 日 CVSource 和 Zero2IPO 两大中国风险投资数据库的样本，采用广义最小二乘法（FGLS）方法，从结构嵌入的视角出发，实证研究了作为风险投资企业重要外部知识、信息和资源来源的结构嵌入对投资绩效的作用机理，接着探讨了其他两个维度知识、信息和资源的来源通道——投资经验和关系嵌入的调节作用。研究结果表明，中心性对投资绩效有稳健的促进作用，关系嵌入加强了中心性对投资绩效的正向影响；结构洞对投资绩效有稳健的负向作用，投资经验和关系嵌入能减弱结构洞对投资绩效的负向影响。

本章的理论贡献在于：第一，丰富了西方管理学理论在新兴市场的运用。已有理论及研究主要是基于西方发达国家的风险投资企业建立和展开的，对于新兴市场或转型经济中的风险投资企业的研究尚不充分。中国作为最大的新兴市场代表国家，对风险投资企业研究的开展，能够为其他国家提供理论和实践指导。第二，深入分析了结构嵌入对投资绩效的影响机制，并关注了投资经验和关系嵌入的调节作用，丰富了相关理论在投资绩效研究中的应用。第三，研究结果进一步强调了网络组织功能的权变特征，深化了联合投资网络多维度要素之间交互作用对投资绩效的影响，丰富了联合投资网络的研究成果。

与此同时，本章的研究结论具有一定的实践价值。首先，从结构嵌入来看，风险投资企业应与网络中的其他投资伙伴建立联系，将企业从网络边缘位置迁移至中心位置，发挥网络中心性的网络优势。受中国文化的影响，风险投资企业应扩大与伙伴的直接联系网络，避免因结构洞造成的机会主义行为的发生。其次，从投资经验来看，风险投资企业应积累丰富的投资经验，提高内部知识、信息和资源的储存，提高组织内部能力，发挥结构洞的网络效能。最后，从关系嵌入来看，风险投资企业间应加强彼此间的联系，完善强关系网络中的信任机制、知识共享与传递机制。

 第七章

结论与展望

　　本书首先基于文献计量学相关理论，对中国风险投资企业绩效研究的知识基础、研究热点、研究主题和演化路径进行梳理，探究相应的研究缺口；其次基于组织学习理论和社会网络理论，分析了中国风险投资企业投资经验、关系嵌入和结构嵌入等三个维度知识、信息和资源来源对投资绩效的影响和作用机制。本章将对前面的研究进行总结性的概括，对文章的结论、研究贡献、研究局限及未来的研究方向进行汇总。

第一节　研究结论

　　大众创业、万众创新是中国实现经济转型的重要推动力，也是中国经济新常态发展的重要标志之一。而"双创政策"的实施离不开风险投资的支持（Kortum & Lerner，2001；Langeland，2007）。虽然，中央以及各级地方政府政策的出台以及相关的政策规定对风险投资市场的发展提供了有力的支持和引导，但我国风险投资企业投资绩效仍然与西方发达国家有很大差距。创新创业活动的高风险性以及投资网络的发展，使得投资绩效影响因素的分析错综复杂。因此，采用科学的方法寻找相应的研究缺口，构建系统的投资绩效分析模型，保证风险投资企业的投资效率，减少资金资源

的浪费，就成为学术界和实践界要解决的重要问题。因此，本书采用文献计量法对中国风险投资企业绩效研究的知识基础、研究热点、研究主题和演化路径进行梳理后，基于组织学习理论和社会网络理论，从投资经验、关系嵌入和结构嵌入三个维度出发，对投资绩效的影响因素进行了系统的研究，共提出 14 个研究假设，并采用二手数据进行实证检验，研究结果汇总见表 7 – 1。

表 7 – 1　　　　　　　　　　　实证研究结果汇总

假设	假设表述	预期符号	结果
H4 – 1a	风险投资企业单独投资经验与单独投资绩效之间呈倒 U 型关系	∩	不支持
H4 – 1b	风险投资企业联合投资经验与联合投资绩效之间呈 U 型关系	U	支持
H4 – 2a	风险投资企业联合投资经验对单独投资绩效有负向影响	–	不支持
H4 – 2b	风险投资企业单独投资经验对联合投资绩效有正向影响	+	支持
H5 – 1	风险投资企业的关系嵌入对投资绩效有正向影响	+	支持
H5 – 2	风险投资企业投资经验加强关系嵌入对投资绩效的正向影响	+	支持
H5 – 3	风险投资企业网络密度削弱关系嵌入对投资绩效的正向影响	–	支持
H5 – 4	相较于密集网络，稀疏网络中投资经验对风险投资企业关系嵌入与投资绩效关系的正向调节效应将变强	–	支持
H6 – 1a	风险投资企业的中心性正向影响投资绩效	+	支持
H6 – 1b	风险投资企业的结构洞负向影响投资绩效	–	支持
H6 – 2a	风险投资企业投资经验越丰富，中心性对投资绩效的正向效应越强	+	不支持
H6 – 2b	风险投资企业投资经验越丰富，结构洞对投资绩效的负向效应越弱	+	支持
H6 – 3a	风险投资企业与联盟伙伴的关系越密切，中心性对投资绩效的正向效应越强	+	支持
H6 – 3b	风险投资企业与联盟伙伴的关系越密切，结构洞对投资绩效的负向效应越弱	+	支持

第二章主要是采用文献计量法对中国风险投资企业绩效研究的知识基础、研究热点、研究主题和演化路径进行分析。通过对中国社会科学引文索引数据库（CSSCI）中 2000～2018 年发表的 200 篇文献进行计量分析发现：绩效研究相关的发文总量总体呈波浪式增长态势。知识基础主要有以

西方发达国家为主的网络中心性、网络能力、联合投资网络、投资收益、风险投资机构、联合投资策略、合作模式与逆向选择 8 大研究主题；被引文献的热点群落是基于"网络中心性"的衍生群落，说明联合投资仍然是风险投资的主要模式；从被引文献作者来看，群落出现早期均以国外学者为主，国内学者起步较晚，仍然处于追赶学习阶段。从研究热点及趋势衍化来看，主要有 11 个热点群落，包括投资绩效、退出机制、绩效评价、公共投资、创业板、风险投资机构、创业投资、可达性、互补性、效率、农民收入；研究热点出现了多角度、多方面的衍生，而且有与多学科、多领域交叉渗透的趋势。

第三章主要是相关理论基础与文献综述。通过第二章得知，中国风险投资企业未来研究的重点之一是加强对投资绩效的网络化研究。本书在考虑网络因素的同时，加入了企业层面的影响因素，探讨三个维度知识来源对绩效的作用机制。本章首先对研究涉及的相关理论进行了回顾，对社会网络理论和组织学习理论的发展脉络进行了较为系统的梳理；其次就有关风险投资企业投资绩效的影响因素、组织经验与绩效关系、关系嵌入与绩效关系、结构嵌入与绩效关系的相关研究进行了回顾，对现有文献和成果进行总结归纳，对现有研究进展有更直观和系统的了解；最后进一步聚焦可能的研究方向。

第四章主要结合投资企业组织形式多变的特点，对投资经验与投资绩效进行进一步划分，深入研究了投资经验与投资绩效的关系。本章按照投资模式的不同，将投资经验划分为单独投资经验和联合投资经验，将投资绩效划分为单独投资绩效和联合投资绩效。基于 2000 年 1 月 1 日至 2018 年 12 月 31 日的 CVSource 和 Zero2IPO 两大中国风险投资数据库的样本研究发现：因联合投资经验高度的复杂性，初期会削弱联合投资绩效，但随着经验的积累及联合投资活动的学习反馈，联合投资经验对联合投资绩效的边际效益递增；单独投资由于更低的复杂性，更全面更丰富的因果关系推断信息，从而对联合投资绩效有借鉴作用，促进投资收益的提高。

第五章主要分析了关系嵌入与投资绩效的关系。通过对 2000 年 1 月 1 日至 2018 年 12 月 31 日 CVSource 和 Zero2IPO 两大中国风险投资数据库的样本的实证检验，本章发现，关系嵌入正向影响投资绩效，投资经验对前两者之间的关系有正向调节效应，网络密度削弱了关系嵌入对投资绩效的正向效应，投资经验与网络密度的交互对关系嵌入与投资绩效之间的关系有重要的调节作用。具体而言，与合作伙伴之间的关系嵌入提高了伙伴之间的信息共享，突破了投资企业间的壁垒，促进知识的转移和共享惯例的形成，提高了伙伴之间的信任，减少了信息收集之类的交易成本，极大地提高了投资绩效；投资经验所带来的多样化知识与关系嵌入所带来的专业化知识形成互补效应；网络密度作为投资企业运营和发展的重要外部环境，能有利促进网络内信息流、知识流和技术流的流通，促进投资企业间信息交流和知识转移，使得网络内投资企业所获的知识和信息趋于同质化，与关系嵌入所带来的知识形成替代效应；在稀疏网络中，随着风险投资企业投资经验的积累，更有利于关系嵌入效能的发挥，企业能够获得更高的投资回报。

第六章主要分析了结构嵌入与投资绩效的关系。基于 2000 年 1 月 1 日至 2018 年 12 月 31 日的中国 CVSource 和 Zero2IPO 两大中国风险投资数据库的样本的实证研究结果显示：风险投资企业的中心性越高，越占据投资网络的核心位置，能够获得更多信息，具有信息优势，也具有更高的声誉，吸引更多合作伙伴及更有潜力的融资企业，从而促进投资绩效的提高；风险投资企业拥有的结构洞越多，合作伙伴的分享意愿越低，更容易产生机会主义行为；投资经验越丰富，结构洞对投资绩效的负向影响越弱；与联盟伙伴的关系质量越高，中心性对投资绩效的正向影响越显著，结构洞对投资绩效的负向影响越弱。

第 二 节　理 论 贡 献

本书聚焦于"风险投资企业投资绩效的作用机制研究"这一重要议题，从三个维度知识来源出发，对投资绩效的影响因素及影响机制进行系统的分析和研究。具体来说，首先，结合投资企业不同于其他企业的重要特征——投资模式的灵活多变，为企业属性层面知识来源的研究打开了重大缺口，因此，本书重点对投资经验与投资绩效的关系进行了进一步的深入研究。其次，本书基于组织学习理论和社会网络理论，从理论和实证层面探讨了关系嵌入和结构嵌入对投资绩效的作用机理，并分析了其他维度知识来源的调节作用。因此，本书的研究，不仅对现有投资绩效的相关研究进行了补充，更对社会网络理论在风险投资企业的运用进行了拓展，具体贡献体现在以下几个方面。

第一，结合风险投资企业运作特点及投资经验的作用，对投资经验的属性进行了划分，揭示了不同属性的投资经验对企业投资绩效的影响机理，从企业属性角度解释了因企业能力的不同造成的绩效差异，扩展了组织经验的研究领域。

现有研究对组织经验与绩效之间的关系已作了大量研究，主要从组织经验的属性划分、权变因素、企业发展过程等方面进行探讨。在组织经验属性划分方面，现有研究忽视了不同组织形式下组织经验的划分。风险投资企业因其独特的"筛选—投资—指导—退出"的循环运营流程，具有单独投资模式和联合投资模式两种组织形式，为这一缺口提供了良好的研究背景。本书则从组织形式这一视角出发，对投资经验进行了划分，考察了不同属性的组织经验对投资绩效的影响，对现有研究形成有益的补充，推进了组织学习理论的相关运用，丰富了该领域的相关研究。

第二，将关系嵌入与投资经验、网络密度及其交互属性置于同一研究框架下，系统分析了关系嵌入对投资绩效的主效应，以及企业属性、网络属性及其交互的调节效应，厘清了投资企业关系嵌入与投资绩效的关系因企业属性和网络属性的不同而产生的绩效差异的作用机理，为"关系嵌入性悖论"提供了经验证据。

现有关于关系嵌入与投资绩效的研究中，着重将企业专业化知识、组织学习、网络能力等企业属性作为调节变量。而将企业属性（投资经验）、网络属性（网络密度）及其交互属性置于同一研究框架中揭示关系嵌入对投资绩效作用机理的研究尚显薄弱。本书则从这一视角出发，综合考虑了关系嵌入对投资绩效的直接影响，以及投资经验、网络密度及其交互作用的调节效应，系统分析了关系嵌入对投资绩效影响的内在机理，为投资企业的联合投资实践活动提供指导。

第三，将结构嵌入、关系嵌入、投资经验等三个维度属性置于同一研究框架中，全面分析了结构嵌入对投资绩效的主效应，以及关系嵌入、投资经验的调节效应，证实了结构洞位置对投资绩效的负向影响，补充了投资网络的负向经验证据，拓展了投资企业投资绩效的相关研究。

现有研究普遍认为占据良好网络位置的企业，如中心性位置和结构洞位置，具有信息优势和控制优势，从而能够极大提高投资绩效，却忽视了中国文化情境的影响。此外，现有关于网络嵌入与绩效关系的研究中，大多从中心性、结构洞或关系嵌入的单一维度进行研究，对风险投资企业的各个维度信息来源及其相互作用的研究尚显薄弱。本书则将风险投资企业的三个维度的信息来源渠道——结构嵌入、关系嵌入、投资经验整合到同一研究框架中，系统分析了联合投资网络中风险投资企业的各种属性及其交互特征对投资绩效影响的内在机理，还从理论和经验研究两方面证实了，在中国文化情境中，结构洞位置对企业绩效具有负向影响，从而丰富了新兴市场的研究情境，深化了投资绩效的相关研究，拓展了社会网络理论在风险投资企业的运用，也为投资绩效的研究提供了新的研究视角和研究方向。

第三节　不足与展望

本书基于中国"万众创业、大众创新"的新政策以及风险投资企业迅速发展的现状以及对现有研究缺口的识别与分析，提出了与投资绩效相关的三大研究问题，并综合运用各种实证方法及社会网络分析工具对这些问题进行分析和探讨，系统分析了风险投资绩效的影响因素和作用机理，对现有理论研究形成了有益的补充和拓展，同时对以中国为代表的新兴市场的风险投资实践提供参考。但本书研究仍存在不足，有待在未来的研究中完善和改进。

第一，就知识、信息和资源的来源渠道选取而言，本书主要依据组织学习理论和社会网络理论，选取了投资经验、关系嵌入和结构嵌入，但实际中风险投资企业的知识来源渠道远不止这些，因此，未来的研究可以进一步对投资绩效有影响的知识来源进行拓展，并加以更深层次的研究。

第二，研究样本与数据的局限。为保证研究结果的科学性和可靠性，本书已经采用了更为全面的样本展开研究，但由于投资企业的现金数据流公开受限，导致采用与资金有关变量对投资绩效进行度量时样本大幅度减少。因此，本书参照了前人的研究，选取与退出方式有关的变量，可能会遗漏某些信息，从而对研究结果产生影响。随着中国风险投资企业的发展及数据的不断完善和更新，会逐步解除该方面的局限。未来的研究可增加更多的样本，对该研究进行进一步的深入分析和探讨。

第三，本书对外部知识来源作用机制的分析是一种静态分析。但是，投资企业和其所处的网络环境是不断变化的，投资企业的各维度的属性也会不断变化，因此网络嵌入维度知识来源对投资绩效的影响机理也会随之演化。未来在数据允许的情况下，可以在模型中加入时间维度，考虑联盟关系和联盟网络的演化，揭示联盟网络与投资绩效的协同演化机理。

参考文献

［1］白素霞、陈彤：《创业投资对企业创新的作用机制研究》，载于《经济体制改革》2018 年第 3 期。

［2］曹国华、潘蓉：《风险投资中双边道德风险、双边逆向选择及其治理研究》，载于《科技管理研究》2007 年第 1 期。

［3］陈应侠：《多元化趋势：论我国风险投资的退出机制选择》，载于《生产力研究》2004 年第 3 期。

［4］成果、陶小马：《政府背景风险投资会促进企业创新吗——基于创业板企业的实证分析》，载于《科技进步与对策》2018 年第 23 期。

［5］程静：《风险投资项目退出的方式及其在我国的适用性分析》，载于《南方经济》2003 年第 4 期。

［6］程静：《风险投资项目退出的时机与方式选择研究》，载于《科学管理研究》2004 年第 1 期。

［7］程立茹、李屹鸥：《认证监督还是逆向选择——风险投资对创业板 IPO 抑价影响的实证研究》，载于《北京工商大学学报（社会科学版）》2013 年第 5 期。

［8］戴万稳、赵曙明、Steve F Foster：《复杂系统视角下的组织学习动态过程研究》，载于《科学学研究》2006 年第 S1 期。

［9］党兴华、董建卫、吴红超：《风险投资机构的网络位置与成功退出：来自中国风险投资业的经验证据》，载于《南开管理评论》2011 年第

2 期。

　　[10] 党兴华、张晨、王育晓：《风险投资机构专业化与投资绩效——来自中国风险投资业的经验证据》，载于《科技进步与对策》2014 年第 12 期。

　　[11] 董建卫、党兴华、陈蓉：《风险投资机构的网络位置与退出期限：来自中国风险投资业的经验证据》，载于《管理评论》2012 年第 9 期。

　　[12] 董津津、陈关聚：《创新网络嵌入性、社区意识对企业创新绩效的影响》，载于《科技进步与对策》2020 年第 5 期。

　　[13] 董静、汪立、吴友：《风险投资介入与创业企业国际化——基于我国高科技上市公司的实证研究》，载于《财经研究》2017 年第 4 期。

　　[14] 董梁、余筱箭：《风险投资退出机制中挤出效应浅析》，载于《上海金融》2000 年第 12 期。

　　[15] 樊继红、郭东清、贾利、李友华：《农业综合开发投资绩效评价初探》，载于《农业经济问题》2006 年第 5 期。

　　[16] 范群林、邵云飞、唐小我、王剑峰：《结构嵌入性对集群企业创新绩效影响的实证研究》，载于《科学学研究》2010 年第 12 期。

　　[17] 冯均科、钟荣：《我国公共投资绩效审计制度建设研究》，载于《财贸研究》2008 年第 4 期。

　　[18] 耿中元、朱植散：《货币政策、企业家信心与上市公司投资效率》，载于《经济理论与经济管理》2018 年第 12 期。

　　[19] 宫俊梅、姚梅芳：《中国创业板 IPO 研究进展及展望》，载于《管理现代化》2018 年第 5 期。

　　[20] 郭海丽、王礼力、李敏：《农业综合开发产业化经营项目投资绩效评价——基于灰色综合关联度的分析》，载于《西北农林科技大学学报（社会科学版）》2012 年第 5 期。

　　[21] 郭晴、罗家德、周建林、吴宗柠：《产业领袖的成长路径——从网络视角分析风险投资行业》，载于《外国经济与管理》2019 年第 2 期。

　　[22] 韩瑾、党兴华、石琳：《创业企业控制权配置对创业投资机构退出方式影响研究——来自中国创业投资业的经验证据》，载于《科技进步

与对策》2016 年第 13 期。

[23] 何郁冰、张迎春：《网络嵌入性对产学研知识协同绩效的影响》，载于《科学学研究》2017 年第 9 期。

[24] 贺强、杨长汉：《建立养老基金投资绩效评价体系》，载于《价格理论与实践》2011 年第 2 期。

[25] 侯仁勇、严庆、孙骞、李德鹏、祝宝基：《双重网络嵌入与企业创新绩效——结构视角的实证研究》，载于《科技进步与对策》2019 年第 12 期。

[26] 胡磊、张强：《创业投资网络对投资绩效的影响研究——基于投资决策的中介效应检验》，载于《财经理论与实践》2018 年第 5 期。

[27] 胡刘芬、周泽将：《社会网络关系对风险投资行为的影响及经济后果研究——基于地理学视角的实证分析》，载于《外国经济与管理》2018 年第 4 期。

[28] 皇甫玉婷、刘澄、王未卿：《风险投资与企业创新成长：基于中小板和创业板上市公司的研究》，载于《改革》2018 年第 9 期。

[29] 黄娅娜：《外资占比对创投机构投资行为和绩效的影响——来自断点回归的经验证据》，载于《投资研究》2018 年第 9 期。

[30] 蓝发钦、陈小朋：《创业投资机构声誉如何影响上市公司投资效率》，载于《现代财经（天津财经大学学报）》2016 年第 4 期。

[31] 李德辉、范黎波、杨震宁：《企业网络嵌入可以高枕无忧吗——基于中国上市制造业企业的考察》，载于《南开管理评论》2017 年第 1 期。

[32] 李奉书、黄婧涵：《联盟创新网络嵌入性与企业技术创新绩效研究》，载于《中国软科学》2018 年第 6 期。

[33] 李璐男、李志萍：《文化距离、制度距离对跨境风险投资进入模式的影响》，载于《软科学》2017 年第 9 期。

[34] 李文乐、王婷、李昊基、张国柱：《基于信息不对称的风险投资不完全"柠檬市场"解析》，载于《西安交通大学学报（社会科学版）》2013 年第 4 期。

[35] 李严、庄新田、罗国锋、马世美：《风险投资策略与投资绩效——

基于中国风险投资机构的实证研究》，载于《投资研究》2012 年第 11 期。

[36] 李姚矿、陈德棉、张玉臣：《创业资本的退出：综述》，载于《科学学研究》2002 年第 2 期。

[37] 李永周、高楠鑫、易倩、谭蓉：《创新网络嵌入与高技术企业研发人员创新绩效关系研究》，载于《管理科学》2018 年第 2 期。

[38] 李兆华：《我国公共工程投资绩效审计存在的问题及对策》，载于《商业研究》2008 年第 2 期。

[39] 李正彪、文峰：《农户经济行为视角的财政农业投资：绩效、原因、对策》，载于《经济问题探索》2009 年第 10 期。

[40] 李治堂：《基于互补性理论的信息技术投资绩效研究》，载于《科研管理》2009 年第 1 期。

[41] 李智超、罗家德：《中国人的社会行为与关系网络特质——一个社会网的观点》，载于《社会科学战线》2012 年第 1 期。

[42] 连玉君、苏治、丁志国：《现金—现金流敏感性能检验融资约束假说吗?》，载于《统计研究》2008 年第 10 期。

[43] 梁娟、陈国宏：《多重网络嵌入、知识整合与知识创造绩效》，载于《科学学研究》2019 年第 2 期。

[44] 林敏、李南、吴贵生：《研发团队知识交流网络结构的实证研究》，载于《科研管理》2012 年第 9 期。

[45] 林南、俞弘强：《社会网络与地位获得》，载于《马克思主义与现实》2003 年第 2 期。

[46] 刘刚、梁晗、殷建瓴：《风险投资声誉、联合投资与企业创新绩效——基于新三板企业的实证分析》，载于《中国软科学》2018 年第 12 期。

[47] 刘思萌、吕扬：《创业企业的网络嵌入性、知识整合和创新绩效的影响研究》，载于《科技管理研究》2019 年第 24 期。

[48] 罗吉、党兴华、王育晓：《网络位置、网络能力与风险投资机构投资绩效：一个交互效应模型》，载于《管理评论》2016 年第 9 期。

[49] 罗吉、党兴华：《我国风险投资网络社群：结构识别与投资绩

效》，载于《系统工程》2017 年第 6 期。

［50］罗家德、秦朗、周伶：《中国风险投资产业的圈子现象》，载于《管理学报》2014 年第 4 期。

［51］骆大进、王海峰、李垣：《基于社会网络效应的创新政策绩效研究》，载于《科学学与科学技术管理》2017 年第 11 期。

［52］倪艳霞、黄净：《宏观经济视域下风险投资绩效评价指标体系研究》，载于《贵州财经大学学报》2019 年第 4 期。

［53］倪艳霞：《风险投资企业关系嵌入与投资绩效——一个三阶交互模型》，载于《财会月刊》2022 年第 9 期。

［54］倪正东、孙力强：《中国创业投资退出回报及其影响因素研究》，载于《中国软科学》2008 年第 4 期。

［55］聂富强、张建、伍晶：《网络嵌入性对风险投资联盟成功退出投资对象的影响：机理与证据》，载于《研究与发展管理》2016 年第 5 期。

［56］庞博、邵云飞、王思梦：《联盟组合管理能力与企业创新绩效：结构洞与关系质量的影响效应》，载于《技术经济》2018 年第 6 期。

［57］彭涛、黄福广、李娅、吴馨睿：《外资风险投资、海外上市与企业国际化》，载于《外国经济与管理》2020 年第 4 期。

［58］彭伟、符正平：《权变视角下联盟网络与新创企业成长关系研究》，载于《管理学报》2014 年第 5 期。

［59］齐绍洲、张倩、王班班：《新能源企业创新的市场化激励——基于风险投资和企业专利数据的研究》，载于《中国工业经济》2017 年第 12 期。

［60］钱苹、张帏：《我国创业投资的回报率及其影响因素》，载于《经济研究》2007 年第 5 期。

［61］乔明哲、张玉利、凌玉、李金良：《公司创业投资究竟怎样影响创业企业的 IPO 抑价——来自深圳创业板市场的证据》，载于《南开管理评论》2017 年第 1 期。

［62］石琳、党兴华、韩瑾、陈涛：《风险投资网络结构嵌入对投资绩效只有促进作用吗？——来自我国风险投资业的经验证据》，载于《科技

管理研究》2016 年第 17 期。

［63］石琳、党兴华、杨倩、冉霞：《风险投资网络社群集聚性与可达性对成功退出的影响》，载于《科技进步与对策》2017 年第 34 期。

［64］石琳、党兴华、韩瑾：《风险投资机构关系嵌入、知识专业化对成功退出的影响：一个交互效应》，载于《财贸研究》2017 年第 11 期。

［65］沈维涛、胡刘芬：《分阶段投资策略对风险投资绩效的影响及机理研究》，载于《当代经济科学》2014 年第 36 期。

［66］孙继琼：《中国农业公共投资绩效的空间差异——基于 7 大区域的实证研究》，载于《中南财经政法大学学报》2009 年第 2 期。

［67］孙骞、欧光军：《双重网络嵌入与企业创新绩效——基于吸收能力的机制研究》，载于《科研管理》2018 年第 5 期。

［68］谈毅、唐霖露：《跨境风险资本在华投资绩效影响因素的研究》，载于《科研管理》2016 年第 10 期。

［69］谭人友、杨校美、房四海：《风险投资的"风险—收益"特征国际比较及启示》，载于《江西财经大学学报》2017 年第 1 期。

［70］田祥宇、孔荣：《农业综合开发产业化经营项目投资绩效分析——基于农民收入促进作用的视角》，载于《财政研究》2010 年第 7 期。

［71］佟国顺、王朋：《风险投资的退出方式及其在我国的适用性分析》，载于《财经问题研究》2001 年第 1 期。

［72］汪爽、彭正银、郭晓彤：《联合风险投资网络能提升企业投资效率吗——基于创业板数据的 PSM 回归分析》，载于《财经理论与实践》2018 年第 1 期。

［73］王聪聪、卢宇燕：《投资银行网络拓展行为影响因素及其对绩效作用研究》，载于《财贸经济》2013 年第 1 期。

［74］王核成、李鑫：《企业网络嵌入性对创新绩效的影响——网络权力的中介作用及吸收能力的调节作用》，载于《科技管理研究》2019 年第 21 期。

［75］王兰芳、胡悦：《创业投资促进了创新绩效吗？——基于中国企业面板数据的实证检验》，载于《金融研究》2017 年第 1 期。

［76］王世成、武国：《大规模投资绩效审计评价指标体系研究》，载于《审计研究》2010 年第 5 期。

［77］王曦、党兴华：《本地偏好对退出绩效的影响研究——基于中国本土风险投资机构的经验检验》，载于《科研管理》2014 年第 2 期。

［78］王晓东、赵昌文、李昆：《风险投资的退出绩效研究——IPO 与 M&A 的比较》，载于《经济学家》2004 年第 1 期。

［79］王玉荣、高菲、李军：《跨境风险投资的联合投资模式与投资绩效评估——基于中国情境的实证研究》，载于《国际贸易问题》2015 年第 1 期。

［80］王育晓、党兴华、张晨、王曦：《风险投资机构知识多样化与退出绩效：投资阶段的调节作用》，载于《财经论丛》2015 年第 12 期。

［81］王育晓、党兴华、张晨等：《基于扎根理论的风险投资机构网络能力影响因素研究》，载于《软科学》2017 年第 10 期。

［82］王雷、党兴华：《联合投资伙伴选择，伙伴关系与风险企业成长绩效关系研究》，载于《商业经济与管理》2008 年第 4 期。

［83］文金艳、曾德明、赵胜超：《标准联盟网络资源禀赋、结构嵌入性与企业新产品开发绩效》，载于《研究与发展管理》2020 年第 1 期。

［84］吴超鹏、吴世农、程静雅、王璐：《风险投资对上市公司投融资行为影响的实证研究》，载于《经济研究》2012 年第 1 期。

［85］吴翠凤、吴世农、刘威：《我国创业板上市公司中风险投资的介入与退出动机研究》，载于《经济管理》2012 年第 10 期。

［86］吴骏、李娅、林润辉、谢在阳、李红玉：《风险投资声誉、政治关联与被投资企业绩效——来自中国上市公司的证据》，载于《科学学与科学技术管理》2018 年第 10 期。

［87］吴楠、赵嵩正、张小娣：《企业创新网络中外部知识获取对双元性创新的影响研究》，载于《情报理论与实践》2015 年第 5 期。

［88］吴兴宇、王满：《产学研协同创新视角下联盟网络嵌入对创新绩效的影响》，载于《科技进步与对策》2020 年第 3 期。

［89］伍文中、高琪：《逐名效应、认证监督与中国创业板 IPO 抑价》，

载于《金融经济学研究》2018 年第 6 期。

[90] 肖奎喜、刘建和、杨义群：《我国开放式基金投资绩效的实证评价》，载于《商业经济与管理》2004 年第 11 期。

[91] 谢洪明、张颖、程聪、陈盈：《网络嵌入对技术创新绩效的影响：学习能力的视角》，载于《科研管理》2014 年第 12 期。

[92] 徐建中、李奉书、潘伟、付静雯：《双元知识搜索对企业创新绩效的影响：市场导向的调节作用》，载于《中国科技论坛》2019 年第 7 期。

[93] 徐欣、夏芸：《风险投资特征、风险投资 IPO 退出与企业绩效——基于中国创业板上市公司的实证研究》，载于《经济管理》2015 年第 5 期。

[94] 徐勇、贾键涛：《多元化投资策略对创业投资绩效影响的研究——基于中国创业投资的经验证据》，载于《中山大学学报（社会科学版）》2016 年第 5 期。

[95] 许昊、万迪昉、徐晋：《风险投资背景、持股比例与初创企业研发投入》，载于《科学学研究》2015 年第 10 期。

[96] 薛超凯、党兴华、任宗强：《风险投资机构声誉对其投资决策的影响》，载于《科技进步与对策》2018 年第 14 期。

[97] 薛菁、林莉：《不同背景风险投资机构的中小企业融资服务效率——基于受资企业视角》，载于《金融论坛》2017 年第 7 期。

[98] 薛力、郭菊娥：《风险投资机构内部融资模式对风险投资家股权投资策略的影响》，载于《系统管理学报》2018 年第 2 期。

[99] 杨宜、李丽君：《风险投资 IPO 退出对企业创新的影响——基于我国科技型上市企业的实证分析》，载于《北京联合大学学报（人文社会科学版）》2017 年第 4 期。

[100] 杨张博：《网络嵌入性与技术创新：间接联系及联盟多样性如何影响企业技术创新》，载于《科学学与科学技术管理》2018 年第 7 期。

[101] 叶小杰：《风险投资声誉、成功退出与投资收益——我国风险投资行业的经验证据》，载于《经济管理》2014 年第 8 期。

[102] 殷华方、潘镇、鲁明泓：《它山之石能否攻玉：其他企业经验对外资企业绩效的影响》，载于《管理世界》2011 年第 4 期。

［103］尹文静、王礼力：《陕西省农村公共产品投资绩效分析》，载于《经济问题》2010 年第 9 期。

［104］尹俣潇、梅强、徐占东：《创业网络关系嵌入与新创企业成长——创业学习的中介作用》，载于《科技管理研究》2019 年第 5 期。

［105］于永达、陆文香：《风险投资和科技企业创新效率：助力还是阻力？》，载于《上海经济研究》2017 年第 8 期。

［106］詹正华、李默泠、王雷：《多元化投资策略对创业投资收益的影响因素研究——基于中国创业板 IPO 的实证分析》，载于《管理现代化》2017 年第 5 期。

［107］张仿松：《我国财政教育投资绩效评价指标体系研究》，载于《学术研究》2010 年第 12 期。

［108］张涵、康飞、赵黎明：《联盟网络联系、公平感知与联盟绩效的关系——基于中国科技创业联盟的实证研究》，载于《管理评论》2015 年第 23 期。

［109］张学勇、廖理：《风险投资背景与公司 IPO：市场表现与内在机理》，载于《经济研究》2011 年第 6 期。

［110］郑君君、蔡明、李诚志、邵聪：《决策框架、心理距离对个体间合作行为影响的实验研究》，载于《管理评论》2017 年第 5 期。

［111］周军民、王天浩、杨义群：《中国国债投资绩效的实证评估》，载于《当代财经》2002 年第 2 期。

［112］周伶、郭戎、王乃磊：《影响企业获得风险投资的特质因素研究》，载于《中国软科学》2014 年第 11 期。

［113］周伶、山峻、张津：《联合投资网络位置对投资绩效的影响——来自风险投资的实证研究》，载于《管理评论》2014 年第 12 期。

［114］朱亚丽、勾晓宇、梅琳：《研发团队多维社会资本对创新绩效的影响——知识捐赠和收集意愿的中介作用》，载于《科技管理研究》2019 年第 2 期。

［115］庄彩云、陈国宏：《产业集群知识网络多维嵌入性与创新绩效研究——基于企业双元学习能力的中介作用》，载于《华东经济管理》

2017 年第 12 期。

[116] Abell P. , Nisar T. M. , Performance Effects of Venture Capital Firm Networks. *Management Decision*, Vol. 45, No. 5, 2007, pp. 923 –936.

[117] Adler P. S. , Kwon S. W. , Social Capital: Prospects for a New Concept. *Academy of Management Review*, Vol. 27, No. 1, 2002, pp. 17 –40.

[118] Ahlstrom D. , Bruton G. D. , Yeh K. S. , Venture Capital in China: Past, Present, and Future. *Asia Pacific Journal of Management*, Vol. 24, No. 3, 2007, pp. 247 –268.

[119] Ahuja G. , Collaboration Networks, Structural Holes, and Innovation: A Longitudinal Study. *Administrative Science Quarterly*, Vol. 45, No. 3, 2000, pp. 425 –455.

[120] Ahuja M. K. , Galletta D. F. , Carley K. M. , Individual Centrality and Performance in Virtual R&D Groups: An Empirical Study. *Management Science*, Vol. 49, No. 1, 2003, pp. 21 –38.

[121] Aizenman J. , Kendall J. , The Internationalization of Venture Capital. *Journal of Economic Studies*, Vol. 39, No. 5, 2012, pp. 488 –511.

[122] Anand J. , Mulotte L. , Ren Charlotte R. , Does Experience Imply Learning? *Strategic Management Journal*, Vol. 37, No. 7, 2015, pp. 1395 –1412.

[123] Annalisa Croce, Jose Martí, Carmelo Reverte, The Role of Private Versus Governmental Venture Capital in Fostering Job Creation During the Crisis. *Springer US*, Vol. 53, No. 4, 2019.

[124] Anne Domurath, Holger Patzelt, Andreas Liebl, Does Negative Feedback Impact New Ventures' Organizational Identity? the Role of Founding Teams' Human Capital and Feedback Source. *Elsevier Inc.* , 2019.

[125] Argote L. , Miron-Spektor E. , Organizational Learning: From Experience to Knowledge. Organization Science, Vol. 22, No. 5, 2011, pp. 1123 –1137.

[126] Argyris C. , Schon D. , *Organizational Learning: A Theory of Action Perspective*. Addison-Wesley Press, 1978.

[127] Arrow K. J. , The Economic Implications of Learning by Doing. *The*

Review of Economic Studies, Vol. 29, No. 3, 1962, pp. 155 – 173.

[128] Baker M., Gompers P. A., The Determinants of Board Structure at the Initial Public Offering. *The Journal of Law and Economics*, Vol. 46, No. 2, 2003, pp. 569 – 598.

[129] Barkema H. G., Bell J. H., Pennings J. M., Foreign Entry, Cultural Barriers, and Learning. *Strategic Management Journal*, Vol. 17, No. 2, 1996, pp. 151 – 166.

[130] Barkema H. G., Drogendijk R., Internationalising in Small, Incremental or Larger Steps? *Journal of International Business Studies*, Vol. 38, No. 7, 2007, pp. 1132 – 1148.

[131] Basuil D. A., Datta D. K., Effects of Industry-and Region-Specific Acquisition Experience on Value Creation in Cross-Border Acquisitions: The Moderating Role of Cultural Similarity. *Journal of Management Studies*, Vol. 52, No. 6, 2015, pp. 766 – 795.

[132] Batjargal B., Hitt M. A., Tsui A. S., et al., Institutional Polycentrism, Entrepreneurs' Social Networks, and New Venture Growth. *Academy of Management Journal*, Vol. 56, No. 4, 2013, pp. 1024 – 1049.

[133] Battaglia F., Farina V., Fiordelisi F., et al., The Efficiency of Cooperative Banks: The Impact of Environmental Economic Conditions. *Applied Financial Economics*, Vol. 20, No. 17, 2010, pp. 1363 – 1376.

[134] Baum J. A., Ingram P., Survival-Enhancing Learning in the Manhattan Hotel Industry, 1898 – 1980. *Management Science*, Vol. 44, No. 7, 1998, pp. 996 – 1016.

[135] Beckman C. M., Haunschild P. R., Network Learning: The Effects of Partners' Heterogeneity of Experience on Corporate Acquisitions. *Administrative Science Quarterly*, Vol. 47, No. 1, 2002, pp. 92 – 124.

[136] Bian Y., Bringing Strong Ties Back in: Indirect Ties, Network Bridges, and Job Searches in China. *American Sociological Review*, 1997, pp. 366 – 385.

[137] Blodgett L. L. , Partner Contributions as Predictors of Equity Share in International Joint Ventures. *Journal of International Business Studies*, Vol. 22, No. 1, 1991, pp. 63 – 78.

[138] Bourdieu P. , *The Forms of Capital.* The sociology of economic life. Routledge, 2018, pp. 78 – 92.

[139] Brander J. A. , Amit R. , Antweiler W. , Venture-Capital Syndication: Improved Venture Selection vs. the Value-Added Hypothesis. *Journal of Economics & Management Strategy*, Vol. 11, No. 3, 2002, pp. 423 – 452.

[140] Bresman H. , External Learning Activities and Team Performance: A Multimethod Field Study. *Organization Science*, Vol. 21, No. 1, 2010, pp. 81 – 96.

[141] Brown J. S. , Duguid P. , Knowledge and Organization: A Social-Practice Perspective. *Organization Science*, Vol. 12, No. 2, 2001, pp. 198 – 213.

[142] Burt R. S. , Secondhand Brokerage: Evidence on the Importance of Local Structure for Managers, Bankers, and Analysts. *Academy of Management Journal*, Vol. 50, No. 1, 2007, pp. 119 – 148.

[143] Burt R. S. , Structural Holes and Good Ideas. *American Journal of Sociology*, Vol. 110, No. 2, 2004, pp. 349 – 399.

[144] Burt R. S. , *Structural Holes: The Social Structure of Competition.* Harvard University Press, 1992.

[145] Busenitz L. W. , Fiet J. O. , Moesel D. D. , Reconsidering the Venture Capitalists' "Value Added" Proposition: An Inter-organizational Learning Perspective. *Journal of Business Venturing*, Vol. 19, No. 6, 2004, pp. 787 – 807.

[146] Busenitz L. W. , Moesel D. D. , Fiet J. O. , et al. , The Framing of Perceptions of Fairness in the Relationship between Venture Capitalists and New Venture Teams. *Entrepreneurship Theory and Practice*, Vol. 21, No. 3, 1997, pp. 5 – 22.

[147] Bygrave W. D. , Syndicated Investments by Venture Capital Firms:

A Networking Perspective. *Journal of Business Venturing*, Vol. 2, No. 2, 1987, pp. 139 – 154.

[148] Cantner U., Graf H., The Network of Innovators in Jena: An Application of Social Network Analysis. *Research Policy*, Vol. 35, No. 4, 2006, pp. 463 – 480.

[149] Cassiman B., Veugelers R., In Search of Complementarity in Innovation Strategy: Internal R&D and External Knowledge Acquisition. *Management Science*, Vol. 52, No. 1, 2006, pp. 68 – 82.

[150] Castellaneta F., Valentini G., Zollo M., Learning or Inertia? the Impact of Experience and Knowledge Codification on Post-Acquisition Integration. *Industrial and Corporate Change*, Vol. 27, No. 3, 2017, pp. 577 – 593.

[151] Castellaneta F., Zollo M., The Dimensions of Experiential Learning in the Management of Activity Load. *Organization Science*, Vol. 26, No. 1, 2014, pp. 140 – 157.

[152] Chen H., Gompers P., Kovner A., et al., Buy Local? The Geography of Venture Capital. *Journal of Urban Economics*, Vol. 67, No. 1, 2010, pp. 90 – 102.

[153] Chen W., Lakshmanan L. V. S., Castillo C., Information and Influence Propagation in Social Networks. *Synthesis Lectures on Data Management*, Vol. 5, No. 4, 2013, pp. 1 – 177.

[154] Chiambaretto P., Gurău C., Le Roy F., Coopetitive Branding: Definition, Typology, Benefits and Risks. *Industrial Marketing Management*, Vol. 57, 2016, pp. 86 – 96.

[155] Choi C. B., Beamish P. W., Split Management Control and International Joint Venture Performance. *Journal of International Business Studies*, Vol. 35, No. 3, 2004, pp. 201 – 215.

[156] Christianson M. K., Farkas M. T., Sutcliffe K. M., et al., Learning Through Rare Events: Significant Interruptions at the Baltimore & Ohio Railroad Museum. *Organization Science*, Vol. 20, No. 5, 2008, pp. 846 – 860.

［157］Coleman J. S. , Social Capital in the Creation of Human Capital. *American Journal of Sociology*, Vol. 94, 1988, pp. S95 – S120.

［158］Cook K. S. , Emerson R. M. , Power, Equity and Commitment in Exchange Networks. *American Sociological Review*, 1978, pp. 721 – 739.

［159］Cowan R. , Jonard N. , Network Structure and the Diffusion of Knowledge. *Journal of Economic Dynamics and Control*, Vol. 28, No. 8, 2004, pp. 1557 – 1575.

［160］Crossan M. M. , Lane H. W. , White R. E. , An Organizational Learning Framework: From Intuition to Institution ［J］ . *Academy of Management Review*, Vol. 24, No. 3, 1999, pp. 522 – 537.

［161］Cross R. , Cummings J. N. , Tie and Network Correlates of Individual Performance in Knowledge-Intensive Work. *Academy of Management Journal*, Vol. 47, No. 6, 2004, pp. 928 – 937.

［162］Cumming D. J. , MacIntosh J. G. , A Cross-Country Comparison of Full and Partial Venture Capital Exits. *Journal of Banking & Finance*, Vol. 27, No. 3, 2003, pp. 511 – 548.

［163］Cumming D. , Schmidt D. , Walz U. , Legality and Venture Capital Governance around the World. *Journal of Business Venturing*, Vol. 25, No. 1, 2010, pp. 54 – 72.

［164］Davila A. , Foster G. , Management Accounting Systems Adoption Decisions: Evidence and Performance Implications from Early-Stage/Startup Companies. *The Accounting Review*, Vol. 80, No. 4, 2005, pp. 1039 – 1068.

［165］De Clercq D. , Dimov D. , Thongpapanl N. , Structural and Relational Interdependence and Entrepreneurial Orientation in Small and Medium-Sized Enterprises: The Mediating Role of Internal Knowledge-Sharing. *International Small Business Journal*, Vol. 33, No. 5, 2015, pp. 514 – 536.

［166］De Clercq D. , Dimov D. , Internal Knowledge Development and External Knowledge Access in Venture Capital Investment Performance. *Journal of Management Studies*, Vol. 45, No. 3, 2007, pp. 585 – 612.

［167］De Clercq D. , Sapienza H. J. , Effects of Relational Capital and Commitment on Venture Capitalists' Perception of Portfolio Company Performance. *Journal of Business Venturing*, Vol. 21, No. 3, 2006, pp. 326 – 347.

［168］Desai V. , Learning Through the Distribution of Failures within an Organization: Evidence from Heart Bypass Surgery Performance. *Academy of Management Journal*, Vol. 58, No. 4, 2015, pp. 1032 – 1050.

［169］Diller C. , Kaserer C. , What Drives Private Equity Returns? – Fund Inflows, Skilled Gps, and/or Risk? *European Financial Management*, Vol. 15, No. 3, 2009, pp. 643 – 675.

［170］Dimov D. P. , Shepherd D. A. , Human Capital Theory and Venture Capital Firms: Exploring "Home Runs" and "Strike Outs". *Journal of Business Venturing*, Vol. 20, No. 1, 2005, pp. 1 – 21.

［171］Dimov D. , Martin de Holan P. , Firm Experience and Market Entry by Venture Capital Firms (1962 – 2004). *Journal of Management Studies*, Vol. 47, No. 1, 2010, pp. 130 – 161.

［172］Døving E. , Gooderham P. N. , Dynamic Capabilities as Antecedents of the Scope of Related Diversification: The Case of Small Firm Accountancy Practices. *Strategic Management Journal*, Vol. 29, No. 8, 2008, pp. 841 – 857.

［173］Dyer J. H. , Nobeoka K. , Creating and Managing a High-Performance Knowledge-Sharing Network: The Toyota Case. *Strategic Management Journal*, Vol. 21, No. 3, 2000, pp. 345 – 367.

［174］Eisingerich, Andreas B. , Simon J. Bell, Paul Tracey, How Can Clusters Sustain Performance? the Role of Network Strength, Network Openness, and Environmental Uncertainty. *Research Policy*, Vol. 39, No. 2, 2010, pp. 239 – 253.

［175］Ellis K. M. , Reus T. H. , Lamont B. T. , et al. , Transfer Effects in Large Acquisitions: How Size-Specific Experience Matters. *Academy of Management Journal*, Vol. 54, No. 6, 2011, pp. 1261 – 1276.

［176］Emirbayer M. , Goodwin J. , Network Analysis, Culture, and the

Problem of Agency. *American Journal of Sociology*, Vol. 99, No. 6, 1994, pp. 1411 – 1454.

[177] Farina V. , Strategizing in Investment Banking Network. *Journal of Strategy and Management*, Vol. 3, No. 1, 2010, pp. 20 – 31.

[178] Finkelstein S. , Haleblian J. , Understanding Acquisition Performance: The Role of Transfer Effects. *Organization Science*, Vol. 13, No. 1, 2002, pp. 36 – 47.

[179] Fiol C. M. , Lyles M. A. , Organizational Learning. *Academy of Management Review*, Vol. 10, No. 4, 1985, pp. 803 – 813.

[180] Freeman L. C. , Roeder D. , Mulholland R. R. , Centrality in Social Networks: II. Experimental Results. *Social networks*, Vol. 2, No. 2, 1979, pp. 119 – 141.

[181] Galavotti I. , Cerrato D. , Depperu D. , Experience and Cross-Border Acquisitions: An Organizational Learning Perspective. *European Management Review*, Vol. 14, No. 2, 2017, pp. 119 – 131.

[182] Gebhardt G. , A Soft Budget Constraint Explanation for the Venture Capital Cycle. *German Economic Review*, Vol. 10, No. 1, 2009, pp. 71 – 90.

[183] Gebreeyesus M. , Mohnen P. , Innovation Performance and Embeddedness in Networks: Evidence from the Ethiopian Footwear Cluster. *World Development*, Vol. 41, 2013, pp. 302 – 316.

[184] Gnyawali D. R. , Madhavan R. , Cooperative Networks and Competitive Dynamics: A Structural Embeddedness Perspective. *Academy of Management review*, Vol. 26, No. 3, 2001, pp. 431 – 445.

[185] Goerzen A. , Alliance Networks and Firm Performance: The Impact of Repeated Partnerships. *Strategic Management Journal*, Vol. 28, No. 5, 2007, pp. 487 – 509.

[186] Goldfarb B. , Kirsch D. , Miller D. A. , Was there too Little Entry during the Dot Com Era? *Journal of Financial Economics*, Vol. 86, No. 1, 2007, pp. 100 – 144.

［187］Gompers P. A. , Lerner J. , The Venture Capital Cycle. MIT Press, 1999.

［188］Gompers P. , Kovner A. , Lerner J. , Specialization and Success: Evidence from Venture Capital. *Journal of Economics & Management Strategy*, Vol. 18, No. 3, 2009, pp. 817 – 844.

［189］Gompers P. , Lerner J. , Money Chasing Deals? The Impact of Fund Inflows on Private Equity Valuation. *Journal of Financial Economics*, Vol. 55, No. 2, 2000, pp. 281 – 325.

［190］Gong Y. , Zhang Y. , Xia J. , Do Firms Learn More from Small or Big Successes and Failures? A Test of the Outcome-Based Feedback Learning Perspective. *Journal of Management*, Vol. 45, No. 3, 2019, pp. 1034 – 1056.

［191］Granovetter M. S. , The Strength of Weak Ties. *American Journal of Sociology*, Vol. 78, No. 6, 1973, pp. 1360 – 1380.

［192］Granovetter M. , Economic Action and Social Structure: The Problem of Embeddedness. *American Journal of Sociology*, Vol. 91, No. 3, 1985, pp. 481 – 510.

［193］Granovetter M. , Economic Institutions as Social Constructions: A Framework for Analysis. *Acta Sociologica*, Vol. 35, No. 1, 1992, pp. 3 – 11.

［194］Grant R. M. , Prospering in Dynamically-Competitive Environments: Organizational Capability as Knowledge Integration. *Organization Science*, Vol. 7, No. 4, 1996, pp. 375 – 387.

［195］Grant R. M. , Toward a Knowledge-Based Theory of the Firm. *Strategic Management Journal*, Vol. 17, No. S2, 1996, pp. 109 – 122.

［196］Greenwood R. , Hinings C. R. , Brown J. , Merging Professional Service Firms. *Organization Science*, Vol. 5, No. 2, 1994, pp. 239 – 257.

［197］Gu Q. , Lu X. , Unraveling the Mechanisms of Reputation and Alliance Formation: A Study of Venture Capital Syndication in China. *Strategic Management Journal*, Vol. 35, No. 5, 2014, pp. 739 – 750.

［198］Gulati R. , Lavie D. , Singh H. , The Nature of Partnering Experience and the Gains from Alliances. *Strategic Management Journal*, Vol. 30, No. 11, 2009, pp. 1213 – 1233.

[199] Gulati R., Nickerson J. A., Interorganizational Trust, Governance Choice, and Exchange Performance. *Organization Science*, Vol. 19, No. 5, 2008, pp. 688 – 708.

[200] Gulati R., Alliances and Networks. *Strategic Management Journal*, Vol. 19, No. 4, 1998, pp. 293 – 317.

[201] Gulati R., Singh H., The Architecture of Cooperation: Managing Coordination and Appropriation Concerns in Strategic Alliances. *Administrative Science Quarterly*, Vol. 43, No. 4, 1998, pp. 781 – 814.

[202] Guler I., Guillén M. F., Macpherson J. M., Global Competition, Institutions, and the Diffusion of Organizational Practices: the International Spread of ISO 9000 Quality Certificates. *Administrative Science Quarterly*, Vol. 47, No. 2, 2002, pp. 207 – 232.

[203] Guler I., Guillen M. F., Home Country Networks and Foreign Expansion: Evidence from the Venture Capital Industry. *Academy of Management Journal*, Vol. 53, No. 2, 2010, pp. 390 – 410.

[204] Guler I., Guillén M. F., Institutions and the Internationalization of US Venture Capital Firms. *Journal of International Business Studies*, Vol. 41, No. 2, 2010, pp. 185 – 205.

[205] Guo D., Jiang K., Venture Capital Investment and the Performance of Entrepreneurial Firms: Evidence from China. *Journal of Corporate Finance*, Vol. 22, 2013, pp. 375 – 395.

[206] Gupta A. K., Sapienza H. J., Determinants of Venture Capital Firms' Preferences Regarding the Industry Diversity and Geographic Scope of Their Investments. *Journal of Business Venturing*, Vol. 7, No. 5, 1992, pp. 347 – 362.

[207] Haans R. F. J., Pieters C., He Z. L., Thinking about U: Theorizing and Testing U-and Inverted U-Shaped Relationships in Strategy Research. *Strategic Management Journal*, Vol. 37, No. 7, 2016, pp. 1177 – 1195.

［208］Haas M. R., Hansen M. T., When Using Knowledge Can Hurt Performance: The Value of Organizational Capabilities in a Management Consulting Company. *Strategic Management Journal*, Vol. 26, No. 1, 2005, pp. 1 – 24.

［209］Haleblian J., Finkelstein S., The Influence of Organizational Acquisition Experience on Acquisition Performance: A Behavioral Learning Perspective. *Administrative Science Quarterly*, Vol. 44, No. 1, 1999, pp. 29 – 56.

［210］Haleblian J., Kim J. Y., Rajagopalan N., The Influence of Acquisition Experience and Performance on Acquisition Behavior: Evidence from the US Commercial Banking Industry. *Academy of Management Journal*, Vol. 49, No. 2, 2006, pp. 357 – 370.

［211］Halinen A., Törnroos J. Å., The Role of Embeddedness in the Evolution of Business Networks. *Scandinavian Journal of Management*, Vol. 14, No. 3, 1998, pp. 187 – 205.

［212］Han Liang, Gang Liu, Jianling Yin, Venture Capital Reputation: A Blessing or a Curse for Entrepreneurial Firm Innovation—a Contingent Effect of Industrial Distance. *Springer Singapore*, Vol. 13, No. 1, 2019.

［213］Hansen M. T., The Search-Transfer Problem: The Role of Weak Ties in Sharing Knowledge across Organization Subunits. *Administrative Science Quarterly*, Vol. 44, No. 1, 1999, pp. 82 – 111.

［214］Hargadon A., Sutton R. I., Technology Brokering and Innovation in a Product Development Firm. *Administrative Science Quarterly*, 1997, pp. 716 – 749.

［215］Haunschild P. R., Sullivan B. N., Learning from Complexity: Effects of Prior Accidents and Incidents on Airlines' Learning. *Administrative Science Quarterly*, Vol. 47, No. 4, 2002, pp. 609 – 643.

［216］Hayward M. L. A., When do Firms Learn from Their Acquisition Experience? Evidence from 1990 To 1995. *Strategic Management Journal*, Vol. 23, No. 1, 2002, pp. 21 – 39.

［217］Helfat C. E., Lieberman M. B., The Birth of Capabilities: Market Entry and the Importance of Pre-History. *Industrial and Corporate Change*,

Vol. 11, No. 4, 2002, pp. 725 – 760.

[218] Hellmann T., Puri M., Venture Capital and the Professionalization of Start-Up Firms: Empirical Evidence. *The Journal of Finance*, Vol. 57, No. 1, 2002, pp. 169 – 197.

[219] Hoang H., Antoncic B., Network-Based Research in Entrepreneurship: A Critical Review. *Journal of Business Venturing*, Vol. 18, No. 2, 2003, pp. 165 – 187.

[220] Hoang H., Rothaermel Frank T., Leveraging Internal and External Experience: Exploration, Exploitation, and R&D Project Performance. *Strategic Management Journal*, Vol. 31, No. 7, 2010, pp. 734 – 758.

[221] Hochberg Y. V., Ljungqvist A., Lu Y., Networking as a Barrier to Entry and the Competitive Supply of Venture Capital. *The Journal of Finance*, Vol. 65, No. 3, 2010, pp. 829 – 859.

[222] Homburg C., Bucerius M., A Marketing Perspective on Mergers and Acquisitions: How Marketing Integration Affects Postmerger Performance. *Journal of Marketing*, Vol. 69, No. 1, 2005, pp. 95 – 113.

[223] Hopp C., When do Venture Capitalists Collaborate? Evidence on the Driving Forces of Venture Capital Syndication. *Small Business Economics*, Vol. 35, No. 4, 2010, pp. 417 – 431.

[224] Hsu D. H., Ziedonis R. H., Resources as Dual Sources of Advantage: Implications for Valuing Entrepreneurial-Firm Patents. *Strategic Management Journal*, Vol. 34, No. 7, 2013, pp. 761 – 781.

[225] Hsu D. H., Venture Capitalists and Cooperative Start-Up Commercialization Strategy. *Management Science*, Vol. 52, No. 2, 2006, pp. 204 – 219.

[226] Huang G., Liu Z., Van Der Maaten L., et al., Densely Connected Convolutional Networks. Proceedings of the IEEE Conference on Computer Vision and Pattern Recognition, 2017.

[227] Huber G. P., Organizational Learning: The Contributing Processes and the Literatures. *Organization Science*, Vol. 2, No. 1, 1991, pp. 88 – 115.

［228］Jones C. M. , Rhodes-Kropf M. , The Price of Diversifiable Risk in Venture Capital and Private Equity. Working Paper, 2003.

［229］Juliane Begenau, Capital Requirements, Risk Choice, and Liquidity Provision in a Business-Cycle Model. Elsevier B. V. , Vol. 136, No. 2, 2020.

［230］Kale P. , Singh H. , Perlmutter H. , Learning and Protection of Proprietary Assets in Strategic Alliances: Building Relational Capital. *Strategic Management Journal*, Vol. 21, No. 3, 2000, pp. 217 – 237.

［231］Kale P. , Singh H. , Managing Strategic Alliances: What do We Know Now, and Where do We Go from Here? *The Academy of Management Perspectives*, 2009, pp. 45 – 62.

［232］Kaplan S. N. , Schoar A. , Private Equity Performance: Returns, Persistence, and Capital Flows. *The Journal of Finance*, Vol. 60, No. 4, 2005, pp. 1791 – 1823.

［233］Katila R. , Ahuja G. , Something Old, Something New: A Longitudinal Study of Search Behavior and New Product Introduction. *Academy of Management Journal*, Vol. 45, No. 6, 2002, pp. 1183 – 1194.

［234］Kenis P. , Knoke D. , How Organizational Field Networks Shape Interorganizational Tie-Formation Rates. *Academy of Management Review*, Vol. 27, No. 2, 2002, pp. 275 – 293.

［235］Khanna R. , Guler I. , Nerkar A. , Fail Often, Fail Big, and Fail Fast? Learning from Small Failures and R&D Performance in the Pharmaceutical Industry. *Academy of Management Journal*, Vol. 59, No. 2, 2016, pp. 436 – 459.

［236］Kim J. Y. , Miner A. S. , Organizational Learning from Extreme Performance Experience: the Impact of Success and Recovery Experience. *Organization Science*, Vol. 20, No. 6, 2009, pp. 958 – 978.

［237］Kortum S. , Lerner J. , Does Venture Capital Spur Innovation? Entrepreneurial Inputs and Outcomes: New Studies of Entrepreneurship in the United States. *Emerald Group Publishing Limited*, 2001, pp. 1 – 44.

[238] Kunreuther H. , Bowman E. H. , A Dynamic Model of Organizational Decision Making: Chemco Revisited Six Years after Bhopal. *Organization Science*, Vol. 8, No. 4, 1997, pp. 404 – 413.

[239] Lampel J. , Shamsie J. , Shapira Z. , Experiencing the Improbable: Rare Events and Organizational Learning. *Organization Science*, Vol. 20, No. 5, 2009, pp. 835 – 845.

[240] Langeland O. , Financing Innovation: The Role of Norwegian Venture Capitalists in Financing Knowledge-Intensive Enterprises. *European Planning Studies*, Vol. 15, No. 9, 2007, pp. 1143 – 1161.

[241] Large D. , Muegge S. , Venture Capitalists' Non-Financial Value-Added: An Evaluation of the Evidence and Implications for Research. *Venture capital*, Vol. 10, No. 1, 2008, pp. 21 – 53.

[242] Laumann E. O. , Galaskiewicz J. , Marsden P. V. , Community Structure as Interorganizational Linkages. *Annual Review of Sociology*, Vol. 4, No. 1, 1978, pp. 455 – 484.

[243] Lee Y. Y. , Lin J. L. , The Effects of Trust in Physician on Self-Efficacy, Adherence and Diabetes Outcomes. *Social Science & Medicine*, Vol. 68, No. 6, 2009, pp. 1060 – 1068.

[244] Lerner J. , Venture Capitalists and the Decision to Go Public. *Journal of Financial Economics*, Vol. 35, No. 3, 1994, pp. 293 – 316.

[245] Levinthal D. A. , March J. G. , The Myopia of Learning. *Strategic Management Journal*, Vol. 14, No. S2, 1993, pp. 95 – 112.

[246] Levitt B. , March J. G. , Organizational Learning. *Annual Review of Sociology*, Vol. 14, No. 1, 1988, pp. 319 – 338.

[247] Li, Yanhua, et al. , Influence Diffusion Dynamics and Influence Maximization in Social Networks with Friend and Foe Relationships. Proceedings of the Sixth ACM International Conference on Web Search and Data Mining, 2013.

[248] Lin K. Y. , Lu H. P. , Why People Use Social Networking Sites:

An Empirical Study Integrating Network Externalities and Motivation Theory. *Computers in Human Behavior*, Vol. 27, No. 3, 2011, pp. 1152 – 1161.

［249］Lind J. T. , Mehlum H. , With or Without U? The Appropriate Test for a U-Shaped Relationship. *Oxford Bulletin of Economics and Statistics*, Vol. 72, No. 1, 2010, pp. 109 – 118.

［250］Lubatkin M. , Mergers and the Performance of the Acquiring Firm. *Academy of Management Review*, Vol. 8, No. 2, 1983, pp. 218 – 225.

［251］Macneil I. R. , Restatement (Second) of Contracts and Presentation. *Virginia Law Review*, 1974, pp. 589 – 610.

［252］Madsen P. M. , Desai V. , Failing to Learn? The Effects of Failure and Success on Organizational Learning in the Global Orbital Launch Vehicle Industry. *Academy of Management Journal*, Vol. 53, No. 3, 2010, pp. 451 – 476.

［253］Marcelo Godke Veiga, Joseph A. McCahery, The Financing of Small and Medium-Sized Enterprises: An Analysis of the Financing Gap in Brazil. *Springer International Publishing*, Vol. 20, No. 4, 2019.

［254］March J. G. , Simon H. A. , *Organizations*. John Wiley & Sons, 1993.

［255］March J. G. , Exploration and Exploitation in Organizational Learning. *Organization Science*, Vol. 2, No. 1, 1991, pp. 71 – 87.

［256］Marquis C. , Lounsbury M. , Vive La Résistance: Competing Logics and the Consolidation of US Community Banking. *Academy of Management Journal*, Vol. 50, No. 4, 2007, pp. 799 – 820.

［257］Maskell P. , Malmberg A. , Localised Learning and Industrial Competitiveness. *Cambridge Journal of Economics*, Vol. 23, No. 2, 1999, pp. 167 – 185.

［258］Maslach D. , Branzei O. , Rerup C. , et al. , Noise as Signal in Learning from Rare Events. *Organization Science*, Vol. 29, No. 2, 2018, pp. 225 – 246.

［259］Matusik S. F. , Fitza M. A. , Diversification in the Venture Capital Industry: Leveraging Knowledge under Uncertainty. *Strategic Management Jour-*

nal, Vol. 33, No. 4, 2012, pp. 407 −426.

[260] McEvily B., Zaheer A., Bridging Ties: A Source of Firm Hetero-geneity in Competitive Capabilities. *Strategic Management Journal*, Vol. 20, No. 12, 1999, pp. 1133 −1156.

[261] McFadyen M. A., Semadeni M., Cannella A. A., Value of Strong Ties to Disconnected Others: Examining Knowledge Creation in Biomedi-cine. *Organization Science*, Vol. 20, No. 3, 2009, pp. 552 −564.

[262] Meschi P. X., Métais E., Too Big to Learn: The Effects of Major Acquisition Failures on Subsequent Acquisition Divestment. *British Journal of Management*, Vol. 26, No. 3, 2015, pp. 408 −423.

[263] Meschi P. X., Métais E., Do Firms Forget about Their Past Ac-quisitions? Evidence from French Acquisitions in the United States (1988 −2006). *Journal of Management*, Vol. 39, No. 2, 2011, pp. 469 −495.

[264] Meuleman M., Jääskeläinen M., Maula M. V. J., et al., Ventu-ring into the Unknown with Strangers: Substitutes of Relational Embeddedness in Cross-Border Partner Selection in Venture Capital Syndicates. *Journal of Business Venturing*, Vol. 32, No. 2, 2017, pp. 131 −144.

[265] Milgrom P., Roberts J., Complementarities and Fit Strategy, Structure, and Organizational Change in Manufacturing. *Journal of Accounting and Economics*, Vol. 19, No. 2 −3, 1995, pp. 179 −208.

[266] Mitchell J. C., Social Networks. *Annual Review of Anthropology*, Vol. 3, No. 1, 1974, pp. 279 −299.

[267] Molina Morales, F. Xavier, Martínez Fernández, M. Teresa, Too Much Love in the Neighborhood Can Hurt: How on Excess of Intensity and Trust in Relationships May Produce Negative Effects on Firms. *Strategic Management Journal*, Vol. 30, No. 9, 2009, pp. 1013 −1023.

[268] Moran P., Structural vs. Relational Embeddedness: Social Capital and Managerial Performance. *Strategic Management Journal*, Vol. 26, No. 12, 2005, pp. 1129 −1151.

［269］Muehlfeld K. , Sahib P. R. , Witteloostuijn A. V. , A Contextual Theory of Organizational Learning from Failures and Successes: A Study of Acquisition Completion in the Global Newspaper Industry, 1981 – 2008. *Strategic Management Journal*, Vol. 33, No. 8, 2012, pp. 938 – 964.

［270］Nadolska A. , Barkema H. G. , Good Learners: How Top Management Teams Affect the Success and Frequency of Acquisitions. *Strategic Management Journal*, Vol. 35, No. 10, 2014, pp. 1483 – 1507.

［271］Nahata R. , Venture Capital Reputation and Investment Performance. *Journal of Financial Economics*, Vol. 90, No. 2, 2008, pp. 127 – 151.

［272］Nevis E. C. , DiBella A. J. , Gould J. M. , An Evolutionary Theory of Economic Change. MA: Harvard University Press, 1995.

［273］Noriah N. , Eccles R. G. , Face-to-Face: Making Network Organisation Work. *Networks and Organisations*, 1992, pp. 288 – 308.

［274］Nonaka I. , Takeuchi H. , The Knowledge-Creating Company: How Japanese Companies Create the Dynamics of Innovation. Oxford University Press, 1995.

［275］Ozmel U. , Guler I. , Small Fish, Big Fish: The Performance Effects of the Relative Standing in Partners' Affiliate Portfolios. *Strategic Management Journal*, Vol. 36, No. 13, 2015, pp. 2039 – 2057.

［276］Patil, Kiran Raosaheb, Jens Nielsen, Uncovering Transcriptional Regulation of Metabolism by Using Metabolic Network Topology. *Proceedings of the National Academy of Sciences*, Vol. 102, No. 8, 2005, pp. 2685 – 2689.

［277］Perkins S. E. , When Does Prior Experience Pay? Institutional Experience and the Multinational Corporation. *Administrative Science Quarterly*, Vol. 59, No. 1, 2014, pp. 145 – 181.

［278］Phalippou L. , Gottschalg O. , The Performance of Private Equity Funds. *The Review of Financial Studies*, Vol. 22, No. 4, 2009, pp. 1747 – 1776.

［279］Phelps C. C. , A Longitudinal Study of the Influence of Alliance Network Structure and Composition on Firm Exploratory Innovation. *Academy of*

Management Journal, Vol. 53, No. 4, 2010, pp. 890 – 913.

[280] Piaskowska D. , Nadolska A. , Barkema H. G. , Embracing Complexity: Learning from Minority, 50 – 50, and Majority Joint Venture Experience. *Long Range Planning*, 2017.

[281] Polanyi K. , Arensberg C. M. , Pearson H. W. (eds), Trade and Market in the Early Empires: Economies in History and Theory, Glencoe, IL, *The Free Press*, 1957.

[282] Polidoro Jr. F. , Ahuja G. , Mitchell W. , When the Social Structure Overshadows Competitive Incentives: The Effects of Network Embeddedness on Joint Venture Dissolution. *Academy of Management Journal*, Vol. 54, No. 1, 2011, pp. 203 – 223.

[283] Pollock T. G. , Porac J. F. , Wade J. B. , Constructing Deal Networks: Brokers as Network "Architects" in the US IPO Market and Other Examples. *Academy of Management Review*, Vol. 29, No. 1, 2004, pp. 50 – 72.

[284] Posen H. E. , Chen J. S. , An Advantage of Newness: Vicarious Learning Despite Limited Absorptive Capacity. *Organization Science*, Vol. 24, No. 6, 2013, pp. 1701 – 1716.

[285] Powell J. L. , Biggs S. , Ageing, Technologies of Self and Bio-Medicine: A Foucauldian Excursion. *International Journal of Sociology and Social Policy*, Vol. 24, No. 6, 2004, pp. 17 – 29.

[286] Powell W. W. , Koput K. W. , Smith Doerr L. , Interorganizational Collaboration and the Locus of Innovation: Networks of Learning in Biotechnology. *Administrative Science Quarterly*, 1996, pp. 116 – 145.

[287] Prashant K. , Harbir S. , Managing Strategic Alliances: What do We Know Now, and Where do We Go from Here? *Academy of Management Perspectives*, Vol. 23, No. 3, 2009, pp. 45 – 62.

[288] Rindfleisch A. , Moorman C. , The Acquisition and Utilization of Information in New Product Alliances: A Strength-of-Ties Perspective. *Journal of Marketing*, Vol. 65, No. 2, 2001, pp. 1 – 18.

［289］Ritter T. , Gemünden H. G. , The Impact of a Company's Business Strategy on its Technological Competence, Network Competence ond Innovation Success. *Journal of Business Research*, Vol. 57, No. 5, 2004, pp. 548 – 556.

［290］Robinson R. N. S. , Kralj A. , Solnet D. J. , et al. , Thinking Job Embeddedness Not Turnover: Towards a Better Understanding of Frontline Hotel Worker Retention. *International Journal of Hospitality Management*, Vol. 36, 2014, pp. 101 – 109.

［291］Rogers E. M. , Lessons for Guidelines from the Diffusion of Innovations. *Joint Commission Journal on Quality and Patient Safety*, Vol. 21, No. 7, 1995, pp. 324 – 328.

［292］Rowley T. , Behrens D. , Krackhardt D. , Redundant Governance Structures: An Analysis of Structural and Relational Embeddedness in the Steel and Semiconductor Industries. *Strategic Management Journal*, Vol. 21, No. 3, 2000, pp. 369 – 386.

［293］Sahlman W. A. , The Structure and Governance of Venture-Capital Organizations. *Journal of Financial Economics*, Vol. 27, No. 2, 1990, pp. 473 – 521.

［294］Sapienza H. J. , Korsgaard M. A. , Procedural Justice in Entrepreneur-Investor Relations. *Academy of Management Journal*, Vol. 39, No. 3, 1996, pp. 544 – 574.

［295］Schwienbacher A. , Larralde B. , *Crowdfunding of Small Entrepreneurial Ventures*. Handbook of Entrepreneurial Finance, Oxford University Press, Forthcoming, 2010.

［296］Shan W. , Walker G. , Kogut B. , Interfirm Cooperation and Startup Innovation in the Biotechnology Industry. *Strategic Management Journal*, Vol. 15, No. 5, 1994, pp. 387 – 394.

［297］Shipilov A. V. , Network Strategies and Performance of Canadian Investment Banks. *Academy of Management Journal*, Vol. 49, No. 3, 2006, pp. 590 – 604.

［298］Shrivastava P. , Postmerger Integration. *Journal of Business Strate-*

gy, Vol. 7, No. 1, 1986, pp. 65 – 76.

[299] Simon D. H., Lieberman M. B., Internal and External Influences on Adoption Decisions in Multi-Unit Firms: The Moderating Effect of Experience. *Strategic Organization*, Vol. 8, No. 2, 2010, pp. 132 – 154.

[300] Sinkula J. M., Market Information Processing and Organizational Learning. *Journal of Marketing*, Vol. 58, No. 1, 1994, pp. 35 – 45.

[301] Slater S. F., Narver J. C., Market Orientation and the Learning Organization. *Journal of Marketing*, Vol. 59, No. 3, 1995, pp. 63 – 74.

[302] Snell R., Chak A. M. K., The Learning Organization: Learning and Empowerment for Whom? *Management Learning*, Vol. 29, No. 3, 1998, pp. 337 – 364.

[303] Soda G., Usai A., Zaheer A., Network Memory: The Influence of Past and Current Networks on Performance. *Academy of Management Journal*, Vol. 47, No. 6, 2004, pp. 893 – 906.

[304] Soh P. H., Roberts E. B., Networks of Innovators: A Longitudinal Perspective. *Research Policy*, Vol. 32, No. 9, 2003, pp. 1569 – 1588.

[305] Sorenson O., Stuart T. E., Bringing the Context Back in: Settings and the Search for Syndicate Partners in Venture Capital Investment Networks. *Administrative Science Quarterly*, Vol. 53, No. 2, 2008, pp. 266 – 294.

[306] Sorenson O., Stuart T. E., Syndication Networks and the Spatial Distribution of Venture Capital Investments. *American Journal of Sociology*, Vol. 106, No. 6, 2001, pp. 1546 – 1588.

[307] Teece D. J., Competition, Cooperation, and Innovation: Organizational Arrangements for Regimes of Rapid Technological Progress. *Journal of Economic Behavior & Organization*, Vol. 18, No. 1, 1992, pp. 1 – 25.

[308] Uhlenbruck K., Hitt M. A., Semadeni M., Market Value Effects of Acquisitions Involving Internet Firms: A Resource-Based Analysis. *Strategic Management Journal*, Vol. 27, No. 10, 2006, pp. 899 – 913.

[309] Uhlenbruck K., Meyer K. E., Hitt M. A., Organizational Transfor-

mation in Transition Economies: Resource-based and Organizational Learning Perspectives. *Journal of Management Studies*, Vol. 40, No. 2, 2003, pp. 257 – 282.

[310] Uzzi B. , Social Structure and Competition in Interfirm Networks: The Paradox of Embeddedness. *Administrative Science Quarterly*, 1997, pp. 35 – 67.

[311] Violetta Bacon Gerasymenko, Jonathan D. Arthurs, Sam Y. Cho, How and When Investment Horizons Determine Venture Capital Firms' Attention Breadth to Portfolio Companies. *SAGE Publications*, Vol. 44, No. 3, 2020.

[312] Walsh J. P. , Ungson G. R. , Organizational Memory. *Academy of Management Review*, Vol. 16, No. 1, 1991, pp. 57 – 91.

[313] Watts D. J. , Networks, Dynamics, and the Small-World Phenomenon. *American Journal of Sociology*, Vol. 105, No. 2, 1999, pp. 493 – 527.

[314] Wegener B. , Job Mobility and Social Ties: Social Resources, Prior Job, and Status Attainment. *American Sociological Review*, 1991, pp. 60 – 71.

[315] Wellman B. , Berkowitz S. D. , Social Structures: A Network Approach. *CUP Archive*, 1988.

[316] Wincent, Joakim, et al. , Quality Meets Structure: Generalized Reciprocity and Firm-Level Advantage in Strategic Networks. *Journal of Management Studies*, Vol. 47, No. 4, 2010, pp. 597 – 624.

[317] Winter S. G. , Satisficing, Selection, and the Innovating Remnant. *The Quarterly Journal of Economics*, Vol. 85, No. 2, 1971, pp. 237 – 261.

[318] Wong S. S. , Distal and Local Group Learning: Performance Tradeoffs and Tensions. *Organization Science*, Vol. 15, No. 6, 2004, pp. 645 – 656.

[319] Wright M. , Lockett A. , The Structure and Management of Alliances: Syndication in the Venture Capital Industry. *Journal of Management Studies*, Vol. 40, No. 8, 2003, pp. 2073 – 2102.

[320] Wuyts S. , Dutta S. , Benefiting from Alliance Portfolio Diversity: The Role of Past Internal Knowledge Creation Strategy. *Journal of Management*, Vol. 40, No. 6, 2012, pp. 1653 – 1674.

[321] Xiao Z. , Tsui A. S. , When Brokers May not Work: The Cultural

Contingency of Social Capital in Chinese High-Tech Firms. *Administrative Science Quarterly*, Vol. 52, No. 1, 2007, pp. 1 −31.

[322] Yang H., Wang X., Managing Network Mobility with Tradable Credits. *Transportation Research Part B: Methodological*, Vol. 45, No. 3, 2011, pp. 580 −594.

[323] Yen T. F., Xie Y., Yu F., et al., Host Fingerprinting and Tracking on the Web: Privacy and Security Implications. *NDSS*, 2012, Vol. 62, pp. 66.

[324] Yuhong Z., Investment Performance and Venture Capital Networks in Transitional Economics. *Journal of Applied Sciences*, Vol. 13, No. 9, 2013, pp. 1612 −1620.

[325] Zaheer A., Bell G. G., Benefiting from Network Position: Firm Capabilities, Structural Holes, and Performance. *Strategic Management Journal*, Vol. 26, No. 9, 2005, pp. 809 −825.

[326] Zeng Y., Shenkar O., Lee S. H., et al., Cultural Differences, MNE Learning Abilities, and the Effect of Experience on Subsidiary Mortality in a Dissimilar Culture: Evidence from Korean MNEs. *Journal of International Business Studies*, Vol. 44, No. 1, 2013, pp. 42 −65.

[327] Zhang J., Pezeshkan A., Host Country Network, Industry Experience, and International Alliance Formation: Evidence from the Venture Capital Industry. *Journal of World Business*, Vol. 51, No. 2, 2016, pp. 264 −277.

[328] Zheng Y., Xia J., Resource Dependence and Network Relations: A Test of Venture Capital Investment Termination in China. *Journal of Management Studies*, Vol. 55, No. 2, 2018, pp. 295 −319.

[329] Zollo M., Reuer J. J., Singh H., Interorganizational Routines and Performance in Strategic Alliances. *Organization Science*, Vol. 13, No. 6, 2002, pp. 701 −713.

[330] Zollo M., Singh H., Deliberate Learning in Corporate Acquisitions: Post-Acquisition Strategies and Integration Capability in US Bank Merg-

ers. Strategic Management Journal, Vol. 25, No. 13, 2004, pp. 1233 – 1256.

[331] Zollo M. , Superstitious Learning with Rare Strategic Decisions: Theory and Evidence from Corporate Acquisitions. *Organization Science*, Vol. 20, No. 5, 2009, pp. 894 – 908.

[332] Zukin S. , DiMaggio P. , Structures of Capital: The Social Organization of the Economy. *CUP Archive*, 1990.

图书在版编目（CIP）数据

中国风险投资企业投资绩效的作用机制研究/倪艳霞著 . -- 北京：经济科学出版社，2022.11

ISBN 978 - 7 - 5218 - 4252 - 4

Ⅰ. ①中… Ⅱ. ①倪… Ⅲ. ①风险投资 - 投资公司 - 投资效果 - 研究 - 中国 Ⅳ. ①F832.48

中国版本图书馆 CIP 数据核字（2022）第 214943 号

责任编辑：初少磊 杨 梅
责任校对：蒋子明
责任印制：范 艳

中国风险投资企业投资绩效的作用机制研究
倪艳霞 著
经济科学出版社出版、发行 新华书店经销
社址：北京市海淀区阜成路甲 28 号 邮编：100142
总编部电话：010 - 88191217 发行部电话：010 - 88191522
网址：www. esp. com. cn
电子邮箱：esp@ esp. com. cn
天猫网店：经济科学出版社旗舰店
网址：http：//jjkxcbs. tmall. com
北京季蜂印刷有限公司印装
710 × 1000 16 开 14.75 印张 220000 字
2022 年 12 月第 1 版 2022 年 12 月第 1 次印刷
ISBN 978 - 7 - 5218 - 4252 - 4 定价：66.00 元
（图书出现印装问题，本社负责调换。电话：010 - 88191510）
（版权所有 侵权必究 打击盗版 举报热线：010 - 88191661
QQ：2242791300 营销中心电话：010 - 88191537
电子邮箱：dbts@ esp. com. cn）